The Power of Eight Harnessing the Miraculous Energies of a Small Group to Heal Others, Your Life, and the World

念力的祕密3

八的力量

地表最強小型念力療癒場

琳恩・麥塔格特 *Lynne McTaggart* 著 非語 譯

琳恩・麥塔格特其他著作

《念力的祕密2：發揮念力的蝴蝶效應》

（*The Bond: Connecting Through the Space Between Us*）

《念力的祕密：叫喚自己的內在力量》

（*The Intention Experiment: Using Your Thoughts to Change Your Life and the World*）

《療癒場：探索意識、宇宙能量場與超自然現象》

（*The Field: The Quest for the Secret Force of the Universe*）

《醫師對你隱瞞的事情》

（*What Doctors Don't Tell You: The Truth About the Dangers of Modern Medicine*）

《凱薩琳・甘迺迪：她的一生和時代》

（*Kathleen Kennedy: Her Life and Times*）

《嬰兒掮客：美國境內白人嬰兒販賣真相》

（*The Baby Brokers: The Marketing of White Babies in America*）

獻給凱特琳（Caitlin）及凱爾（Kyle），
同時紀念不需要看見即能相信的史黛拉（Stella）。

奇蹟事實上是以小字重述完全相同的故事，
這類故事被寫在全球各地，而且是用大到有些人看得見的字體。

——魯益師（C.S. Lewis）
《被告席上的上帝》（*God in the Dock*）

目錄

序——八百萬的力量　13

PART 1 見證療癒的奇蹟

第1章　可能性的空間　23
——不論在世界上什麼地方，凡是我們舉辦的工作坊，只要建立每一小組大約八人，給學員們一些指示，要求他們發送意念給某一位組員，就會目瞪口呆的見證到同樣的經驗：一則又一則故事，訴說著非凡的進步以及生理和心靈的蛻變轉化。

第2章　第一批全球實驗　33
——二〇〇七年發起念力實驗時，我有一個個宏大計畫。我想要拯救人們免於焚燒建築物，我想像過龐大的集體意念可以治癒癌症，然後修補臭氧層，接著繼續邁進至終止全球危險地帶的暴力。

第3章　虛擬纏結　51
——人類的心智有能力穿越時間和空間、連結其他心智、隔著一段距離對物質起作用。基本上，人類心智有能耐以非局域的方式運作。而這「非局域性」也被稱作「纏結」。

第4章 心智的侵入者 63
——如今所謂的「觀察者效應」，蘊含的意義始終深邃：活生生的意識以某種方式作用，將某樣東西的潛能轉換成真實的東西。在我們注視著某個電子或進行量測的那一刻，我們協助決定了它的最後狀態。

第5章 十二的力量 77
——十二使徒的數目可能與祈禱本身一樣重要。這個「被召喚出來的一群人」：一群個人成為單一的實體，一起熱情地禱告，在同一時刻想著同樣的療癒心念。當人們參與療癒圈之類的熱情活動時，他們從單獨的聲音蛻變成如雷貫耳的交響曲。

第6章 和平念力實驗 91
——時候到了，該要測試我們在全球實驗中測量的這個「群體心智」是否有力量在現實世界中療癒某個重大的課題。我們來做些大事吧！看看能否在戰區降低暴力、恢復和平。

第7章 念想和平 101
——我們請參與者持守下述意念：「致力於回復斯里蘭卡萬尼區的和平與合作，致力於所有與戰爭相關的暴力至少降低十%。」我量化了我們的要求，主要是因為經驗顯示，我們愈是明確具體，就會愈成功。

第8章 神聖的一刻 111
——「彷彿我的大腦連線到一個更大的網路。」有數千人描述了類似的現象。這些簡直是在描述一種神祕的狂喜狀態。參與者已經進入了「神祕合一」。那個片刻，我們被「神聖的愛緊緊包住」。

第9章 神祕的腦 121
——與情緒、空間中的身體表現、自我意識、視覺和運動意象，乃至靈性感知相關連的不同腦部區域，一旦被激活，產生的腦部狀態完全不同於平時清醒意識的腦部狀態。強烈的證據顯示，在神祕體驗期間，人們脫離了自己的心智，進入意識的變異狀態。

第10章　擁抱陌生人　131
——發送和平意念似乎煽動了某個效應，導致更大的平和感滲入他們的生命中。某種與人連結的能力已在參與者內在得到轉化，那是某種「心」的敞開，顯得沒有區別且無所不在，對接觸到的每一個人感覺到更多的愛。

第11章　群體修正　139
——我們在療癒圈內做的事就是在編輯故事，一起重寫故事的細節，提出一個比較正向結局的可能性。或許，那個群體修正的過程，那個你可以重寫一則生命故事的構想，證明對每一個人都具有療效。

第12章　神聖的水　151
——中國最著名的氣功大師嚴新博士，從一〇〇〇公里以外的某地朝清華大學實驗室的一個水樣本發功。在嚴新發功後，遠紅外線光波（長波）產生了難以理解的巨大能量峰，這顯示，嚴新的氣肯定影響了水的分子結構。

第13章　漏水的水桶　165
——人類的意識似乎就像一只漏水的水桶，我們的心念從自己漫溢出去，嵌入每一樣東西，從他人到我們的食物。記住，植物是九〇％的水，而人類是大約七〇％的水。如果我們將特定的信息印記在水中，把這水給他人喝下，那些心念會影響對方嗎？

第14章　和平的雙子星世貿大樓　177
——我們的九一一和平念力實驗吸引了來自七十五個國家的參與者，從冰島到巴西，從加州到印尼，還有地球上的每一個阿拉伯國家。人們用各種巧妙的方式參與，還有好幾萬人收看了我的網路直播。這無疑是歷史上最大的「以心控物」實驗。

第15章 療癒創傷 193
——我不知道上帝是否回應了我們祈求和平的禱告，但我們的禱告確實讓我們瞥見了上帝，乃至匆匆瞥見了人間天堂。「我有這樣的感覺，雖然我們有一個明確的『目標』，但我們當時是在立即療癒每一個人、每一個地方。」

第16章 鏡像效應 203
——可能正在發生什麼事：出現在參與實驗者身上的回彈效應，鏡映了意念本身。如果他們祈求和平，他們的生命就會變得更加和平。如果他們試圖療癒別人，就會在自己的生命中經驗到一次療癒。專一聚焦在療癒別人，帶出一份鏡像式療癒。

第17章 鍥而不捨 213
——愛一定是透過我們的「八的力量」和「念力實驗」圈變得更大，而且這創造出療癒的良性循環。很可能是因為，在念力族群的界域內，付出終於變得安全無風險，而且付出可能最終成為鍛鍊的整個重點，亦即，念力的付出面向原來是最偉大的治療師。

第18章 付出回彈 221
——獻出你的時間為更大的良善服務，證實對心靈和身體兩者具有增強的作用。幫助他人時，人會經驗到一種達致喜樂的生理成分，心理學家稱之為「助人者的快感」。所以，利他行為對你的健康和快樂有好處，可能甚至是最重要的長壽保險計畫。

第19章 為他人發想 229
——長壽而健康的人生，關鍵在於，活出蘊含某種意義的人生，而且這層意義超越了滿足個人的頭號需求。在自己的生命中得到你想要的東西，首先要：隨時準備付出。

第20章　一整年的意念修持　243
——跟你、我一樣的凡夫俗子，生命的運作未必順遂，於是這些人懷抱著轉變的希望，同意成為實驗的一部分：一個線上工作坊班，加入「八的力量」小組，以虛擬的方式在線上合作一整年。然後，一個月接著一個月，非凡蛻變轉化的名單繼續出現。

第21章　八的力量研究　261
——不論你是虔誠的教徒，還是像我一樣，靈性意識比較不是來自宗教，祂的話都會持續產生共鳴。當談到療癒自己或療癒世界時，千萬不要小裡小氣。這是一個非常龐大的事業，大到你無法自己一個人嘗試。要找出最真實的自己以及你最大的群體力量。

PART 2　八人療癒場練習指南

第22章　積蓄八的力量　283
——現在該是你在自己的生活中測試「八的力量」的時候了。不一定需要實際上與組員們同在一個空間。也不是一定要剛剛好八個人，但「八」是最佳數字。建議，小組不宜少於六人也不要多過十二人，如此才有足夠的臨界數量，可以感覺像一個群體，但又不至於多到害你迷失在其中。

誌謝　295

分章註釋　299

序——

八百萬的力量

許多年來，我拒絕撰寫本書，因為我沒有一刻相信發生在我的工作坊中的奇特療癒，也就是說，我很難面對奇蹟。

談到「奇蹟」（miracle）和「療癒」（healing），我不要象徵隱喻；我指的是真正具有眼前利益的奇蹟事件——一連串異常、不順遂的情境，置身其中的人們被編成小組且發送了一則集體療癒心念，然後各式各樣的生理症狀立即被治癒了。我即將談論的種種奇蹟，公然違抗我們被告知且認定世界應該如何運作的每一則信念。

二〇〇八年，我舉辦了一個工作坊，當時，將學員編成大約八人一小組的念頭開始瘋狂地出現在我腦海，只是為了看看，假使小組成員們嘗試透過大家的集體心念療癒某一組員，會發生什麼事情呢。我向大家宣布，說這些是「八的力量」（Power of Eight）小組，但我應該稱之為「八百萬的力量」，它們變得效力十足，咯嗒咯嗒地震出我認為我所知道關於人類本性的一切。

身為作家，我熱衷於人生的偉大奧祕和最大問題——意識的意義、超感官的神通經驗、死後的生活——尤其是那些顛覆傳統智慧的異常現象。我喜歡搜出，如心理學家威廉・詹姆斯（William James）所言，唯一的白烏鴉，一定要用牠來證明，並不是天下烏鴉一般黑。

但對於涉足非傳統，內心裡，我仍舊是一個頑強不屈的記者，那是早年身為調查記者的背景所使然，督促我不斷尋求建立一套證據確鑿的體系。我不善於引用晦澀難懂的字詞談論神祕主義、氣場，也不習慣草率或不成熟地使用「量子」（quantum）或「能量」（energy）等術語。事實上，我最憎恨的莫過於毫無事實根據的神怪荒誕，因為那使我的作為蒙上卑劣污名。

我不是無神論者，也不是不可知論者。內心深處的靈性面使我依然堅信，人類不只是一堆化學物質和電子信號，但我依舊熱衷於分隔物質與非物質的「馬其諾防線」（Maginot Line）[1]，理由是：我依賴鐘形曲線和雙盲試驗支撐我的信仰。

我自己對實相的本質（相當傳統）的看法，在鑽研了拙作《療癒場》（*The Field*）之後首度浮現。撰寫《療癒場》之初，我企圖以科學角度理解順勢療法（homeopathy）和靈能療法（spiritual healing）為何奏效，但我的研究旋即引領我進入陌生的全新領域：一場科學界的革命，挑戰我們所認定的許多珍貴信念，涉及我們的宇宙以及宇宙如何運作。研究進行期間，我所邂逅的前衛科學家們（全都擁有無懈可擊且由知名機構頒發的文憑）達成了次原子世界的驚人發現，那似乎推翻了當前生物化學和物理學的定律。他們找到了證據，證明所有實相均可以透過「零點場域」（Zero Point Field）加以連結，而「零點場域」是一個潛藏的量子能量場，也是一個浩瀚的能量交換網絡。

幾位前衛生物學家所主導的研究指出，人體內的主要溝通系統並不是化學反應，而是量子頻率和次原子能量荷。他們所完成的研究顯示，人類的意識有能力存取超出傳統時空範圍的資訊。在無以計數的實驗中，他們證明了，人類的心念可以不被固鎖在頭腦裡面，而且可以成為侵入者，有能耐穿越其他人事物，乃至真正影響對方。他們每一位都碰巧發現了一個微小片斷，而那些可以被合成一門新科學、一個全新的世界觀。

撰寫《療癒場》使我不得不進一步追求這個陌生的全新實相觀的本質，我變得愈來愈好奇這些發現的含意：其實，思想才是實際的「重點」，有能耐改變實體物質。

這個想法不斷糾纏我。關於吸引力法則和意念的力量（概念是，你可以顯化心中最為渴求的事物，只要以專一聚焦的方式想著那件事物），不少暢銷書已經問市，但對於所有這一切，我仍舊堅持不輕言相信，也被若干棘手的問題搞得不知所措。這是一股真實的力量嗎？確實是通用萬用的嗎？我納悶了。你可以用它來做什麼呢？我們在此談論的是治療癌症或轉移量子粒子嗎？何況依我之見，最重要的問題是：當許多人同時想著同樣的念頭時，會發生什麼事情呢？這會擴大效應嗎？

譯註：

1 第二次世界大戰之前設置於法國東方的防禦工事，由鋼筋混凝土建造，十分堅固，用於防禦法德邊境。

探究《療癒場》時，我從那些研究得知，無疑的，心智（mind）在某方面顯然與物質密不可分，而且的確，似乎有能耐改變物質。但那則事實（避開了許多關於意識本質的深奧問題）卻被這些人氣治療法貶低成——你可以把自己想成巨大的財富。

我想要提出顯化車子或鑽戒以外的某物，某樣不只是得到更多物品的東西。我心中迸出了一宗比較大膽的計畫。這門新科學似乎可以改變我們原本認定人類天生有多少能耐的一切想法，而且我想要測試它的極限。假使我們擁有這種非凡的擴展潛能，那表示，我們需要有不同的行為表現和生活方式，依據一套全新的觀點，將自己看成某個更大整體的一個片斷。我想要檢測，這份能耐是否力量強大到足以療癒個人，乃至整個世界。我好像二十一世紀「多疑的多馬」（doubting Thomas）[2]，基本上是在尋找一個剖析魔法的方式。

我的下一本著作《念力的祕密》（*The Intention Experiment*），意在完成這事，將可靠的科學研究全數匯編成「以心控物」（mind over matter）的力量，但該書的宗旨也是一則邀請。已被執行過的「群體念力」相關研究少之又少，而我的計畫是：填補那個缺口，招募我的讀者成為發送群體念力的實驗體，參與一樁持續進行的科學實驗。《念力的祕密》於二〇〇七年出版後，我聚集了一批在意識研究方面經驗十足的物理學家、生物學家、心理學家、統計學家、神經科學家。我會定期邀請我的網友，或是趁著在某處發表演說或舉辦工作坊時邀請現場觀眾，要大家發送某個指定的、具體的心念，去影響實驗室內的某個目標，目標則由當時與我合作的其中一位科學家設置，這位科學家會在事後計算結果，看看我們的心念是否改變了什麼。

最終，這宗計畫逐步發展成實際上是世間最大的全球實驗室，囊括了來自一百多個國家的幾十萬名國際讀者參與第一批人為操控的實驗，研究集體意念的力量可以影響物質界。雖然許多實驗相當粗淺基本，但就連最簡單的實驗也是在嚴格的科學條件下進行，有繁複的協定要遵守。而且除了其中之一，所有實驗在執行時都有一或多個對照組，而且也都是「盲測」實驗，因此，在實驗結束、結果被計算出來之前，參與的科學家完全不知道大夥念力的目標。

我並不相信我們會得到正向的結果，但我願意放手一搏。我將許多合格的實驗寫進了《念力的祕密》，談到這些實驗的實際成果如何，並不像有意願探索這個理念那麼重要，然後出版了《念力的祕密》，在兩個月後啟動了第一樁實驗，同時屏息以待。

結果，那些實驗真的奏效了。事實上，它們實實在在地奏效了。我目前執行過的三十個實驗當中，二十六個已經證明是可以量測的，大部分出現顯著的變化，而四個沒有得到正向結果的實驗中，有三個純粹是技術問題。客觀看待這些結果，幾乎沒有

譯註：

2 Thomas 是十二使徒之一。主耶穌復活後與門徒見面，當時多馬不在，門徒告訴多馬：「耶穌復活了。」他根本不相信，說道：「我非看見他手上的釘痕，用指頭探入釘痕，又用手探入他的肋旁，我總不信。」

製藥業生產的藥品可以聲稱擁有如此水平的正向效應。

在與幾千人構成的一個個群體展開那些全球實驗之後一年，我決定要設法縮減工作坊的整個流程，建立「八的力量」小組，要組員們發送療癒意念。對我來說，這只是另一個比較不正式的實驗，而且就是一個蠻幹的實驗——直到這樣的實驗同樣以令我想像過會發生的一切全數相形見絀的方式開始奏效，加上病症纏身多年的人們匯報了立即、幾近奇蹟的療效。

《念力的祕密》攫住了大眾的想像力。暢銷書作家丹・布朗（Dan Brown）甚至在他的著作《失落的符號》（*The Lost Symbol*）當中特別提到我和我的作品。但那些實驗的結果，本身只是故事的一部分。事實上，它們並不是故事的重點。

那時候的大部分時間，我都忙著這些實驗和「八的力量」小組，如今我領悟到，當時我問錯了問題。

最重要的問題在於過程本身，以及意識的本質、非凡的人類能耐、集體的力量到底暗示了些什麼。

那些群體和實驗的成果儘管驚人，但與參與者發生的事情相較，卻是黯然失色。群體念力最強大的效應在於**意念發送者本身**，而此一效應其實被每一本談論這個主題的當紅著作忽略了。

在某個時刻，我開始承認，群體念力的經驗本身對人們造成重大的變化：改變個人的意識、移除分離和個體感、將組員們置於只能被描述成狂喜合一的狀態。隨著每一次的實驗，不論大小，不論是全球實驗還是八的力量小組，我都觀察到同樣的群體動力，不但威力強大，而且蛻變生命，促使個人的奇蹟得以發生。我記錄了幾百樁（如果沒有幾千樁）發生在參與者生命中的這些瞬間奇蹟。它們治癒了長年的嚴重病痛，修補了疏離的關係，發現了新的人生使命，或是丟棄了平淡的工作，轉向更大膽或更令人充實滿意的職業生涯。有些人甚至就在我面前轉化蛻變了，而且沒有薩滿或上師在場，不涉及複雜的療癒過程——事實上，以前的經驗是不需要的。引動這一切的工具不過是：將這些人聚集成群。

我到底對他們做了什麼呢？起初，我並不相信這事。多年來，我將似乎是「回彈」（rebound）效應的現象認定成我的想像力超時運作。就像我不斷對外子說的，我需要蒐集更多的故事、執行更多的實驗、積聚更多不容置疑的證據。然後我被那些回彈效應給嚇壞了，於是試圖探尋某個歷史或科學先例。

最後，我頓悟到，這些實驗正以最為刻骨銘心的方式，讓我立即經驗到之前只在智性上理解到的事：我們告訴自己，說人類心智如何運作的故事顯然是錯誤的。雖然在《療癒場》之中，我寫過意識以及意識對這個廣大的有形世界的效應，但我當時見證到的卻遠遠大於這些理念最不切實際的部分。我所執行的每一個實驗、召集的每一個八的力量小組，都用實例證明了心念並不是固鎖在我們的頭蓋骨之內，而是找到路徑進入他人，乃至於進入相距數萬公里的事物之中，而且有能力改變對方。心念不只是事物，或是影響其他東西的事物；心念可能甚至有能耐修復一個人生命中破損的不論什麼東西。

這本書是一個企圖，要在更巨大的科學背景以及祕傳和宗教歷史實務的範圍內，理解發生在這些實驗中的一切奇蹟——釐清我究竟對我們的參與者做了什麼事。這是一部傳記，描述一則意料之外的事故、一則人類的奮鬥歷程，而我無意中發現到，那顯然有古代的先例可循，甚至是在早期的基督教會中。此外，《八的力量》也談論，當遊戲規則（你向來賴以為生的規則）突然不再適用時，我以及像我這樣的人，究竟會發生什麼事。

群體念力實驗的成果卓越非凡，但它們並不是這則故事的重點。這則故事要講的是：你內在保有可以療癒自我人生的奇蹟力量，諷刺的是，那力量一旦被宣洩出來，就是你停止為自己勞心費神的時刻。

PART 1

見證療癒的奇蹟

第1章 可能性的空間

集體共有的

二〇〇八年四月底的一個下午，我和外子布萊恩一起坐在我的電腦前，試圖計算出，該如何縮減我即將在工作坊上進行的大型念力實驗，我們預計，接下來的夏天，要在美國和倫敦舉辦這一類工作坊。

在此之前一年，我發起了大型全球念力實驗，邀請世界各地的讀者發送一則意念給一個控制得宜的目標，這目標由同意與我合作的科學家之一設置在實驗室內。當時，我們已經完成了大約四個這樣的實驗，發送意念給種子和植物等簡單的目標，然後記錄一些非常令人振奮的結果。

此刻，我正在設法將這些效應縮減成屬於個人的東西，讓它恰好適合於週末舉行的工作坊，但我之前辦過的工作坊不多，所以當時，只知道自己不想要什麼，不想要假裝我可以幫助大家顯化奇蹟，就像當時許多類似的念力工作坊宣傳的那樣。我也掛心工作坊環境先天的限制。心念的力量足以影響某人的生命，這可能唯有經過數週、數月乃至數年，才會變得顯而易見。我們要如何在週五到週日下午之間，示範任何有意義的蛻變轉化呢？

我開始在PowerPoint上寫出我的想法：

我鍵入「專一聚焦」。我採訪過許多念力大師——佛教僧侶、氣功大師、治療大師，他們全都談到進入能量充沛且專一聚焦的心智狀態。

「全神貫注。」布萊恩說。也許，某個集體念力放大了這股力量。似乎確實是這樣。

專一聚焦的

全神貫注的

當時我策劃的所有全球念力實驗，都是設計來療癒這顆星球上的某樣東西，因此，在週末工作坊中繼續聚焦於療癒是有道理的。我們決定，工作坊要設法幫助療癒學員生命中的某事。

然後我寫下：「集體共有的」。

一個小團體。

「讓我們試著將這些置入八人左右的小組當中，要組員們為小組內有健康問題的某人發送一則集體的療癒意念。」我對布萊恩說。或許我們可以發現，小小的團體是否擁有較大團體的意念馬力。哪裡是人數的臨界點呢？我們需要相當於大型實驗的龐大臨界人數嗎？還是八人小組就能發揮效用？記不得我們倆究竟是誰想到的，八成是布萊恩，他天生擅長下標題，反正我們將這些小組命名為「八的力量」（The Power of Eight），然後在五月十七日抵達芝加哥前，擬好了一份計畫。

在唐恩．貝利（Don Berry）發生了那些事之後，我開始考慮小組的構想。唐恩是美國陸軍退役軍人，來自田納西州的塔拉霍馬（Tullahoma）。二〇〇七年三月，唐恩在我的念力實驗網站的討論區留言，提議成為我們的第一個人類念力實驗對象。一九八一年，他被診斷出罹患僵直性脊椎炎，於是做了脊椎融合術，這使他不可能左右移動，就連肋骨似乎也被凍結定位了，而且因為如此情況，他的胸部二十年來不曾動過一下。多年來，他換掉了兩側臀部，而且疼痛不斷。他說他做過無數次的X光和其他醫學檢驗報告，所以有辦法提出足以量測任何變化的完整醫療病史紀錄。

唐恩在部落格上慫恿我的線上社群成員設定一週兩個時段，在期間發送療癒意念給唐恩，而唐恩則開始每天寫日誌，記錄他的情況。「那段期間，我真的開始覺得比較好。」他寫信給我，「不是立即的療癒，但我的幸福感轉佳，而且比較不疼痛。」

八個月後，唐恩寫信給我。他依例半年一次約診，去看他的風濕病醫生，有史以來第一次，在醫師問起他的病況後，他可以說，他覺得好極了，只是偶爾痛一下。「我整個人還是合在一起，但覺得比較彎得下去，疼痛指數降低許多許多。」他告訴醫師：「這是我記憶中感覺最好的一次。」

醫師於是拿出聽診器，聽聽唐恩的心臟，他要唐恩做一次深呼吸。在唐恩的那一次呼吸近尾聲時，醫師聽得很專心，然後突然抬起頭來，看著唐恩，滿臉狐疑地說：「你的胸部剛才動了！」

醫師其實是張開嘴地坐在那裡，唐恩寫給我的信說道：「我的胸部動了！！！！！！！我再次覺得自己像個正常人！我並沒有接受什麼自癒力療法，但念力實驗令我開始感覺好上許多，也讓我體認到，自己的想法如何影響到我的健康，乃至我周遭的世界。」

我以為，我們的芝加哥工作坊的群體效應會像這樣：身體出現些微的改善，原因在於安慰劑效應、某項感覺良好的鍛鍊——近似於按摩或臉部美容的某樣東西。

我們舉辦工作坊的地點並不在芝加哥市附近，而在伊利諾州的紹姆堡（Schaumburg），那是伊利諾州東北部黃金走廊（Golden Corridor）區內庫克郡（Cook County）的模範村之一，此區之所以名為「黃金走廊」，得利於九十號州際公路兩旁的大型購物中心、工業園區、〈財星〉雜誌五百大企業以及呼拉圈辣妹美式餐廳（Hooters）和紅花（Benihana）日式鐵板燒餐廳的財源。摩托羅拉（Motorola）將企業總部設在紹姆堡，全美第十一大的購物中心伍德菲爾德（Woodfield Mall）距離我們的飯店一箭之遙。我們原本可能在美國的任何地方，進駐某家座落於公路沿線的龐大複合型飯店。會議主辦單位選擇紹姆堡會議中心萬麗酒店（Renaissance

Schaumburg Convention Center Hotel），主因在於該酒店的地理位置（距歐海爾機場O'Hare Airport二十公里）。紹姆堡鎮的都市精英意識到，將安靜的農地發展成高檔郊區，可能會帶來最大的經濟效益，於是買下了夾在九十號州際公路與六十一號美國國道（Route 61）之間盤旋公路區段附近最後一八二一公畝多的土地，把它改造成我們此刻進駐的精緻飯店。

研討會開幕前一晚，我們坐在圍繞一座電動壁爐布置的穴狀中庭內，盯著外頭因巨大水塘而顯小的水道，水塘分隔著我們與8字形的收費道路。感覺上，那時仍舊處在我自己探索如何經營這個工作坊的最初階，我擔心著翌日會發生什麼事。我們應該要圍成一個個圓圈嗎？大家應該要手牽手嗎？療癒的對象應該要在哪一個位置？圓圈的中心？還是圓圈上？小組應該要持守多久的療癒意念呢？小組有必要剛好是八個人嗎？還是任意數目的組員都行？

我們一直小心翼翼地進行著我們的全球互聯網實驗，謹慎的避開以人類作為實驗對象，除了已經在我的網站社群上形成的非正式小群體，發送療癒意念給唐恩・貝利這樣的網友，因為我們並不知道，幾千人將心念集中在某人身上，究竟會產生正面還是負面的效應。因為一旦在沒有安全網、沒有盲測實驗或科學方法的情況下運作，萬一有人受傷了，怎麼辦？對我而言，只有一事似乎是肯定的，儘管那只是我當時的一個感覺：需要讓各小組圍成一圈。明天，我們告訴自己，我們就會明白，那樣的直覺是否正確。

週六當天，我們將一百名學員分成大約八人一小組，設法確保組內多半是完全不熟的陌生人。我們要求每一小組中罹患某種生理或情緒疾病的某人，自願成為小組念力集中的標的。這些人要對組員說明自己的病況，之後小組圍成一圈，手牽手，一齊發送療癒心念給那位組員，同時持守那個意念十分鐘，這是我們用在大型念力實驗的時間長度，主要是因為，對沒有經過訓練的一般人來說，那似乎是可以持續專注一念的最長時間。

我指導大家進入「熱機」（Powering Up），這是我設計的一道程序，在《念力的祕密》一書中發表過，它提取了念力「大師」（治療大師、氣功大師、佛教僧侶）最常用的修煉精髓，同時綜合了在實驗室內進行「以心控物」研究時最具成效的條件。這個技巧從小小的呼吸鍛鍊開始，然後是觀想，以及培養慈悲心，以此幫助人們進入專一聚焦、能量充沛、衷心誠意的狀態[1]。此外，我讓學員們看見，如何架構一個高度明確的意念，因為在實驗室研究中，明確具體似乎是最具成效的。各個小組的所有成員都要手握手圍成一圈，或是將念力標的組員置於圓圈中心，其他組員則像車輪輪輻一樣，一手置於標的組員身上。我並不知道哪一個配置比較適合，但在每一個組員之間保持不間斷的實體連結似乎很重要。

「這勉強算是另一個實驗。」我在開始前如此告訴大家，不過我沒有告訴大家的是，學員們正踏上處女首航，我基本上是邊走邊鋪成這條路線。「你經驗到的任何結果都是可以接受的。」我們打開我們的大型實驗用過的音樂，然後觀察，看著各個小組似乎連結得相當好、很深入。當晚學員離開前，我們要求念力標的組員要作好準備，在隔天上午描述自己的經驗以及目前的心智、情緒、生理狀態。

「不要捏造，沒有改善就說沒有改善。」我說。

週日上午，我請接收念力的學員上台報告他們的感受。大約十人一群在教室前區排成一行，我們將麥克風輪流交給每一個人。

一位飽受失眠盜汗之苦的標的女學員，享受了多年來首度的一夜好眠。另一位腿部疼得厲害的女子說，前一天的念力發送期間，她的疼痛加劇，但在念力發送完畢之後，疼痛大為減輕，就她記憶所及，這是九年來最不痛的一次。一位慢性偏頭痛患者說，一早醒來，她的頭痛消失了。另一位學員的要命胃疼和腸躁症不見了。一位苦於抑鬱症的女學員感覺抑鬱消散了。這些故事就這樣持續講了一個小時。

我不敢看向布萊恩，我整個人驚呆了。瘸子應該也能走路了吧。我將那一切貶抑成神怪荒誕，但最大的神怪荒誕就發生在我眼前。我希望，這些結果不是純粹因為「潛意識引導」（power of suggestion）。當天一點一滴地過去，而小組的念力似乎變得更有效力。

返家後，我並不知道是什麼促成了這整段經驗。我剔除了瞬間奇蹟治癒的可能

譯注：

1 讀者將在第22章〈積蓄八的力量〉找到「熱機」程序的完整摘要。

性。或許有某種期待效應（expectation effect）在起作用吧，我心想，某種許可，同意當事人調動自己的療癒資源。

但接下來一整年，不論我們在世界上什麼地方，凡是我們舉辦的工作坊，不論大小，只要建立每一小組大約八人，給學員們一些指示，要求他們發送意念給某一位組員，就會目瞪口呆的見證到同樣的經驗：一則又一則故事，訴說著非凡的進步以及生理和心靈的蛻變轉化。

瑪莉克雅的多發性硬化症害她沒有輔助器便難以行走。成為念力標的後隔天早上，她來到工作坊時並沒有拄著拐杖。

瑪西雅因白內障之類的混沌阻擋了一眼視力。在經過小組念力療癒隔天，她聲稱，那一眼的視力幾乎完全回復了。

荷蘭瑪爾森（Maarssen）的赫蒂，一側膝蓋患有關節炎。「我的那一側膝蓋彎不過九十度，而且痛個不停，每次上下樓梯，對我來說總是困難重重。」她說，「我通常必須小心謹慎地往前走，一步一步的。」她的八的力量小組將她置於圓圈中間，然後坐在她身旁，兩名組員將一手放在她疼痛的膝蓋上。

「起初，我什麼也沒感覺到。接著暖了起來，然後我的肌肉開始震動，大家也跟著我一起震動。我感覺到疼痛離開了。幾分鐘之後，疼痛不見了。」她說。

當晚，赫蒂能夠自在地上下樓梯，也去洗了飯店的三溫暖。隔天早晨，疼痛仍舊消失不見。「我下了床，要去淋浴，然而忘了必須一步一步走。我直接正常地走下樓。」

蘿拉的母親住在丹佛，有脊椎側彎的毛病。在成為念力標的之後，她說她的疼痛消失了。幾個月後，蘿拉寫信給我，說她母親的脊椎起了很大的變化，大到她必須移動母親車內的後照鏡，才能順應母親挺直後的新姿勢。

而邁阿密的保羅，左手的肌腱炎嚴重到必須始終用支架撐住左手，直到他成為「八的力量」小組的念力標的，然後隔天站在學員們面前，展現他如今可以如何完美地移動左手。

還有黛安，她的臀部因脊椎側彎而疼痛難當，痛到不得不停止外出工作，而且過去一年來，她的身高少了二・五公分。在念力發送期間，她感覺到高熱，背部一股急速、抽搐的反應。隔天，她宣稱：「好像我有了一個新臀部。」而葛洛莉亞在以她為目標的念力發送期間，感覺到彷彿身體核心區的兩側被伸展了，拉長了，從那之後，她腰椎的經常性疼痛完全不見了。

然後是來自西班牙馬德里的丹尼爾，他患有一種罕見疾病，嚴重干擾身體處理維他命D的能力，導致脊椎嚴重前彎，局限了他呼吸的能力。念力發送期間，他感到背部酸痛、臀部發熱、四肢冰冷，感覺到疼痛加劇，有一股背部正在伸展的感覺，彷彿背部正在生長。有一刻，感覺好像背部即將斷裂。那一次念力發送之後，丹尼爾說他多年來首次能夠正常呼吸，而且他的姿勢明顯挺直了些。

還有數百宗甚至數千宗實例，而且每次我都站在現場，看著這些改變就在我面前展開。關於這些驚人的蛻變轉化，我應該感覺良好才對，但當時，我卻時常把這些看作是包袱。我相信，它們將會暗中破壞我的「實際」工作（那些大型全球實驗）的可信度。

也就是說，有許多年，我不理會正在發生的事。凡是新聞工作者都會告訴你，我是在避重就輕。我並沒有完全領會到像蘿莎那樣的人一直努力要告訴我的話，在談到小組發送給她治療甲狀腺功能減退的念力時，蘿莎說：「我感覺到隧道內有個開口，連結宇宙。假使我領受了這個，我就能夠痊癒。感覺好像我要給出、同時領受療癒，好像我正在療癒我自己。」

第2章

第一批全球實驗

好的記者是社會秩序的破壞王，她的武器是一絲不苟地記錄可以觀察到的現象。你從已知開始建構，一次一個事實，就像科學家或偵探。科學家也可能是先驅，專門探究大家不敢面對的真相，因為有人告訴我，最好的科學家喜歡被證明是錯誤的。

記者和科學家都是從做出某些臆測開始。你架構自己的假說，設計一套測試方法，然後袖手旁觀，看看結果落在哪裡。有時候你發現，走錯了方向，來到了未知的領域。如果你是個真正的探索者，你會很高興來到那裡，因為時常是，當你的假說錯誤時，你學到某樣全新的東西，明白世界如何運作。

但你如何證明，某樣東西違反了你曾被教導過的每一則定律呢？如果你的整個前提超出了已知或可觀察之物的範圍，該怎麼辦？假使你正在努力找出某個奇蹟的數學公式，該怎麼做？

二〇〇七年三月，亦即第一屆「八的力量」工作坊舉辦之前十五個月，我開始了我們的第一批全球念力實驗，當時，也是完全盲目地向前行。我們沒有可用的地圖，沒有先例可循；其實沒有人曾經冒險進入我所探究的領域——群體念力。一個可信賴的科學研究團體曾經證明，人的心念可以改變物質實相，目標形形色色，從電器設備到其他人類。舉個例子，美國普林斯頓大學工程學院（Princeton University School of Engineering）榮譽院長羅伯特．楊恩（Robert Jahn），以及他的同事——心理學家布蘭達．鄧恩（Brenda Dunne），他們經營的「異常工程實驗室」（Princeton Engineering Anomalies Research，簡稱PEAR「梨子」）花了三十年時間苦心積累一些最令人信服的證據，證明了「引導性思維」（directed thought）的力量可以影響電子機器。他們在許多製作精巧的隨機事件產生器（random event generator，或是研究者口中的REG機器）當中建立了特殊的電腦程式，讓兩個影像隨機交替出現，譬如說，牛仔和印第安人，每一個出現的時間各是五〇％。楊恩和鄧恩將參與者置於電腦螢幕前，要求他們設法影響機器，先是產生更多的印第安人，然後是更多的牛仔。在超過兩百五十萬次的測試過程中，楊恩和鄧恩[1]毅然決然地用實驗證明了人類的意念可以影響這些電子儀器朝某一個或另一個特定的方向前進，而且他們的結果被六十八位調查人員分別複製了。

已故的威廉．布勞德（William Braud[2]）是心理學家兼德州聖安東尼奧（San Antonio）「心靈科學基金會」（Mind Science Foundation）的研究主任，後來主持「超個人心理學研究所」（Institute of Transpersonal Psychology），帶領一個大型研究團體證明，心念可以影響動物的活動，且對自主神經系統（戰鬥或逃跑機制）以及人類的壓力狀態產生威力強大的作用。

一九八〇年代愛滋病（AIDS）流行高峰期間，已故的伊莉莎白・塔格（Elisabeth Targ）醫師設計了一組兩個高度控制的巧妙研究，其中，全美大約四十位遙距治療師被告知要提升末期愛滋病患的健康和存活率——只透過發送療癒心念，儘管治療師從沒見過或接觸過治療的病患[3]。

許多正式和非正式的集體靜心團體，也報導了降低暴力的正向結果。已故的馬赫西大師（Maharishi Mahesh Yogi）創立的「超覺靜坐」（Transcendental Meditation）組織完成了針對大群禪修者進行的若干研究，提出了某些發人深省的證據，證明假使一％人口正在修習一般的超覺靜坐，一％人口的平方根正在修習「超覺靜坐悉諦」（TM-Sidhi，更進階的靜心法），那麼任何類型的暴力，從謀殺到交通事故，都會減少[4]。

但幾乎沒有實驗是針對——許多人同時發送同一個心念給同一個目標，會產生什麼效應。

沒有可利用的群體實驗先例，我們面對了許多無法估量的因素。某個意念的最佳措辭是什麼？我們的意念陳述應該要明確具體嗎？還是應該要釋出一則籠統的請求，請求念力目標要在某方面受到影響，然後讓宇宙決定到底如何才好？念力發送者應該要全部共處一室嗎？還是他們可以分別在個人的住家？在自己的電腦螢幕前？假使我們如原本計畫的那樣，在網際網路上進行這個實驗，意念發送者需要像從實驗室現場直播那樣，與念力目標有某些「實況」連結嗎？距離有關係嗎？距離目標愈遠，意念的力量會愈微弱嗎？什麼是持守心念、使其發揮效用的最佳時機？如果是陳年舊事，也有效嗎？還是宇宙必須有「心情」才辦得到？另外，若要產生某個可測量的效應，必定要有最佳數目的參與者嗎？跟超覺靜坐研究一樣，我們需要類似的臨界人數才能產生效應嗎？

我們一定得測試那些問題，一次一個步驟，無論多麼煞費苦心。

其中最大的問題可能是，在可信靠的科學家們當中，有誰願意拿自己的名譽冒險，免費與我合作此事。幸運的是，不少科學家跟我一樣，有輕度的靈性注入他們的生命且影響到他們想要完成的研究，於是我很快找到了蓋瑞·史瓦慈（Gary Schwartz）博士自願參與最早期的研究。蓋瑞是心理學家，也是亞歷桑納大學「意識暨健康進階實驗室」（Laboratory for Advances in Consciousness and Health）主任，擁有無懈可擊的文憑：美國大學優等生榮譽學會（Phi Beta Kappa）榮譽、康乃爾大學的學位、哈佛的哲學博士、哈佛的助理教授職，耶魯的終身教授職、「耶魯心理生理學中心」（Yale Psychophysiology Center）和「耶魯行為醫學臨床中心」（Yale Behavioral Medicine Clinic）主管職。儘管如此顯赫的出身，但到了一九八八年，蓋瑞感覺受到美國東岸學術界守舊世界的限制，於是離開東岸，投向亞歷桑納大學的敞開空間和開放心態，在此，蓋瑞身兼心理學、醫學、神經病學、精神病學、外科醫學各科教授，可以邊教學邊享有額外的自由，能夠實質追求他想要的任何研究。這份自由在二〇〇二年得到擴大，當時蓋瑞收到美國國家衛生研究院（National Institutes of Health）旗下「國家輔助暨另類醫學中心」（National Center on Complementary and Alternative Medicine）提撥的一百八十萬美元研究撥款，旨在創立一所「前衛醫學暨生物場科學中心」（Center for Frontier Medicine and Biofield Science）。蓋瑞已經執行過大量的能量醫學實驗，有一間完整的實驗室聽他調遣，如今這間「意識暨健康進階實驗室」完全致力於療癒本質的研究。

蓋瑞健壯結實、熱情洋溢，當時六十出頭，有一股不斷緊迫盯人的神態，他熱忱而忙碌，猶如蜂巢，且已將這股特質注入他的大學課程，成為一門門值得研究生和大學生研究的學科。

第一次接觸蓋瑞時，他的熱情已經轉向人類心智的最外層。早在蓋瑞同意參與我的工作之前，他就已經完成了大量研究，檢驗過療癒的能量形式和意識的本質，包括「來生實驗」（Afterlife Experiment），那些是一系列對照研究，精心設計，排除作弊和欺騙，以此測試靈媒們事實上能否與死者溝通。他所召集的靈媒結果達成了八三%的準確率[5]，產生八十多件與死去親人相關的資訊，從名字和個人怪癖，到與其死亡的本質相關的細節。蓋瑞大致上幾乎什麼都研究過，只要是科學上可以量化的。如今許多人試圖用正面思考的力量修復世界問題，而他是一個不會被這類想法困擾的科學家。

不過，他跟多數的科學家一樣，天生小心謹慎，而且堅持我們的「全球念力實驗」務必一次前進一小步。在科學中，你絕對是從你能夠詢問的最基本問題開始。我們會從「蔬菜」開始，一路研究到「礦物」和「動物」，採用最初非常簡單、久而久之日益複雜的實驗模型。首先，我們會用植物作為標的，然後或許是水，最後是人類。

必須從植物開始令我氣餒。二〇〇七年發起念力實驗時，我有一個個宏大計畫。我想要拯救人們免於焚燒建築物，我想像過龐大的集體意念可以治癒癌症，然後修補臭氧層，接著繼續邁進至終止全球危險地帶的暴力。

對於我這些宏大的理念，蓋瑞會不斷引用電影《接觸未來》（*Contact*）的開頭場景，泰德·亞若威（Ted Arroway）正在勸說衝動的小女兒艾莉（Ellie），當時艾莉打開了父女倆的火腿電台（業餘無線電），試圖要某人離開，以便收訊，同時背地裡卻希望那個特定的某人來自外太空。

「動作小一點，艾莉。」蓋瑞一再對我說，重複著亞若威的話。「動作小一點。」他不斷提醒我，我們是在製作一個以前從未嘗試過的實驗設計。首先，我們必須確立，一群人的心念可以產生效應——任何的效應。只有在我們能夠舉例證明之後，才能進一步考慮規模更大、更不切實際的目標。我們必須一次踏出蹣跚踉蹌的一小步。

雖然我讚賞他所渴求的嚴謹，但任何決議持續在我的漫天臆想與蓋瑞的科學謹慎之間拔河拉鋸。好吧，就看看我們能不能降低全球暖化好了，在我們定期透過電話進行腦力激盪的某次會議期間，我會對蓋瑞這麼說。

從一片葉子開始如何，他會如此回答。然後討論結束時，我們會把目標轉向種子。

蓋瑞最後說服了我，將目標鎖定在樹葉或種子之類比較簡單的生物系統，這有助於限制存在於生物體中的無窮變數，每一個片刻，無數的化學和用電過程在此同時發生。只有從類型比較簡單的生物系統開始，我們才能舉例說明，任何的改變是由意念的力量造成的，而不是大量的其他可能性。何況植物是清潔、安全的實驗對象。用植物乃至任何非人類的東西作為實驗對象，代表我們提出的研究不需要通過大學內部審查委員會的審核（委員會的設置是要確保，人類研究是在合乎道德的情況下進行），如此才能讓實驗輕而易舉地進行好幾個月。

我們可以進行的科學實驗類型通常會受限於可以到手的測量配備。還好，儘管蓋瑞的實驗室座落在亞歷桑納大學某棟不起眼的粉紅色一層樓現代灰泥建築之中，但這處不規則的「阿拉丁洞窟」卻有精密的設備，能夠記錄活體中閃現的最微細變化。蓋瑞深受已故德國物理學家艾伯特．波普（Fritz-Albert Popp）的影響，波普在調查某個癌症療法時發現，所有生物，從藻類到人類，都會放射一道微小的光流。波普替他的發現取了一個冗長的稱號，叫做「生物光子放射」（biophoton emissions[6]），然後盡餘生之力，企圖說服科學機構，這一丁點的微光代表一個活生物自體之內以及與外界的主要溝通方法。他愈來愈相信，這道光壓根兒就是這個生物體的中心導體，負責協調體內數百萬個分子反應，也是該生物體經由某套雙向溝通系統讓自己適應所在環境的主要方法，二〇一四年波普去世時，德國政府以及全球五十多位科學家都已經同意了波普的看法。

波普建立並開發了幾件專門記錄這道微光的光電倍增器，而蓋瑞想要用儀器實地拍攝，將此一階段向前更推進一步。他已經設法說服了一位放射學教授使用一台價值十萬美元的數位電荷耦合元件（charged-coupled device，簡稱CCD）攝影系統（該系統通常用在天文學上，能夠拍攝到遙遠星系最微弱的光），之前先讓對方了解如此儀器使他可以創造出生物放射微光的數位照片，也可以數算放射的微光，一次一個像素。甚至在我們開始合作之前，蓋瑞就已經花了四萬美元的撥款經費買下了他自己的配備，這個版本比較便宜，是一件使我們可以從最底層開始的儀器。量測心念的力量是否具有改變這道微小光流的任何效應，這事難以捉摸的程度遠遠大過——譬如說檢驗我們對生長速率的影響。而蓋瑞向我保證，如此靈敏的裝備會使我們可以捕捉到每一個間不容髮的差異，明白任何活體放射的光起了什麼樣的變化。

當科學家們展開某個新實驗時，通常第一步是站在前人的雙肩上，看看之前有誰已經冒險進入這個領域，也因此，在研究新事物之前，他們喜歡重複已經在以前的實驗中被示範證明過的事實。為了我們的初步試驗，我們打算複製曾與波普一起執行過的「先導研究」（pilot study，我在《念力的祕密》中談過這個研究[7]）。在那個實驗中，十六位經驗豐富的禪修者和我齊聚倫敦，發送療癒意念給波普在德國紐斯（Neuss）實驗室的四個目標——兩種藻類、一棵發財樹、一名女子，四者全都在某種程度上承受了壓力。所有目標的量測值均顯示，在發送療癒意念期間，我們擁有改變微光放射的強大效應。

不過，對於那個第一場念力實驗，我們並沒有多數真正的科學實驗所堅持的原則：相稱的對照組——類似的實驗對象，它們與實驗目標不同，不是任何變遷的媒介瞄準的對象。我們的「對照組」就是我們在休息、沒在「運行」念力的半小時期間，還有事實上，我們並沒有告訴實驗室的科學家我們當時在做什麼。這一次，蓋瑞和我有兩個幾乎完全相同的目標，受制於相同的條件；我們會隨意挑出一個發送念力，然後將另一個當作對照組。同樣的，這些研究將是「盲測」實驗；科學家們在計算出結果之前，一直「看不見」我們選擇了哪一個目標，因此，不至於有無意識的偏見以任何方式影響實驗的結果。

多方考量第一次大型念力實驗的若干可能性之後，我們終於選定天竺葵葉作為第一個目標，這片葉子採自蓋瑞亞歷桑納實驗室內的一株茂盛天竺葵。我的公司於二〇〇七年三月十一日舉辦了一場研討會，我們召募與會者共襄盛舉，從兩片天竺葵葉之中任選一片，請大家發送意念，降低該片葉子的「光暈」，整個過程由網路攝影機持續拍攝，透過巨型螢幕呈現在觀眾面前。

蓋瑞一開始便慎選我們的第一個目標，主要原因是：你必須用科學的方法證明某事。若要顯示某樣東西依照標準科學協定（scientific protocol）運作，你需要舉例說明「統計顯著性」（statistical significance），這是一種數學論證，你的結果不是意外得出的，而是，不論你測試的對象是什麼，結果都一樣，而且為了得出那個結果，你需要正在研究的項目達到某個特定的臨界量。科學界同意，凡是統計顯著性小於「$p<.05$」，即指出，機率小於二十分之一，所以你的結果不是靠機運得出的。

若要我們的測試結果達成真正的統計顯著性，兩片葉子之間需要超過三十個比較點，或是科學家們所謂的「資料點」（data point）。就連處理像我們的實驗一樣粗淺基本的實驗，還是需要煞費苦心的五十個步驟協定，由蓋瑞的年輕實驗室技術員馬克．波庫齊（Mark Boccuzzi）負責追蹤。馬克會挑出兩片尺寸大小、光放射量完全相同的天竺葵葉，然後用四公分乘四公分的網格刺穿每一片葉子十六次，那是一個要花費好幾個小時準備的過程。我們的計畫是要馬克將兩片葉子均置於他的數位攝影機底下，將拍攝到的影像傳送給我們的第一位念力實驗網站管理員彼德（Peter），然後袖手旁觀，等待我們的群體念力發送完畢的信號，這時，他會用CCD攝影機拍攝每一片葉子。

起初，我們打算讓參與者試圖降低葉子的光放射量，如同我們在波普實驗中的做法。但健康活生物體的光有違常理；總的來說，光度愈低，生物體愈健康。三月十一日快到了，我開始思考，我們的參與者一定會自然而然地覺得想要「增強」光度。就在實驗開始之前，蓋瑞和我決定逆轉指令，增強葉片的光放射量。對於這樣的實驗協定，我並不開心。當你蓄意增強某物的光時，其實是在給它施壓。因此，基本上，我們的整個實驗是傷害某個生物的行動，即使目標只是一片即將從某株植物上掉落的葉子。

研討會當天，我們拋擲硬幣決定念力標的；另一片葉子就擔任對照組。

此外，蓋瑞和我決定，參與者應該要專一聚焦在那個意念上十分鐘，這是一個由我們任意選擇的時間架構，因為覺得，時間再長些，參與者勢必無以為繼。在實驗即將開始前一小時，我開始憂心，沒有某種錨定心神的東西，要求與會者專注心念那麼一段時間恐怕困難重重。我請外子布萊恩去找負責管理研討會身心靈書店的梅爾．卡萊爾（Mel Carlile）商量，問他能否為我們推薦可以在實驗期間播放的靜心音樂。「這個，試試看第一首，〈直靈〉（*Choku Rei*）」梅爾說，同時交給布萊恩一片強納森．高曼（Jonathan Goldman）的專輯《靈氣唱頌》（*Reiki Chants*）。

就在我們開始之前，蓋瑞接通話機，預祝大家好運。「記住喔，」他多加了一句：「你們正在打造科學史。」

一幅巨大的天竺葵影像出現在螢幕上。我指導大家進入我已設計好且在《念力的祕密》當中發表過的「熱機」技巧。「讓那片小葉子發光再發光，」我說，「想像它在你的腦海中發光。」

意念發送者不斷持守著腦中的意念，同時幕後播放了十分鐘具催眠作用的冥想音樂。事後，我很驚訝地發現，〈直靈〉基本上意謂著強化療癒能量的威力、流動、集中，與「熱機」實屬同類。也許，一切早已注定。

不過當時，站在台上的我感到荒謬可笑。任職調查記者時，我一直十分講究標準新聞從業人員的實務作業，非得採集到至少兩個獨立證據來源作為最低要求，才會認定某事是事實。於我而言，這是一條不可違逆的規則，也因此在一九七九年的一個晚上，當時忙著撰寫揭發私營領養市場的處女作《嬰兒掮客》（*The Baby Brokers*），我熬了一整夜，鑽研著手中關於某個傢伙的資料，這人在不同的州縣和國家設立了一連串的領養機構。他的作業似乎高度可疑，甚至曾在一次電話訪談期間作出含蓄的恐嚇，但當時我心情沉重，因為深知，一次疏失可能不公平地毀掉這人的一生，儘管表面看來，那人就是人口販子。關於原本準備作出的指控，我終於在早晨六點鐘決定罷手。我無法證實這是一則事實。儘管我的直覺強力主張那就是事實，但我還是柔化了那則故事。

而現在，這麼多年後，我在這裡領導學員們對著一片葉子祈禱。與此有關的一切，全都違反我自己的兩個來源規則。事實上，根本就是違反最後一丁點頑固的、採集事實的那個我。

十分鐘的念力發送完成後，馬克將兩片葉子置於生物光子成像系統底下，拍攝兩個小時。研討會結束了，眾人各自歸國，然後我們等著聽說在世界另一端、位於亞歷桑納州的一間小實驗室裡發生了什麼事。

「你一定不相信。」幾天後，蓋瑞在電話上歡天喜地地對我說。這之前，我先告訴他哪一片葉子是實驗標的。「比起另一片葉子，被發送念力的那片葉子發出很亮的光，所以看起來好像另一片葉子產生了『忽略效應』（neglect effect）。」

從那個「發光」念力得到的改變非常顯著，在CCD攝影機創造的數位影像中看得一清二楚。以數值而言，增加的生物光子效應在統計學上也是高度顯著的。事實上，蓋瑞說，在獲選的葉片中，所有被刺穿的小孔都充滿了光，與對照葉片的小孔相較，看得出後者較不明亮。

一週後，蓋瑞發了一封電子郵件給馬克，同時傳送副本給我：「**等你見到資料有多漂亮再說……**影像、曲線圖、數據表……」在我們針對此事發布的官方新聞稿中，他的語氣比較慎重：「就此類的第一樁實驗而言，」他寫道，「這些結果實在是非常振奮人心。」

受到如此壓倒性結果的鼓勵，我們規劃了第一場大型線上活動於三月二十四日舉行。我們的早期假說，基礎之一是，實驗只在參與者與實驗標的有某種即時連結下運作，而為了達成這個目標，我們決定呈現實驗組和對照組兩個不斷直播的現場網路攝影影像。在最後一刻，我們的網站管理員彼德告誡我們，不要使用跟研討會那場實驗一樣的網路攝影影像，因為如果有數千名線上參與者湧入我們的網站，這樣的影像可能會導致網站動彈不得，實驗的日期即將到來，這事看來很可能發生。「網路直播本來就容易失敗，或者至少是非常的難以預料。」彼德寫道。

馬克建立了下一個最佳的可能性：兩台數位相機，每隔十五秒鐘將兩片葉子持續更新的影像送進我們的網站。我們呈現的不是現場直播的葉片，而是葉子的實況照片，以此節省伺服器功率。

我的小女兒（當時十歲）拋擲硬幣選擇葉片一或二。我們已升級至可外加隨機存取記憶體的大型伺服器，也關閉了我們的所有其他網站，讓功率最大化。然後我們再次等待，期望繼續打造科學史。

結果，我跟幾千個其他人一樣，接下來一小時感到全然挫敗，一再嘗試進入我的網站，但卻過不了第一頁。彼德的擔憂證實無誤。那麼多人（估計一萬吧）同時試圖進入我們的網站，導致網站當機。

唯一能做的是宣布發生了什麼事，並承諾參與者，我們會盡快再度嘗試，同時私下許願，未來不要如此廣為宣傳這些實驗，以防觀眾數量再次塞爆伺服器。示範意念的力量看似容易，困難之處在於建立某一線上技術配置，讓數千人同時得以看見同樣的實況標的。

為了避免另一次網路塞車，我們召募了一支新的網路團隊，向一家提供伺服器給〈流行偶像〉（*Pop Idol*，英國版的〈美國偶像〉*American Idol* 選秀節目）的公司租借了一台有九個鏈接伺服器的巨型伺服器處理網路流量。我們的新任網站管理員湯尼．伍德（Tony Wood）來自「科技願景」（Vision with Technology），他與他的團隊一直為《金融時報》（*Financial Times*）之類的大公司處理網站需求，他們有信心，有辦法建立使網站免於動彈不得的架構。這一次，真正實驗期間，我們會關閉首頁，建立一個只有註冊參與實驗的讀者才能看見的HTML頁面，並將真正的實驗移出我們的「念力實驗」主網站。為了保險起見，湯尼想在真正活動前一週來一次初步試驗。

四月二十一日，初步試驗當天，只有少數七千多名已註冊參與實驗的讀者進入網站且能夠參加我們的「發光」實驗。這一次，我們的實驗對象是四季豆種子。再一次，我們的研究奏效了。就跟三月份與現場學員一起進行的實驗一樣，我們取得了正向效應，儘管就科學角度而言，效應並不顯著。這八成是由於CCD攝影機的局限，導致我們只能拍攝十二顆種子；統計顯著性的最低要求是：至少有二十個資料點可以比較。雖然第一次實驗只涉及兩片葉子，但馬克在每一片葉子上刺穿過三十次，得到綽綽有餘的資料點，因為他要比較從每一個刺穿點發出的光放射量。這一次，十二顆種子，我們只有十二個檢測光放射的資料點。誠如蓋瑞針對最後這次實驗寫給我的內容：「假使有可能讓成像的種子數目多兩倍，結果一定會達到統計顯著性。」

但一週後的四月二十九日，當我們再次採用天竺葵葉進行當時宣傳的「真正」實驗時，卻只有五百人設法進入網站，因此結果沒有定論。八月時，我們決定回歸基本，在洛杉磯的研討會上重複第一次的葉片實驗，這回複製了我們最初的結果。

儘管如此不確定的開始，但我們卻回答了其中最關鍵的問題：這實驗有任何方面真正奏效嗎？雖然因為潛在參與者無法進入網站入口而使我們產生了兩次沒有定論的結果，但在多數參與者的確設法接通標的影像的那幾次，我們得到了三個正向結果：三月十一日與倫敦研討會的學員們一起完成的實驗；四月十四日在互聯網上的種子實驗；洛杉磯研討會上重複第一次的葉片實驗，而且三次全都產生了強大的效應。

從做出某些臆測開始，架構你的假說，然後希望某張地圖出現。奏效的實驗多過無效的實驗，除此之外，我們沒有許多別的實驗可以繼續進行。那些失敗只是因為技術故障嗎？或是以四月二十一日的實驗為例，是因為出席人數少嗎？雖然在三月二十四日流產的那次互聯網實驗期間，網站撐不住，但無法上到網站的人，不少仍將意念發送給某個天竺葵葉的心像，而蓋瑞靈敏的CCD攝影機和器材也拍到了某種效應，就跟研討會的資料一樣，有某種強大的趨勢朝同一個方向行進。

那意謂著什麼呢？純屬巧合嗎？缺乏顯著性是因為觀眾沒有看見實驗目標的影像嗎？還是因為技術故障？或是基於這個事實：參與者分散全球各地，不像三月十一日在倫敦的那次實驗一樣，大家同聚一室？群體念力由某個專一聚焦的團體在同樣的實體空間中執行，做法如同我們的那場三月研討會，效果會比較好嗎？還是，你一定要真正「看見」實驗標的，才能夠影響它？

四月二十八日實驗不成功，難道是因為我們沒有夠大的臨界數量參與者？還是因為技術問題呢？或者可能如同蓋瑞的假定，是「一次厭煩效應」（a boredom effect）——我的觀眾厭倦了參加本質上相同的實驗？

這時，我們並不知道上述這些問題的答案。在科學之中，如果你發現某樣東西事與願違，想到可以再測試一次令你感到欣慰，假使情況複製，你可以找出改變的媒介，然後重建秩序、確定性以及一條原因和結果構成的可預測弧線。

只有一事我們愈來愈確信：我們必須放棄與實驗目標現場連線的構想。我負擔不起每次想要執行實驗，就得租用巨大的伺服器容量。科學家們總是大方地捐贈他們的時間，但當我第一次提出「念力實驗」時，並沒有預料到所有的技術成本。為了讓四月二十一日的實驗穩穩撐住，單是半小時的伺服器功率，就花費了我們大約九千美元，建立特殊網頁又花了好幾千美元，支出之龐大，遠非我或我的公司可以定期捐贈的。我們必須找到另一種方式來進行這些實驗，同時想出一份可以隨時複製的研究設計，如此，我們的結果才會具有某種科學效力。

基本上，我必須找出不可能的部分：巨量的伺服器功率，便宜地完成實驗的方法，在數千名訪客同時造訪的壓力下仍會穩穩撐住的平台。

結果證明，現場影像根本無關緊要。當一個個小組開始自發地在我的互聯網站上成形，並將他們個人的效應發揮在個別的組員身上時，我領悟到，我們每一個人，從個別的電腦螢幕前，就已經打造了那份連結。

第3章
虛擬纏結

事後，醫生們會告訴丹尼爾，他很幸運——有可能傷到的是他的臉。一場可怕的氣爆發生了，丹尼爾的雙手被嚴重燒傷，他被匆忙送到醫院，隨後醫生們告訴丹尼爾的妻子，丹尼爾需要植皮，還要在加護病房住上幾週。丹尼爾的妻子感到無助而憂心，她連絡了一個小小的念力團體，那是她和丹尼爾之前在我的網站上建立的。

到了二〇〇八年，經過第一階段昂貴的葉子和種子實驗後，我們決定在Ning這個讓人們可以建立定製社交網路的線上平台上設置任何未來的大型實驗。Ning提供了兩樣我們需要的東西：數百台分散式伺服器，有能耐處理無限的頻寬以及無限數量的參與者同時存取我們的網站，而且最重要的是，這是一個免費平台。而且它還有一個讓我們的參與者加入的社群站點，大家可以在那裡建立自己的小型念力圈。

丹尼爾和幾個其他社群成員在Ning上建立了一個小組，嘗試著發送意念給對方。聽說了丹尼爾的困境，這個小組如今有了一個現實生活的標的，於是開始每天定時發送意念給丹尼爾。

五天後，丹尼爾出院了。他比一般人提早幾週開始癒合，而且因為不需要植皮，跌破大家的眼鏡。他的醫生們想把他當作醫療奇蹟研究。相較之下，丹尼爾有一個受傷程度幾乎完全相同的同事一直堅持正統治療方法，這人在加護病房又住了兩週，然後進行植皮。

二〇〇八年四月，我在達拉斯面對觀眾，詳細解說PowrPoint螢幕上的圖表和曲線，談著我們的「念力實驗」的結果，這時，丹尼爾舉起仍舊包得宛如紗布手套的那隻手，告訴我他的故事。

「既然我們兩個受到的傷害幾乎完全相同，你可以考慮把我的經驗當作一個對照實驗。」他大笑說。

我返回到我的種子和葉片以及圖表，但我傻眼了。我的理性部分知道，我們不可能真正比較丹尼爾和他的同事，除非掌控了各種不同的生物變數，但假設他是對的呢？難道只是丹尼爾的信念的力量——他對療癒的期待？還是，成員不在同一個地方但實質上發送著意念，這樣的群體之中存在著放大的力量？

事實：丹尼爾和他的同事遭受類似的傷害。

事實：丹尼爾是唯一一個得到群體療癒念力的人。

事實：只有丹尼爾無視一切預斷，成為醫師們所謂的「醫療奇蹟」。

因為是奇蹟，你一開始就不會嘗試去理解它，你從結尾開始，把它當作赤裸裸的事實，猶如走進一個房間，發現了一具死屍。你試著努力回到偏離了已知路徑可能如何的那個點，就像偵探，尋找著少許留在沙發上、說明狀況的布料纖維，任何的蛛絲馬跡均可推導出可信可靠的原因。

你無法隔離單一的改變媒介；只能試著創造一個有利的環境，哄騙它重新出現。我回到家，然後那整個夏天，下定決心要更常與小組互動。丹尼爾的經歷以及唐恩·貝利脊椎改善的經驗激發了一個構想。或許，我們可以為丹尼爾和唐恩這樣的人定期發送群體念力，稱之為我們的「本週念力對象」（Intention of the Week）。我們可以把這當作另一種非正規的實驗，規模大過我在工作坊中運作的「八的力量」小組。

我邀請我的電子郵件社群參與網站上的每週一念活動——通常是嘗試療癒健康大有問題的人，或是安撫因二〇〇八年秋天金融危機導致財務困難的人。我們邀請這個網路社群提名一位當週的念力對象，然後我們將那人的姓名、狀況、照片貼在網站上，以便在美國東部標準時間每週日下午一點發送療癒意念。

沒多久，我就每週收到幾十封請求：罹癌患者或身體受創的人；腦部損傷或天生有缺陷的孩童；瀕臨破產或失業的會員；疏離的家庭和受傷的寵物。我們的網站變成了每週祈禱團的網絡代名詞。

我們的意念不見得每次奏效。我們吸引到許多來自病患的請求，這些人離死亡僅幾週之遙。對我在工作坊中設立的「八的力量」小組來說，這樣的做法也不是每次見效。就多數的案例而言，我們並沒有醫師或其他健康專家開立的報告，無法證實意念發送目標的家庭成員所宣稱的效果。有時候，成效非凡（兩位讀者宣稱，他們的癌症已經「自發性復元」（spontaneous remission）），有時候，功效短暫，但有足夠非凡進步的證明讓我認為，有事正在發生。

因最近的一場重大事故，布萊恩一直痲痺癱瘓，而且仍舊不省人事，他的家人為他送來一則請求，使他成為我們的標的之一。就在傳給布萊恩的療癒意念發送之後，他母親開始注意到，他逐漸覺知到周遭事物，較能集中注意力，整體意識清醒度增加了。他開始比之前更常回答問題，甚至開始主動交談。

為他發送療癒意念之後兩天，布萊恩去做物理治療，他第一次與治療師和助行器一起走了十八公尺，然後右腿不加支架走了十二公尺。此外，他開始更常使用右手臂，也能夠開始騎著治療用臥式自行車。他比醫師預估的早幾個月恢復活動力。他們全家人的朋友——提名布萊恩成為「本週念力對象」的瑪格麗特，在網站上寫了一份進度報告，她說，布萊恩的家人「對他的進步神速感到驚訝」。他們認為，群體念力觸發了某種「神性介入」。

奇蹟。驚訝。神性。出人意表。

❖ ❖ ❖

愈是聽到上述布萊恩之類的故事，我就愈加不安，愈是嚴加控管我試圖在整個二○○七和二○○八年持續進行的一連串大型全球實驗。蓋瑞和我決定返回到種子，但這一次，囊括某項現實生活的應用：我們要設法影響種子的生長速率和健康。我們選定了大麥種子，因為大麥既是餵食家畜的常用穀物，又是適合人類的健康穀物。我們要詢問一個具有巨大實際意義的問題：當食物被發送善念時，能夠生長得更快速、更健康嗎？

而且這一次，幾位科學家在我們之前導航了一條差強人意的途徑❶，有幾樁類似的研究顯示，種子得到某位治療師發送的意念，或是得到這位治療師加持過的水灌溉，就會比較健康，而且擁有更快速的發芽和生長速率。這些小型研究引人入勝，但全都涉及單一個人發送意念給就在眼前的種子。在這個實驗中，我們要調查，如果有一整群不同的意念發送者從數萬公里外發送心念，能否達到同樣的成果，或是對我們的實驗標的造成更大的效應。

為了這些實驗的每一環節，蓋瑞與他的實驗室團隊準備了四只各三十顆大麥種子的托盤（一只實驗組，三只對照組），為的是排除機運造成的結果。這一次，我們能夠提供給觀眾、讓觀眾與實驗目標連結的最佳範本是一張照片，雖然我們完全不確定這麼做會見效。馬克決定，他只要用普通相機拍攝這四組種子，然後在實驗前一晚，將照片傳送給我。

那次實驗期間，我原本就規劃好在全球不同的地方演講，這給了我們一個大好機會，可以測試這個實驗在許多場合是否會成功，同時不必擔心我們的網站是否會穩穩撐住。我的第一個落腳處是澳洲，在一個非常流暢的研討會上面對七百人作四小時的演講，主辦單位給了我飛到當地的頭等艙機票，並把我的照片發給全體飯店員工，因此我得到巨星般的款待。

第一場實驗的前一夜，馬克傳送給我四組三十顆種子的照片，每一組均排列成小小的半圓形，置於育苗盤中，標明A、B、C或D，然後我將每一張幻燈片的影像併入我的PowerPoint投影片。在隔天的現場演說期間，我請一名學員在四組種子之中選擇我們的實驗標的，然後我只是放映標的種子的照片，同時引導學員們發送意念給那些種子，促進種子生長，強化其健康，而且再次播放〈直靈〉，從二〇〇七年倫敦研討會上的第一場實驗開始，我每一次實驗都播放這首曲子，以便保持一致性。

意念一發送完畢，我就打電話告訴馬克我們完成了，這個信號是要他將四盤種子全數種下。五天後，馬克收割育苗盤，然後以毫米測量豆苗的高度。我必須耐心地等個幾週，讓蓋瑞好好計算，那事必須在他忙亂的教學與寫作進度之間擠出時間完成。

蓋瑞將這個實驗以及後續這一類測試稱作「念力研究」（Intention Study），但為了排除我們的結果可能是機運造成的，或是淪落至某樣並非學員們的念力導致的東西，每完成一次「念力實驗」，他還會進行一連串完全獨立的對照實驗。科學家們時常執行在各方面模仿真實實驗的對照實驗，只是不採用任何類型的改變媒介，以便排除在真實實驗中觀察到的任何變化可能是由有別於媒介本身的某樣東西所造成。進行這些對照實驗時，馬克採用與一般「念力研究」完全相同的方式建立實驗，挑選並準備另外一百二十顆種子，分成四組，隨機選取一組作為「念力標的」，但這一次，並沒有真正的意念發送者，也沒有真正的意念被發送給實驗標的。在設定的一段時間過後，就像那些名副其實的實驗一樣，他會將四組種子全數種下，接著在五天後收割並測量結果。

假使相較於我們的真正「念力研究」，這些對照實驗顯示種子的生長情況差異極小或毫無差別，這就證實了，念力一直是改變的唯一原因。這個實驗是要擔任二線對照組，也讓我們有雙倍數量的種子可以對照（前後六次實驗，受測的種子總計一四四○顆），如此也提高了統計顯著性的可能性。

二○○七年夏天，我們又進行了兩次大麥種子實驗，一次是與少量的網友一同進行，另一次是在亞米茄學院（Omega Institute）大約一百名學員面前。亞米茄學院是位於紐約州萊茵貝克（Rhinebeck）的一處靜修中心，提供人類潛能方面的課程。

在萊茵貝克的實驗之後，蓋瑞分析了那三次念力研究，結果引人入勝。第一和第二次實驗得到顯著的結果，第三次實驗則是好得不得了。他傳送給我第一張圖表，顯示被發送意念的種子與對照組之間的差異，相差四毫米，這個數字聽起來很小，但卻大到足以在科學研究中被認為是顯著的。「令人興奮，是吧？」他在最後如此寫道。

與人數最少的萊茵貝克學員一同進行的第三次實驗產生了最大的結果。群體愈大，成效愈大，這看似合乎邏輯，但顯然，我們不需要某個特定的臨界數量來影響實驗標的。是特定的生長指令造成的嗎？還是因為學員們的經驗？這些人大部分是動機極高且經驗豐富的禪修者，還是靜修的環境使然？因為相較於在日常生活中撥出時間發送意念，靜修中心有可能大幅提升心念的集中度。

任何科學家都會告訴你，單單一個實驗結果是沒有意義的。那樣的成果可能純屬巧合，科學家們稱之為「人工製品」（artifact）。唯有當你的研究被複製了許多次，你才能肯定地說，你找到了某個真實效應。我們唯一能做的是，多重複幾次實驗，以便舉例證明，我們調查的對象是真材實料。

❖　❖　❖

我們又進行了三次「發芽實驗」（Germination Experiment）：在南卡羅萊納州的希爾頓岬（Hilton Head），在五百名實際操作靈性治療的「觸療」治療師面前；在加州棕櫚泉（Palm Springs），全球新思想協會（Association for Global New Thought）的研討會上，面對一百三十名工作坊學員；在德州奧斯汀克羅辛（The Crossings）酒店舉辦的靜修工作坊，有一百二十人出席。在我們完成了第六次實驗後，蓋瑞透過若干複雜的分析，正式分析了那些結果，比較標的種子與非標的種子，在我們的念力研究中的生長情況；所有的真正標的與對照研究「標的」；以及「念力研究」中所有種子的生長情況，對照「對照研究」中所有種子的生長情況。他採用了兩種統計數據，主要是為了補償這個事實：有些種子根本沒發芽，有些則長得比平時高大許多。

「一言以蔽之，結果令人目瞪口呆。」蓋瑞在三月十六日的來信中這麼說。

總體平均而言，在「念力研究」中，被發送念力的標的種子，長得明顯高於對照組：五十六毫米對照四十八毫米。在「對照研究」中，標的種子與非標的種子沒有什麼差異；事實上，在對照研究中，被標明為「念力種子」的種子長了四十五毫米——比非標的種子矮了二毫米，而且高於每一個對照研究中居二線對照的所有四組種子。我們在「念力研究」中的效應在統計學上是顯著的；純粹靠機率得出這個結果的可能性只有百分之零點七。

若要感受到這個結果是多麼的有意義，不妨想像，你拿一枚硬幣玩遊戲，企圖連續拋擲出一定次數的正面人頭像。以我們的實驗而言，你必須拋擲硬幣一百四十三次，才能碰巧達到同樣的結果。在實際的念力研究期間成為標的的那些種子，長得明顯高於對照研究中的「標的種子」，這有百分之零點三的可能性是出自機運——就像一枚硬幣拋擲了三百三十三次。

最大的效應產生在當我們比較真正念力實驗中所有植物的生長情況，以及對照實驗中所有植物的生長情況。在我們發送念力當天，念力研究中的所有植物都長得高於對照實驗中的所有植物，而被發送念力的植物是其中長得最高的，彷彿在這些念力研究中，所有的種子之間存在著某種交流。這個效應十分驚人，純粹靠機運達到如此結果的可能性是一千萬分之一。

那意謂著什麼呢？難道念力具有「霰彈槍效應」（scattergun effect）？難道生物受到來自整個環境的人類心念能量所影響？而且不只是介於兩個交流的實體之間？我想

到了荷蘭心理學家艾德華・范維克（Eduard Van Wijk）的一個實驗，他針對波普發現的神祕的光放射做過大量的研究。范維克將一罐結構單一的藻類置於一名治療師和他的病患附近，然後在治療期間和休息時段，測量藻類的光子放射情況。分析資料後，他發現藻類的光子總數出現值得注意的改變。治療期間，光子放射的品質和韻律起了顯著的變化❷，彷彿藻類也被療癒的意念影響了。

蓋瑞詳細描寫了我們所有大麥種子實驗的結果，然後在二〇〇八年六月科學探索學會（Society for Scientific Exploration）的年會上報告，同時將摘要發表在年會的會刊。這是念力實驗第一次企圖正式確立我們的資料的有效性❸，而且我們的結論是毫不含糊的：「對於促進種子的生長，群體念力可能具有選擇性的效應。」

我暗中與這個完美小實驗所蘊含的意義角力著。我們的報告謙遜節制，遣詞用字中性、審慎，鋪陳了某些關於意識本質的深邃發現。我們一再用實驗證明了，人類的心智有能力穿越時間和空間、連結其他心智、隔著一段距離對物質起作用。基本上，我們已經用實例證明了某樣非凡而深邃的東西：人類心智有能耐以非局域的方式運作。

「非局域性」（non-locality）也被（相當詩意地）稱作「纏結」（entanglement），是量子粒子的一個奇怪特性。一旦電子或光子之類的次原子粒子相互接觸，它們就永遠彼此影響，基於不明的原因，不論相隔多久、距離多遠，儘管缺少推或踢之類的實質力道——依據物理學家的理解，若要一物影響另一物，諸如此類的尋常事物是一定需要的。

當粒子纏結時，一方的行為總是會影響另一方，不論兩者分隔多遠。一旦它們連結了[4]，檢測一顆次原子粒子可以瞬間影響第二顆次原子粒子的位置。兩顆次原子持續彼此交纏，一方發生不論什麼事，另一方也會發生完全同樣或截然相反的事。

雖然現代物理學家欣然接受「非局域性」是量子世界的已知特性，但他們堅持，次原子宇宙這個奇怪的、反直覺的屬性並不適用於大於電子的任何東西。一旦事物來到我們居住的真實世界，他們宣稱，宇宙再次開始自行表現，根據可預知、可量測的牛頓定律。幾個水晶和藻類的研究已經隱約透露了這個事實：非局域性存在於可量測的巨大世界中[5]，可能甚至是光合作用背後的驅動法則，但這個屬性目前仍舊被認為是微小的量子世界所獨有，如同愛因斯坦的名言所示，是「幽靈般的超距作用」（spooky action at a distance），當然不屬於人類意識的領域。

儘管如此，我們小小的種子實驗已然顯示，我們可以在偌大的可見世界中創造出非局域性，不僅是在個人的心靈之間，更能與相隔遙遠的標的連結。在澳洲雪梨的一群人，影響了幾近一萬三千公里外、位於亞歷桑納大學土桑（Tucson）實驗室內的種子，僅僅透過專注一念的力量。而且我們的意念發送者甚至不必在同一個地點；散布在全球各地的一群人，與聚在同一空間的一群人，產生了同樣的效應。以某種方式，就像一對纏結的電子，我們的個別心靈相互間隔著一段距離，造就了無形的連結，因此能夠同樣隔著一段距離集體行動，改變一組種子。

我開始沉思，人類的意識具有創造某種「心靈互聯網」（psychic internet）的可能性，使我們得以時時刻刻與一切事物聯繫。我們唯一需要的可能是，專注集中，登入上去。

第4章
心智的侵入者

八的力量小組也可以創造心靈互聯網，我第一次發現這事是在為約翰（因嚴重的機車事故而受害）發送意念期間。那場意外事故發生後不久，約翰的母親參加了我們的一個工作坊，描述了約翰的頸部以及脊椎的幾節椎骨嚴重受創。醫生們告訴他母親，脊椎傷得非常嚴重，甚至有可能造成四肢癱瘓。

那個週末，約翰的母親請求她的八的力量小組發送一個特殊的意念給她兒子。兩個月後，她寫信給我，同時提供一份進度報告：在我們發送意念之後，加上家人後續發送的意念，她兒子開始移動上半身，甚至能夠移動腳趾頭。

「他正在經驗某種驚人的復元，大約有百分之八十五回復正常，原本醫師們認為，這要花上六個月到一年，而不是六週！」

假使約翰的顯著進步與八的力量小組有任何關係，那麼大家在沒有與他實質連接的情況下達成了——沒有約翰的實況連結或照片，不認識他，不知道他身在何方，與他沒有任何的連結，除了他母親以及他母親對他的想法。

我開始斟酌，一群「祈禱」圈可以創造一個增強的療癒環境，然後這個群體有能力做出某種無形的連結，這與我們曾在全球念力實驗中見證到的非凡連結是同一種。

我決定要在我們的全球實驗中針對除了植物和種子以外的某樣東西探究那份連結，同時與另一位科學家合作，以便用實驗證明，我們曾經在葉片和種子實驗中達成的結果，並不是單一實驗室生產的人工製品。我聯繫了一位名叫康斯坦汀・科羅特科夫（Konstantin Korotkov）的俄國物理學家，他是個教授，服務於如今名為ＩＴＭＯ的俄羅斯國立資訊科技機械與光學大學（Russian National University of Informational Technology, Mechanics and Optics，從前叫做聖彼德堡國立大學／St. Petersburg State University）。科羅特科夫計算出，當他讓電磁場通過這道微光時，可以輕而易舉地測量到微光，這個做法激起了微光幾十萬遍，使微光變得非常容易量測，也因此精進了波普的理念和設備。

二十四歲時，科羅特科夫已經是信譽卓著的量子物理學家，曾對塞攸・大衛竇維奇・克里安（Semyon Davidovich Kirlian）的成果深感興趣。克里安是俄國工程師，他發現，當傳導能量的任何東西，包括人體組織在內，被置於絕緣材料（例如玻璃）製成的盤子上，然後接觸高壓、高頻電力，產生的低強度電流會在物體周圍創造出可以被相機底片捕捉到的彩色光暈。克里安為這樣的光慷慨陳詞❶，主張他的照片透露的根本就是生物體的能量場，而且這個場域的狀態（或氣場），如他所言，鏡映了生物體的健康狀態。

最後，科羅特科夫提出了一套改善這套初步系統的方法，同時藉由激發活體系統的光子，刺激光子進入興奮的狀態，使其發出比平時強烈數百萬倍的光芒，即時捕捉到這道神祕的光。他開發了「氣體放電可視器」（Gas Discharge Visualization, GDV），利用最先進的光學、數位化的電視母體、強大的電腦，等於是混合了攝影術、光照強度測定以及電腦化的圖像識別。然後某個電腦程式會從這個包圍生物體的「生物場」（biofield）的即時影像推斷，從中推導出該生物體的健康狀況。

我們第一次聯繫時，科羅特科夫五十五歲，是曾為克里安的攝影術和人體能量場概念增添合理性的知名公眾人物。他寫過五本論述這個主題的著作[2]，引起了俄羅斯衛生署（Russian Ministry of Health）的關注，該機關體認到他的發明在評估健康與診斷疾病方面的重要性。到了二〇〇七年，GDV儀器被廣泛用作一般的診斷工具[3]，也用作評估病患術後進展的方法，而俄羅斯體育署（Russian Ministry of Sport）也開始注意到科羅特科夫和他的機器，甚至用它來評估奧林匹克運動員的訓練狀況。在俄羅斯境外，幾千名執業醫師使用著他的機器[4]，此一事實並沒有被美國國家衛生研究院所忽略；實際上，蓋瑞·史瓦慈的撥款金，有一部分就是用來採用科羅特羅夫的設備調查「生物場」。

科羅特科夫有趣而弔詭——輕巧、結實的體態，搭配一顆光頭，關於工作，他緘默寡言、秩序井然，但私下生活卻熱情奔放。他對自己的傑出發明很謙遜，卻熱衷於裝腔作勢，曾經穿著傳統的日本和服，揮舞著武士刀，蒞臨日本的某個正式場合。儘管科羅特科夫享有因這類實際應用達致的鵲起聲名[5]，他自己的私下熱情卻在於人類意識對物質界的影響，而且他洋溢著強大的靈性感，那是在工作進程中歷經若干驚人發現之後發展出來的。雖然因一九五〇和六〇年代蘇聯的「冷戰」文化而成長於無神論的環境中，但他卻愈來愈關注更巨大的意識問題，尤其是：生物體死亡後，這道神祕的光究竟會在體內逗留多久。

在一九九〇年代末期進行的一連串實驗中，科羅特科夫和一個助理團隊讀取了幾十位剛過世的男女，發現有好幾個小時，活人與屍體之間的氣體放電光暈並沒有太大的差異。再者，隨著時間的遞移，光的形態遵循了截然不同的模式，那似乎鏡映出死者死亡的本質；當人死得溫和時，光也溫和，但當人死得比較暴力時，他們的光就會出現比較突兀的轉變。自然死亡的人在死亡後的前五十五個小時，光的振盪較為廣泛，隨後則縮減成比較溫和的光波。

雖然唯物論者會爭辯說，光只是肌肉組織殘餘的生理活動在腐爛的過程中轉化，但法醫文獻講得很清楚，剛死亡的身體的任何電生理特性，在前幾個小時會突然改變，要麼保持常量型曲線，要麼呈現平滑曲線。科羅特科夫的資料與這完全不一樣。唯一的結論是，這光在生命結束後繼續，證明了某種變遷。科羅特科夫寫了一本書談論他的發現[6]，私底下變得極度屬靈，將這個「能量信息的結構」（energy-informational structure）視為類似於常人所說的「靈魂」（soul），連結至人體，但終究不受人體所支配。他繼續為不同的俄羅斯政府部門工作，同時愈來愈熱衷於檢驗意識的本質，特別是我們的心念對他人的影響。

第一次聯繫科羅特科夫、要他與我合作時，我們決定第一個實驗要是粗淺基本的：企圖用我們的心念以某種微妙的方式影響水。他建議，最微妙的變化之一將是測量水分子結構的任何改變，我們現在知道，水分子具有團隊協作的獨特能力。米蘭核子物理學研究所（Milan Institute for Nuclear Physics）的兩位義大利物理學家[7]，已故的吉烏利亞諾・布雷巴拉達（Giuliano Preparata）和他的同事，已故的艾米里歐・戴爾・吉烏迪西（Emilio Del Giudice），曾經實驗證明，水具有一種驚人的屬性：當緊密地聚集在一起時，水的分子展現一種集體的行為，形成他們所謂的「同調域」（coherent domains），如同威力強大的雷射光。其他水分子在場時，這些水分子團簇往往變得「了解情況」（informed），它們在任何帶電分子附近極化、儲存並攜帶該分子的頻率，因此，隔著一段距離也可以讀取該分子的頻率。

就某種意義而言，水像是磁帶記錄器，印記並攜帶著信息，不論原始分子還在不在那裡。誠如俄國科學家們觀察到的[8]，水有能耐保留已被應用的電磁場記憶幾小時、乃至幾天，而來自羅馬大學（Sapienza University of Rome）和那不勒斯第二大學（Second University of Naples）的其他義大利科學家們，以及晚近的諾貝爾獎得主兼ＨＩＶ（Human Immunodeficiency Virus，人體免疫缺損病毒，愛滋病毒）共同發現人呂克・蒙塔尼耶（Luc Montagnier），都已經證實了布雷巴拉達和戴爾・吉烏迪西的發現[9]：特定的電子共振信號使水的種種屬性產生永久的改變。這支羅馬和那不勒斯團隊還證實，水分子自行組織，形成波信息可以被印記其上的形態。水似乎既可以傳送信號，又可以放大信號。

就跟植物、動物和人類一樣，像水這樣的液體也會「發光」。GDV儀器的靈敏度足以測量水的種種能量動力，也可以偵測液體表面光放射的任何變化（這又取決於水分子如何團聚）。科羅特科夫團隊針對多種生物液體進行的眾多實驗證明，GDV儀器對液體的化學和物理內容的變化高度敏感，那是尋常的化學分析不會揭露的。GDV儀器已經能夠分辨極其微小的差異[10]，舉例來說，健康人與疾病患者的血液樣本之間有何差異，化學成分相同的天然與合成精油之間有何差異，乃至普通水與加入高度稀釋的順勢療法藥物的水之間有何差別。

❖ ❖ ❖

至於我們的第一個實驗，康斯坦汀會將一根試管注滿蒸餾水，然後插入一個連接至標準GDV儀器的電極。這個計畫是要測量並比較在實驗之前、期間、之後，從水發出的信號。我們會邀請來自我的念力實驗網站、電子報、社交媒體網頁的網友們。將愛發送給一幀這類水樣本的照片——此一企圖是要證明已故日本自然療法家江本勝（Masaru Emoto）博士認為情緒可以改變水結構的主張。

江本博士因一系列發表在《生命的答案，水知道》（*The Hidden Messages in*

Water）和其他著作的非正式實驗而為大眾所熟知[11]，他提出，我們的心念可以被嵌入水中。他曾經要求志願者對水發送正面或負面的心念，然後將水凍結，拍攝冰的結晶。江本宣稱，被發送正向意念的冰晶形成美麗的對稱圖形，而接觸到恐懼、憎恨、憤怒等負向意念的那些樣本，則形成渾濁、非對稱的冰晶。他的著作十分風靡[12]，曾被著名超心理學家同時也是加州佩塔盧馬（Petaluma）思維科學研究所（Institute of Noetic Sciences）的首席科學家狄恩．雷丁（Dean Radi）成功地複製過兩次。

對於最初幾次葉子實驗的技術性失敗，我仍有點耿耿於懷，因此刻意在我們自己的電子社群上限制即將到來的實驗的廣告次數，以免塞爆Ning系統。即使沒怎麼宣傳，還是有來自全球八十個國家的數千人註冊參加了下一場實驗，大家熱烈捧場，包括許多人來自南極洲除外的各洲大陸，以及其他遙遠地方：印尼、尚比亞、哥斯大黎加、中國。關於這些實驗的消息已經傳了出去，甚至傳給了江本本人，江本發了一封電子郵件給我，祝願我們好運。

約定日期當晚，康斯坦汀傳給我們一幀實驗試管的照片，我們將照片貼在網站上，但只有註冊參加實驗的會員可以看到，然後打開康斯坦汀的GDV儀器，搭配俄國作曲家拉赫曼尼諾夫的CD，然後等待。

過了幾小時，在實驗結束後，康斯坦汀重新檢視了GDV儀器取得的量測值，發現了高度顯著的變化。水中光放射的強度增加，光放射的總面積也起了顯著的變化。不過，這些變化在真正的實驗開始「之前」就發生了，在規劃的念力發送時間之前六分鐘暫停，等我們完成後才又重新開始。當我們盯著念力發送前二十分鐘兩者之間的比較，資料中的顯著性不見了。

或許，我們的念力太過被動或散漫，如果聚焦在某樣更明確的東西上，可能成效會比較好，就像之前做過的「發芽實驗」那樣。畢竟，對於「愛」這類沒有固定形狀的情緒，想法是非常個人的，尤其當它被傳送到一燒杯水的時候，更是如此。何況不少參與者提早進入網站，那可能會影響結果的準確性。

我們決定在二〇〇八年一月二十二日重複這個實驗，但有三項重大差異：我們會對我們的實驗樣本使用非常明確的意念，要求參與的會員要那杯水「發光再發光」（glow and glow）；我們會設置一個對照組，完全相同的一燒杯水，內含來自同一源頭的蒸餾水，同樣連結到GDV儀器上；然後我們會延長讀取水資訊的總體時間。

這一次，我們記錄了，在念力發送期間以及事後與對照燒杯的量測值相較，光的擴散與強度都有高度顯著的統計差異。最引人入勝的是，相較於實驗進行前或實驗完成後，最大的變化就發生在意念發送的十分鐘視窗期間。雖然我們的參與人數少於第一次，但得到的效應卻大上許多。再次證明，群體的大小對成果沒有影響。

你從做出某些臆測開始，你架構一個謹慎的假說，你設計某個測試假說的方法，然後袖手旁觀，看看會落在哪裡，結果只發現，關於宇宙，你信誓旦旦認定的幾個假設，已經被吹成了碎屑。

在我們能夠順利執行完畢的十一個實驗中，有十個達致成功的結果（全部實驗在統計學上都是顯著的，只有一個除外），但在過程中，這些實驗顛覆了我們最初對於群體念力可能如何運作的每一則假設。

我試圖剖析我們從發生的事情中得到了什麼。我們有能力運用心念改變水和植物，不論大家是共處一室、全部散居各地、乃至距離實驗目標數萬公里。我們的心念影響著事物，即使我們從不曾發送意念給那東西本身（目標當然是待在遙遠的實驗室裡），而只是發送給那東西的一個象徵——它的照片。

雖然唯一的接觸點是網站上的一幀照片，但參與者卻立即確立了彼此之間以及與實驗目標的深邃連結。在一個團體中發想似乎可以創造出一個瞬間連結的非局域性心靈互聯網，在此，參與者之間的距離不再重要，即使我們致力的並不是真正的目標和念力對象——只是它們的攝影圖像，這在某種意義上像是巫毒娃娃。

開始著手全球念力實驗時，蓋瑞和我一直根據「與實驗標的有某種實況連結很重要」的假設運作，也因此，在早期的研究中，我們最初堅持用網路攝影機展現實際的實驗標的。但在「發芽念力實驗」與「水實驗」期間，我們發現到，人類的意識可以連結並影響某個「虛擬的目標」（virtual target），而且這樣的連結證明同樣效力強大。如同靈媒們和其他的千里眼多年來主張的，某樣東西的象徵性圖像，就像是地圖坐標，很容易讓意識能夠瞄準目標。

團體的大小也無關緊要；一百人在萊茵貝克（距離實驗標的約一千五百公里）同聚一室的小團體，已經證明效力強大，等同於五倍大的團體。第二次科羅特科夫水實驗的出席人數較少，但效應卻更大。與實驗目標的距離對結果也沒什麼影響，我的澳洲學員，距離亞利桑納州土桑的實驗目標差不多一千三百公里，所達成的效應規模，與位在隔鄰加州的念力發送團體不相上下。當發送心念給某樣東西時，更大或更靠近不見得比較有利。

另一個奇怪的效應是，念力似乎會影響發送路徑上的一切；當種子屬於念力研究的一部分時，每一顆種子都受到某種程度的影響，不論該種子是不是實際的實驗標的。這點同樣含義匪淺——暗示生物體是從整個環境記錄信息，不只是局限在兩個溝通的存在體之間。

最重要的似乎是經驗。我們最可觀的結果來自於那些對發送「專注一念」有實務經驗的人，例如，經驗豐富的禪修者或治療師。我們最成功的發芽實驗（以此案例而言，是成為念力發送目標的幼苗，生長的高度大約是對照組的兩倍）包含我在南卡羅萊納州希爾頓岬的學員，他們是五百名長期執業的「觸療」治療師。而且從發芽實驗和水實驗兩者，我們也得知，如果我們愈是明確，意念的成效就愈好。

這些第一批實驗一直是粗淺基本的，甚至是有點粗糙，但它們蘊含的意義卻是巨大的，甚至挑戰了形成古典物理學骨幹的某些牛頓定律⓭。牛頓描述了一個循規蹈矩的宇宙，個別的物體根據時間和空間中的固定法則行動，而在這些之中，最基礎的定律之一是牛頓的第一定律，認為：任何指定的物體會保持靜止不動，或是持續以某個不變的速率移動，除非有外力施加。這個定律體現了許多我們信誓旦旦地認定世界如何運作的假設基礎，觀念是：事物是靜態、獨立、不可侵犯的，除非實質的某樣東西，某個力道（推、戳、快速一踢）對其做工。的確，牛頓的所有定律描述獨立存在、彼此無關的事物，需要某種物理的、可量測的能量才能夠改變，甚至是移動。

我們的實驗很少反映出可以被我們視為牛頓世界觀的東西。我們不是對某物體做任何事；我們是對著那個物體發想。我們正在記錄的效應比較近似於量子物理學的「無賴行為」（rogue behavior），這最初是由尼爾斯・波耳（Niels Bohr）以及他的門生德國物理學家維爾納・海森堡（Werner Heisenberg）所定義。他們體認到量子宇宙的幾個基本面向。在那個微小的世界裡，事物還不真的是事物，而只是一個微小的「概率雲」（cloud of probability），是其未來任一自我的一個潛能，或者說是物理學家所謂的全體概率的「疊加」（superposition）或總和。

科學機構如今接受了：在量子的封閉世界中，物質不是堅固穩定的——甚至還不是「任何東西」，而且，是觀察者的參與，將這個小小的概率雲分解成具象且可量測的東西。一旦這些科學家真正觀察或測量某個次原子粒子，這個純粹潛能的小小雲朵就「塌縮」（collapse）成一個可辨識的特別狀態。

這些量子物理學界的早期實驗發現，如今所謂的「觀察者效應」（Observer Effect），蘊含的意義始終深邃：活生生的意識以某種方式作用，將某樣東西的潛能轉換成真實的東西。在我們注視著某個電子或進行量測的那一刻，**我們協助決定了它的最後狀態**。這始終保有若干令人不舒服的意涵，其中最大的是，創造我們宇宙的最必要成分是觀察它的那個意識——事實上，去除掉我們對事物的感知，宇宙中並沒有東西是以實「物」存在。

科學家們總是迴避那個令人不舒服的觀念，擁抱比較令人愉快（即便不大可能）的世界觀：顯而易見的大宇宙有一套定律，微觀的宇宙有另一套定律，一旦那些無章法可循的次原子事物以某種方式開始體認到自己是某個顯而易見的巨大事物的一部分，它們便再度開始循規蹈矩，依據可靠的、合乎邏輯的牛頓定律。

幾個由那類信誓旦旦的世界觀構成的假設——時間和空間是不容侵犯的；牛頓的第一定律；乃至認為有兩套不同的法則，分別適用於顯而易見的巨大世界與看不見的粒子——已被這些早期實驗炸出了一個小孔。

八的力量圈與全球念力實驗，兩者都在揭露更多重要的訊息並告訴我們，重點在於：人類的意識，以及意識越過物體和他人的邊界、乃至空間和時間疆界的能力。我們已一再實驗證明，人類的心智擁有非局域性操作的能力，可以穿牆而過，飛越大海和大陸，改變數千公里外的物質。科學家們努力與那個率先由德國哲學家康德提出的構想搏鬥，認為這個世界沒有我們是不可能存在的，但或許，「觀察者效應」其實是指：當我們關注某個特別的物體，我們就在創造，一齊聚焦在那個物體上，一同清晰地表達一則具體明確的要求。

我們的經驗並沒有證實「超覺靜坐」團體的理論，認為當你試圖透過心念的力量得到明確的結果時，你需要某個臨界量。一百人專注而一致的團體共處一室，效應等同於世界各地聚集而來的幾千人經由網路連結。不論我們的群眾是占據同一空間或散布全球各地，只要透過同樣的心念和同樣的網頁結合，瞄準實驗目標，我們就得到同樣的結果。

事實上，我逐漸了悟到，只有八人的小組也同樣見效。我只能猜測，那些意念之所以奏效，是因為我們全都在那個片刻占據著同一個心靈空間。

唯一要緊的東西，那個顯然被需要的唯一東西，就是——某個群體，不論哪一種都行。

第5章
十二的力量

我從「本週念力對象」見證到的效果不可能是安慰劑效應。有嬰兒（甚至是胎兒）逐漸恢復健康；有不省人事或沒被告知成為念力對象的病人。小伊莎貝拉出生在華盛頓州斯波坎（Spokane），早產二十四週即出生，體重僅約五百六十七公克，腸道分離，胃部有鏈球菌感染，肺臟虛弱。醫生們針對她的腸道進行腸道連接手術後兩天，她出現感染現象，然後醫生們必須針對她的肺臟二度動刀。她用了許多不同的抗生素，還請來一名專家，專家斷定，她的感染具抗生素抗藥性。醫生們替她裝上了人工肛門袋。她的病例看起來幾乎毫無希望。

她母親聯繫我們，提名她的寶寶成為「本週念力對象」。在我們發送念力後幾天，伊莎貝拉接受了另一次手術，過程驚人的順利。雖然醫生們一直擔心鏈球菌感染復發，以及可能必須再動一次手術，但令他們驚訝的是，她的血液濃度，亦即拉警報的原因，很快地回復正常。她開始正常發育，而且八個月後出院了，成為完全健康的孩子。她母親說這是一個「奇蹟」。

二○○九年五月，來自瑞典哥特堡（Gothenburg）的耶烏萊恩即將分娩，但她當時懷的男嬰被診斷出罹患罕見且嚴重的心臟缺陷，一定會影響男嬰的心臟和肺臟功能。醫生們擔心，因為男嬰的肺臟可能已經壞損，所以寶寶出生時，恐怕無法自行呼吸。即使寶寶能夠呼吸，還需要強壯到足以經歷至少三次不同的心臟血管手術。

臨盆前，耶烏萊恩請求被置於「本週念力對象」圈。在我們的團體念力發送之後，她兒子出生後的健康狀況比醫生們預估的好。醫生們很驚訝他能夠不靠外援呼吸，而且在哺乳之後，血氧濃度提升了，因為心臟有問題的孩童通常出現相反的情況。他持續長胖，健健康康地在兩個半月後接受手術，而且術後繼續成長茁壯。

「醫生們很驚訝他實際上和看起來都非常健康。」他母親當時寫信告訴我們，「他一直比其他心臟有類似情況的孩童健康，是個非常知足、平靜、快樂的小傢伙。」

有個逃家的青少年重新與父母團聚。墨西哥的胡菈希寫信給我們，談到她已經逃家的十六歲女兒。女兒數學不及格，一有空就參加不到凌晨不散會的派對，且與母親不贊同的朋友交往。我們的社群為這個女兒和她母親發送了要更有愛心、更誠實溝通、尊重彼此差異的意念。幾週後，我收到胡菈希寫來的真情短箋，報告說，念力發送開始以後，她女兒已經回家三週了，而且她們展開了誠實、真心的對談。此外，女兒將她原本既黑暗又挑釁的社交媒體網頁，改成了淡粉紅色。

我不知道我們會在這裡見證到什麼，療癒成功？或是純粹巧合？事實是，這個過程見效了，在一個嬰兒身上，甚至是胎兒身上，也發生在不省人事或一無所知的人身上，這些人並不知道有人代替他們努力過，所以往往可以排除期待效應的可能性。這與某種被放大的群體意念的力量有關嗎？

❖ ❖ ❖

我只是在報導這個主題。

我不假裝理解「這」是什麼。

我正與你一同學習。

多年來，這幾句是我在八的力量工作坊期間的標準免責聲明，是我的出獄許可證。我不是治療師。我只是在場的新聞記者。在人們的生命中見證了那麼多奇蹟式的改變，以至於有一陣子，我甚至變得漠不關心，**啊……(呵欠)，又是奇蹟式的療癒。了不起啊！**

同時，我變得著迷於試圖找出這些集體療癒效應的先例。一定有人在我之前想到這點。禱告圈當然是多數現代基督教會不可或缺的一環，但我的「八的力量」和「本週念力對象」小組，在某些情況下，正在產生立即的療癒。一群人同時想著會產生如此戲劇性效應的同一念頭，這究竟是怎麼一回事呢？在某個更早期的文明中，這個儀式一定已經被發現且被採用了。

我開始四處尋找用來療癒的古代圈子，而且從其中最知名的圈子「巨石陣」開始，那是矗立在英格蘭索爾茲伯里平原（Salisbury Plain）的巨型史前石環。

考古學家至今仍舊不解巨石陣的真正目的，以及什麼原因促使一個新時代文明將八十二塊卡恩梅寧（Carn Menyn）藍砂石從威爾斯（Wales）西南方的普雷斯利山脈（Preseli Mountains）遷移約二百五十公里，來到目前所在的索爾茲伯里平原；重達三公噸的每一塊巨石，需要多達三十名大男人，才能用皮繩一路扛著或拉著，將它們搬運到船上，沿雅芳河（River Avon）上行，最終來到旅程的終點站——雅芳河的索爾茲伯里河段。許多研究人員仍舊依循巨石陣首位考古學家威廉·史都克利（William Stukeley[1]），斷定這座中石器時代的結構是祭祀朝拜的場所；誠如史都克利在一七二〇年代初期所寫的：「當你進入這座建築物，環顧四周，盯著打呵欠的廢墟時，你會陷入一種狂喜的（exstatic，史都克利在原文中用的是exstatic，而非ecstatic）幻想，而那是無可言喻的。」其他人則相信，這個石圈擔任巨型日曆的角色，因為石頭的位置可以精準識別出夏至和冬至，在一個沒有其他季節標示法的時代，這對農作栽種和收割是不可或缺的。

但在我們的第一個工作坊舉辦之前那個月，我陸續發現，兩位英國的頂尖考古學家，提摩西·達維爾（Timothy Darvill）教授與傑佛瑞·溫賴特（Geoff Wainwright）教授，已與同行們分道揚鑣，在此之前，他們展開了一宗為期三年的挖掘計畫，將他們的發現物與先前已被挖掘出來、顯示某種創傷性損傷跡象的超大量骨骸一起歸納匯總。

「巨石陣的整個目的在於，它是史前的露德鎮（Lourdes）[1]。❷」溫賴特說，「人們來這裡是為了被治癒。」

「起初，這裡似乎曾是火葬和追悼的地方，」達維爾補充說明，「但在大約西元前二三〇〇年之後，強調的重點改變，它成了活著的人們的焦點，當年的專業治療師和健康照護專業人員在此照顧了病患和體弱者的身體與靈魂。」

達維爾與溫賴特聚焦在石頭本身以及古人的信念，認為人們得到主要來自威爾斯境內一直澆灌人們的泉流和水井的神祕療癒力所灌注。但我想知道石頭排列的力量，它們的布局絕非偶然。通道對齊仲夏的日出，藍石頭形成一圈，落在如今由兩圈石環構成的馬蹄形配置之內。

考古學家們發現了好幾塊補土，暗示現場可能曾有其他的石頭存在。或許，療癒被認為不只是由石頭執行的，也是由圍成一圈的治療師完成，因為圓圈本身就有圓圈的療癒力。由於英國境內各地有數百個古代的石圈和木圈，達維爾絕不懷疑圓圈扮演了某個重要的療癒角色，但他還找不到證據可以證明，站著排成圓圈的人們也跟巨石本身一樣，在療癒過程中是不可缺少的。

譯註：

1 法國境內最大的天主教朝聖地。

自古以來，在許多的文化和宗教裡，從異教的「威卡」（Wicca）[2]，到基督教神祕主義，人們圍成的小圈一直具有特殊的意義。亞瑟王（King Arthur）的圓桌（Round Table）傳奇❸，以及中世紀的「玫瑰十字會」（Rosicrucian brotherhood）[3]，據說都結合了亞瑟王和古代「艾賽尼派教徒」（Essene）的法門（艾賽尼是早期的神祕苦修教派，因教導過耶穌而馳名）。

我聯絡了克雷斯．揚恩．巴克（Klaas-Jan Bakker），他是玫瑰十字會AMORC（Ancient Mystical Order Rosae Crucis，玫瑰十字古老神祕教團）的榮譽退職宗師，他解釋說，玫瑰十字會的會員們相信，他們採納先由艾賽尼派教徒使用、後被傳授給耶穌的治療方法。最接近我的「八的力量」圈的單位是「安慰會」（Council of Solace），會中成員是專為療癒個人挑選的。他們通常會與病人聯繫，確保對方能夠接受，然後在當天的特定時間進入專一聚焦的心智狀態，觀想對方被治癒了，藉此發送療癒心念。除了個人療癒外，每天正午，所有玫瑰十字會的會堂都會舉行例行的「安慰會」儀式，在此，玫瑰十字會會員將會發送正向的療癒意念給需要的人和我們的地球。不少其他修煉法與我在我們的實驗中和念力圈內發現的心靈互聯網，均有一些相似之處❹。

玫瑰十字會會員聲稱，他們的修煉法傳承自基督教神祕教派，於是我開始更進一步探索圓圈在傳統宗教的用法。

許多《聖經》書卷，例如，〈使徒行傳〉（*Acts*）、〈以斯拉記〉（*Ezra*）、〈約拿書〉（*Jonah*），都談到群體禱告的力量[5]，可以召來神聖的指引和保護，也可以制止災難。據說，亞維拉的德蘭（St. Teresa de Ávila）[4]率先在天主教會中採用小型禱告團。回教徒到麥加朝聖（Hajj），他們在麥加排成同心圓，圍著伊斯蘭教的神聖中心卡巴天房（Kaaba）禱告。在猶太教中，所有猶太教堂都利用「祈禱班」（minyan），這是一個至少十人的小組（正統猶太教會是由十個男人組成），祈禱班的功能之一是一起為某一會眾的療癒禱告。當會眾成員唸誦猶太教的感恩祈禱文「Birkat HaGomel」，感謝逃過創傷經驗或危及生命的疾病時，必須有一個「祈禱班」在場。「minyan」一字來自希伯來語「maneh」，與阿拉姆語（Aramaic）的「mene」（數字）有關，暗示需要特定臨界量的人數。顯然，祈禱團在大多數宗教裡已被廣泛使用。

在研究基督教團體禱告的用途時，我偶然發現了十九世紀英國浸信會宣教士查爾斯．司布真（Charles Spurgeon）的一段舊布道文[6]，討論〈使徒行傳〉中某些段落的含義，敘述使徒們如何建立早期的基督教會。司布真聚焦在〈使徒行傳〉第一章十二至十四節，講述基督的十二使徒基本上如何進行他們的第一次禱告聚會。他們剛從耶路撒冷舊城區近郊的橄欖山（Mount of Olives）附近回來，走上樓上的房間，全

譯註：

2 以巫術為基礎的多神論新興宗教，盛行於英國和美國。

3 又譯「薔薇十字團」。

4 又稱「耶穌的德蘭」，一五一五年～一五八二年。

部在此埋首禱告（有些宗教歷史學家相信，那個房間是耶路撒冷錫安山上的聚會室〔Cenacle〕，亦即「最後晚餐」的地點）。

許多《聖經》學者斷定，《新約聖經》是用古希臘文寫成的，而且，根據司布真的說法，聖路加（Saint Luke）是一位希臘醫生，據說也是〈使徒行傳〉的作者，某些事件發生時，他可能在場，選擇了使用希臘文「homothumadon」來形容使徒們團體禱告的方法。

《聖經》中提到十二遍的homothumadon，主要是在〈使徒行傳〉中，總是用來描述使徒們禱告的本質。《欽定版聖經》（*Authorized King James version of the Bible*，或稱《英王欽定本》[7]）用「一致地」（with one accord）這個沒有活力的片語翻譯homothumadon，但司布真堅持，homothumadon這個副詞其實是一個音樂術語，意思是「一起敲打同一個音符」。在其他地方，這個字一直被譯作「同心合意」（with one mind and with one passion[8]），而司布真認為它的意思是，使徒們「全體一致地、和諧友好地、連續不斷地」（unanimously, harmoniously, and continuously）禱告。

當我查找「homothumadon」的定義時，我發現，就連後一種定義也沒有傳達出原文的深度。這個希臘字本身是兩個字構成的複合字：homou，直譯為「一齊」（in unison）或「同時一起在同一地方」（together at the same place at the same time），而thumous，意思是「熱情爆發」（outburst of passion），乃至「疾行」（rush along），而且時常意在傳達出某種強度：「溫度升高，猛力呼吸」（getting heated up, breathing violently），甚至是震怒（wrath）。當這兩個字被結合起來時，喚起了音樂的圖像，譬如說，某一首貝多芬的交響樂，那是以不同方式熱情地快步前進的音符，但音高和音調融合，形成完美的和諧，構建成最高潮的結尾。這個字強調，使徒們禱告時要熱情合一，用單一的聲音。「這裡有一個早期教會被忽略的祕密，」司布真提到：「路加再三強調，他們做了什麼，他們一起完成。他們所有人。團結統一，全體一致。」

根據司布真的說法，耶穌認為禱告是一種集體共有的行為，他希望他的使徒們一起禱告，用同樣的心念和言語，就像一起陳述某個意念，而許多歷史上的聖經學者也贊同他的看法。十九世紀的美國基督教長老教會牧師兼《聖經》學者阿爾伯特·巴恩斯（Albert Barnes[9]）說，homothumadon強調，使徒們操作「以同心。這個字表示，他們的觀點和感覺是整體和諧的。沒有分裂，沒有分割的利益，沒有不協調的目的。」

以此法禱告甚至可以讓使徒們更密切地團結在一起[10]，有種不可分割之感；根據十九世紀《聖經》注釋者羅伯特·傑米森（Robert Jamieson）、佛賽（A.R. Fausset）、大衛·布朗（David Brown）的說法，不僅在生活中，也在他們的禱告裡，使徒們「被比死亡更強大的鏈結接合了」。耶穌可能已經提出了這個方法，明白使徒們在實質發動宗教革命時，將會面對巨大的拚搏掙扎。十七世紀的英國非國教徒神學家馬修·波爾（Matthew Poole）認為[11]，使用「homothumadon」這個字表示他們在面對困難時的堅定合一感，因而促成一個「偉大的決心，儘管他們遭遇到所有的反對和矛盾」，那是他們在建立早期教會時，一定要面對的。

許多教會的學者相信，耶穌特別使用這種小組禱告作為藍圖，協助使徒們教導早期教會的成員以更可取的新方法禱告。曾任坎特伯里（Canterbury）座堂主任牧師以及西敏（Westminster）教區會使長的英國神職人員弗雷德利．法拉爾（Frederic William Farrar）提出[12]，耶穌審慎地教導他們以此法禱告，促使他們擺脫「純粹的個人祈求」，同時以此作為基督徒團契的標誌：

「門徒們早就提出要求：『主啊，請教導我們禱告！』（〈路加福音〉第十一章一節），在與耶穌交流的三年期間，為門徒示範的形式很可能已經發展成適合大眾禮拜的規模。」

這顯示，這樣的規劃是要初代教會的成員們形成一個團體，一起禱告，出自同心一意。晚近，退休的浸信會牧師兼大學講師彼得．彼特（Peter Pett）主張，這種禱告時熱情合一的技巧，原本就該被全體會眾所使用[13]。

「初期教會的整體合一性被強調了。男性和女性門徒均共享通常基督徒圈外並不了解的平等。他們一起禱告，成為一（one）。大部分的實際禱告很可能主要發生在他們每天與耶穌其他門徒一同聚會的聖殿中。」（〈路加福音〉第二十四章五十三節）

長老會牧師兼前美國參議院院牧洛依德．約翰．奧格威（Lloyd John Ogilvie）認為[14]，新的基督教「運動」旨在利用一種新型的、集體共有的禱告。「早期建立教會時，他們致力於一起禱告。這不只是身體的接近，更意謂著精神的合一。」

奧格威寫道，禱告，本該在關係中得到實踐：

> 如果我們想要來自聖靈的力量成為個人的，就需要進行關係盤點：每一個人都被原諒了嗎？有任何的補償要被完成嗎？需要針對哪一個人傳達療癒嗎？身為會眾，直到我們一心一意，直到我們彼此相愛，像基督愛我們那樣，直到我們治癒所有破碎的關係，我們才可能被賦予大能[15]。

有些學者堅持，《聖經》的〈福音書〉和〈使徒行傳〉最初是用耶穌的母語阿拉姆語寫成。假使情況如此，出現的一個字是kahda[16]，這是一個副詞，意思是「一起」和「同時」。

小型禱告圈一直是早期基督教會形成時不可或缺的一環。事實上，小型念力圈如果不是耶穌發明的，可能也已經被耶穌採用了。

《聖經》中許多關於使徒們「一致」的文獻都談到群體療癒的行為。在〈路加福音〉第九章一節中，耶穌賜給他的使徒們「能力、權柄……醫治各樣的病」，又差遣他們一起踏上第一趟宣教之旅，從加利利（Galilee）的村莊到村莊，「宣傳神國的道，醫治病人」[17]。聖馬太（St. Matthew）也指出，當差遣使徒們前去尋找「以色列人中迷失的羊群」，他們是要去「醫治病人」。在〈使徒行傳〉中，「一大群人帶著病人……從……附近的市鎮來」，行到耶路撒冷，然後「全都得到醫治」[18]。十八世紀英國衛理公會派（Methodist）《聖經》學者亞當．克拉克（Adam Clarke）在他的評註中也指出，關於homothumadon：「當任何上帝子民的聚會以同樣的精神相遇時，他們可以期待需要的每一個祝福。」[19]

我思索著克拉克的話，關於homothumadon，他曾經寫道[20]：

> 這個字很有表現力：它意謂著，他們的所有心思、情感、渴望和祈願，全神貫注在一個對象上，人人著眼於同樣的目標；而且，只有一個渴望，他們對神只有一份祈求，而且每一顆心都將它表達出來。沒有人漠不關心——沒有人無動於衷——沒有人不冷不熱，全體誠摯認真；於是神的大靈降臨，滿足他們團結一致的信仰和祈求。

當他們的心念專一聚焦、全神貫注且集體共有時：

情況可能是，homothumadon是具療效的念力圈所必備的心態，它在沒有完全理解其特殊力量的情況下，在基督教會中被當作一種修煉法加以貫徹。所有這一切都表明，耶穌理解團體禱告的力量，而且當時將這個概念傳遞給他的門徒。又或許，如同我所相信的，他只是想要表示，神在我們每一個人裡面，而且那股力量在群體中被放大了。

我查詢了《聖經》中的希臘字ekklésia[21]，它出現在《聖經》中約一百一十五次，但在《英王欽定版聖經》中顯然被錯譯成「教會」（church，或譯「教堂」）。比較貼切的譯法是「被召喚出來的一群人或會眾，他們因某個明確的目的而聚會——具有統一目標的一群，團結成為一體」。那些遠古時代的教會並不代表建築物本身，乃至某個龐大的組織，而只是一個小小的集會，就像使徒們一樣，他們被「召喚出來」，熱情合一地相聚並禱告。

耶穌對「教會」的原始構想可能是某個類似於「十二的力量」的東西。從十二開始，學習如何一起禱告，然後傳播「教會」這個詞。在〈使徒行傳〉第一章，十二名使徒先是一起禱告，然後與一百二十人的團體共禱，其中包括耶穌的母親瑪莉亞和他的兄弟，以及慢慢聚集的信眾，十二使徒教導大家如法炮製。

事實上，在〈使徒行傳〉的同一章（第一章十五至二十六節）當中，在「耶穌復活」之後，使徒們的第一個活動是挑選一人代替猶大。一般認為，耶穌挑了十二名使徒來代表以色列的十二個部落，但將這群人維持在十二，可能有額外的理由，即使那位最新的成員並沒有親眼見證過耶穌的教誨。

十二使徒的數目可能與祈禱本身一樣重要。

這個「被召喚出來的一群人」完全符合我對療癒圈的定義。事實上，我領悟到，對一個「八的力量」小組來說，**homothumadon** 和 **ekklésia** 是完美的隱喻：一群個人成為單一的實體，一起熱情地禱告，在同一時刻想著同樣的療癒心念。當人們參與療癒圈之類的熱情活動時，他們從單獨的聲音蛻變成如雷貫耳的交響曲。

第6章 和平念力實驗

到了二〇〇八年夏天，我實在受夠了全球實驗中的種子、葉子以及像寶寶學步一樣慢慢來，於是準備來一次大躍進。假使用統一、熱情、單一的聲音一起禱告的小團體，造就了某種善良的實體，那麼就大規模而言，我們能夠將這股療癒力推進到什麼程度呢？我的靈感來自友人芭芭拉．費爾茲（Barbara Fields），她是「全球新思想協會」的執行長，創立了「和平計畫」（Peace Project），鼓勵在不同的城市成立和平團體，同時策劃要在二〇〇八年九月訂出「國際和平日」（International Day of Peace）。我打電話給蓋瑞．史瓦慈，表明時候到了，該要測試我們在全球實驗中測量的這個「群體心智」，是否有力量在現實世界中療癒某個重大的課題。我們來做些大事吧！我說，看看能否在戰區降低暴力、恢復和平。畢竟，超覺靜坐組織已經執行過五百多宗研究，檢驗過禪修團體能否對降低衝突產生效應，而且已經提出了某些引人入勝的結果。

蓋瑞說：「如果你試圖影響某件這麼大的事，你不能一次只發送一個十分鐘的意念，然後期望它見效。」蓋瑞說。那麼，該如何進行呢？就像任何出色的科學家一樣，蓋瑞的衝動總是從複製以前曾在這個領域見效的任何研究設計開始。「你應該要以超覺靜坐組織的成果為基礎，」他說。一項針對二十四座城市所做的研究用實例證明，當百分之一的人口定期靜坐時，當地的犯罪率下降了差不多四分之一。當超覺靜坐組織將研究向外推展至另外四十八座城市時，他們得到了類似的結果[1]。他們也能夠顯示，當臨界數量的進階超覺靜坐禪修者在一九九三年華盛頓特區暴力犯罪飆升期間，將靜坐冥想的目標鎖定華府時，當地的犯罪率下降了[2]。

該組織甚至做過實驗，企圖在一九八三年降低中東地區的衝突[3]，而且發現到，針對巴勒斯坦地區阿拉伯人與以色列人之間的衝突靜坐冥想的人數愈多，在以色列和相鄰的黎巴嫩兩區內，意外死亡的人數和所有暴力事件的數目就愈少。

多年來，該組織一直備受竄改數據的謠言所擾，但他們的研究看似周全詳盡且控制良好，考量到諸多因素，從天氣和季節到執法力度。我們可以從中學習到許多。這些研究都曾經在同行評議的期刊上發表過，也都經過獨立的科學審查。但當然，如此作業大部分涉及靜坐冥想這類大規模被動活動的效應，那純粹是於個人內在為和平而努力。我想要將這事再向前推進一個階段，看看如果一大群人全都刻意地祈願死亡和受傷率下降，究竟會發生什麼事。

事有湊巧，蓋瑞頗熟悉超覺靜坐組織所使用的研究設計協定，他認為，那將為我們的「和平念力實驗」提供粗略的初步藍圖。超覺靜坐組織的某些研究已經檢驗了世界一%人口的平方根帶來的效應，這個數字是該團體認為產生改變所需要的最小臨界數量，因此，共計七千名禪修者聚在同一個地點，每天於某個特定時段靜坐冥想，就跟我們早期的實驗一樣。持續我們之前確立的十分鐘意念視窗是有道理的。「那些超覺靜坐研究至少進行了八天，」蓋瑞告訴我，「你應該採取同樣的做法。」

和蓋瑞談話之前，我已經寫信給超覺靜坐組織的一位聯絡人，徵詢友善的非正式建言，這人參與過該組織的許多研究工作。「從事這類研究的第一個挑戰是找到資料來源，」他在七月初回信時寫道，「依據可解釋的量測法每日產出的有效數據很難到手。多數的政府統計資料充其量是每月一次，早就過時了。」他說，「不過有人針對衝突的內容作分析，也許你可以拿到他們的資料庫。」他提供了幾個可能聯絡得到的名字。

那時，我已經召集了我的夢幻團隊，這些非正式的「睿智前輩們」（我都這麼稱呼他們）包括：蓋瑞·史瓦慈，加州大學爾灣（Irvine）分校統計學教授傑西卡·烏茲（Jessica Utts），之前任教於普林斯頓大學、目前任職「全球意識計畫」（Global Consciousness Project）總監的羅傑·尼爾森（Roger Nelson）博士，以及普林斯頓「梨子」（PEAR）計畫的羅伯特·楊恩和布蘭達·鄧恩。

為了顯示效果究竟是高或低於預測，統計學家經常使用趨勢分析圖，這是統計學的一門技術，企圖在特定的時間框架內顯示某個潛藏的行為模式，或是偏離該模式。意識研究方面的統計分析專家傑西卡·烏茲打算建立一個預測模型，如果戰鬥跟前兩年一樣繼續，我們就可以預期，可能會出現在念力發送之後幾個月內的平均暴力水平。假使實際情況和預測值差異極大，我們便擁有一個很有說服力的指標，顯示我們的念力已經產生了效應。

我們決定，這項研究將會從週日進行到隔週日，從九月十四日開始，九月二十一日「國際和平日」當天在達到高潮中結束。由於這是一個「先導實驗」（pilot experiment），所以我們的第一個想法是要刻意壓低參與人數，再次保障網站不會當機，但因緣聚會，而且我自信有辦法輕易地找到一個目標，所以便決定鋌而走險，在七月宣布這個活動，讓我自己的念力實驗社群興奮一下。

為了使這個活動的進行成為一樁合法的實驗，而不只是善意之舉，你需要幾乎不可能在戰爭中找到的東西：一個非常精確的傷亡記錄方法。這立即剔除了非洲和中東——其實是地球上大部分的衝突地區。我也需要一個相當隱匿的目標（一個沒有西方人正在禱告的目標），如此，任何的變化才更可能是我們的念力造成的結果，而不是許多其他的可能性。我們正在處理的事情十分難以捉摸，必須控制任何稀奇古怪的情況，包括可能遭到實驗開始前就已經在為我們的目標群體禱告之人的念力「污染」，那將使我們無法宣稱，目標的任何變化完全是受到實驗參與者的心智所影響。畢竟，康斯坦汀的第一個實驗就曾經顯示過一定數量的心念「污染」，當時是因為參與者太早設法登入網站。

傑西卡．烏茲希望能夠使用至少幾年的每週暴力資料，從我們的實驗啟動前兩年開始，直到實驗過後幾個月為止，以便有一長串可資比較的統計數據。這意謂著，我們正在尋找一場有人一直仔細計算死亡人數的戰爭，多年來持續數算著，而且願意向我揭露實際的數字。

整個夏天，我打電話，寄發電子郵件，聯絡他人建議我的全球每一個和平組織。我打電話給瑞典烏普薩拉大學（Uppsala University）的「和平與衝突研究系」（Department of Peace and Conflict Research）。我聯絡了華盛頓特區的「美國和平研究所」（United States Institute of Peace）。我電話洽詢三所大學的和平與衝突管理中心。每一個部門系所都有很好的構想，但幾乎都欠缺資料。有人向我推薦曾在二〇〇二年持續一個月追蹤以色列境內戰爭死亡人數的約書亞，戈德斯坦（Joshua Goldstein），然後是哈佛大學教授道格·邦德（Doug Bond），他設置了一套系統，專門蒐集美國在中東兩場戰爭的傷亡統計資料，但我無法聯絡上他們之中的任何一位。「布魯金斯學會」（Brookings Institution）是一家總部設在華盛頓特區的非營利性公共政策組織，該會的傑森·坎貝爾（Jason Campbell）是發布伊拉克境內死亡數據的絕佳來源，但該會的報告只提供月度數據，而我需要的是日度或週度數字。

美國政府的「全球事故追蹤系統」（Worldwide Incidents Tracking System，http://wits.nctc.gov），實質跟蹤全球每一樁與恐怖分子相關的死亡事件，提供的資訊卻只到二〇〇八年三月。我們必須等活動過後大約八個月，才能查明我們是否產生了任何的影響。當我決定打電話給該組織，看看能否獲得更多的最新資料時，那個網站居然沒有電話或其他聯絡資訊，也沒有網絡或目錄信息。我打電話問遍了位於華盛頓特區的美國國務院，似乎沒有人聽說過這個組織。我從一個部門轉到另一個部門，直到最後接通了美國政府的國家反恐中心（National Counterterrorism Center），這是國務院內的一個傑克・鮑爾（Jack Bauer）[1]式單位。電話另一頭的那個人聽來是嚇了一跳，很震驚我居然打通了，她拒絕表明自己的身分，但卻很有興趣知道，我打算用兩年伊拉克與阿富汗戰爭的相關傷亡資訊來做什麼，以及為什麼我對特定的恐怖活動那麼好奇。幾分鐘後，她拒絕進一步深入交談，只要求我提供更多我的相關資訊以及我的社會保險號碼。

「伊拉克死亡人數」（Iraq Body Count）是一個幾乎每天更新伊拉克戰爭全新死亡人數的網站，由忙得不可開交的志願者管理，站方寫道：「單純記錄伊拉克境內的每日大屠殺。」

我開始抓狂了。那時是八月下旬，距離我們的實驗還有十九天，而我還找不到一個看似可信的目標，這情況特別令人心煩，因為已經有六千人註冊要參加。那時候，我還是沒用任何重大的方式公布這個活動，因為不確定如果超載了，網站動不動得了。我原本打算讓參與人數保持在兩萬以下，但這個計畫的消息已經在網絡上像病毒一樣擴散了。若干大型組織——蓋亞（Gaiam）[2]、H2Om[3]、全球新思想協會、支持美國版《我們到底知道多少?!》（*What the Bleep Do We Know?*）的觀眾以及該影片的官方網站、合一（Oneness）組織、梵天庫馬里斯（Brahma Kumaris）[4]、Intent.

com[5]——已經對他們的群體宣布了這個實驗，而且每天還有數百人註冊要參加。我怎麼能認為，找到這場記錄詳實的完美戰爭是輕而易舉的呢？

我的一位通訊記者建議，可以將我們的搜尋範圍限制在斯里蘭卡的部分地區，血腥的內戰已在那些地方肆虐了二十五年。由於許多的焦點落在中東和伊斯蘭的恐怖主義，世界地圖的這個部分一直備受美國忽略。這可是個沒人碰過的完美目標啊。我可以確信，它當時吸引到的西方禱告者少之又少。

我又寫信給另外四個有記錄保存系統的組織，由於沒有回音，使我瀕臨取消實驗的邊緣，這時，我在「烏普薩拉衝突資料程式」（Uppsala Conflict Data Program）的聯絡人，建議我嘗試聯繫斯里蘭卡可倫坡境內的「共存基金會」（Foundation for Coexistence，簡稱ＦＣＥ），該基金會已經率先開發了「早期應變資料庫」（Early Response Database）記錄保存系統，而且多年來一直追蹤著斯里蘭卡境內的傷亡人

譯註：

1 美國福斯廣播公司電視劇《24小時反恐任務》男主角。

2 Gaia, Inc.，一九八八年成立，總部位於美國科羅拉多州，是一家全球數位視訊串流兼線上社群，傳送篩選過的媒體給一百二十多個國家的訂閱者，同時提供瑜伽、健身等商品，公司部門包括Gaiam品牌與Gaiam TV。

3 一家網站和公司，銷售據稱具有正向能量意念的高價瓶裝水。

4 一九三六年創立於巴基斯坦，致力於靈性轉化與服務。

5 一個會員們可以共享夢想與志向的社群。

數。他們持續監測各區的每日殺戮和暴力事件發生率，並將所有的第一手資訊輸入資料庫，因此很容易便能提供我們發生在實驗之前兩年的傷亡人數，以及我們念力發送那週之後的定期更新資料。我循著提示的線索，從位於波士頓的布蘭代斯大學（Brandeis University），追到英國的曼徹斯特大學，最後找到了馬哈瓦．「麥茲」．帕利哈皮塔亞（Madhawa ‘Mads’ Palihapitaya），他是位於波士頓的麻薩諸塞州爭議解決辦公室（Massachusetts Office of Dispute Resolution）的代理主任，ＦＣＥ在美國的代表，他指引我去找ＦＣＥ的前主席，著名的和平活動家庫馬爾．魯帕辛哈（Kumar Rupesinghe）博士。

魯帕辛哈是斯里蘭卡的甘地，從前是出版商，幫助成立了共存基金會（ＦＣＥ），此時更擔任ＦＣＥ主席，ＦＣＥ是一個聚焦在和平、人身安全、解決衝突的人道主義組織。在魯帕辛哈的指導下，共存基金會已經形成了一個解決爭端和共同生存的模式，調節「泰米爾伊拉姆猛虎解放組織」（Liberation Tigers of Tamil Eelam，更為人熟知的名稱是泰米爾猛虎組織／Tamil Tigers或ＬＴＴＥ，乃一支全副武裝、訓練有素的叛軍），以及不同信仰的兩個多數社群——回教徒與僧伽羅人（Sinhala）。ＦＣＥ藉由處理各方的不滿，幫助降低斯里蘭卡東部省分的暴力事件，因此，魯帕辛哈一直試圖說服世界各地的組織和政府開發類似的程序，藉此設置預警系統、建立聯盟、在內戰中分攤重擔。

儘管有這些前所未有的進展，但在二〇〇八年，還是沒有看到暴力或戰爭的盡頭[4]。泰米爾猛虎組織的崛起是為了反抗斯里蘭卡境內多數人口對泰米爾人的歧視，二十五年來，他們已經在北部和東部為泰米爾人民發動了一場建立獨立國家的運動。在那段四分之一世紀的時間裡，猛虎組織變成了一部平穩運轉的軍事機器，在恐怖活動中開創了若干先例：第一個發明且經常使用自殺腰帶的組織；率先強行招募孩子從事恐怖活動；率先選擇婦女作為自殺炸彈客。在我們進行「和平念力實驗」時，他們已經創下了三百多樁的自殺式爆炸案（數量居所有恐怖組織之冠），以及最大膽的恐怖暗殺行動，包括兩位世界領導人——印度總理拉吉夫・甘地和斯里蘭卡總統拉納辛哈・普雷馬達薩（Ranasinghe Premadasa）——以及第三樁暗殺當時斯里蘭卡總統芊德莉卡・庫馬拉通加（Chandrika Kumaratunga）失敗，但這次行動卻害她失去了右眼。在我們的念力實驗舉行之前十個月，在一次企圖殺死斯里蘭卡部長道格拉斯・德萬納達（Douglas Devananda）的行動中，一位名叫蘇嘉妲・瓦加瓦南（Sujatha Vagawanam）的女子引爆了一枚藏在其胸罩內的炸彈，這一次攻擊結果沒成功，但過程完全被某人的手機捕捉到並上傳至YouTube。

多年來，停火談判破裂了四次，最後一次是二〇〇八年一月；五月之後，斯里蘭卡政府放棄了，逕自決定以任何必要的手段消滅猛虎組織。在極盛時期，泰米爾人掌控了四分之三的斯里蘭卡大陸；我們的實驗進行時，政府軍已經重新奪回了東部，但暴力仍在當地持續，而泰米爾人阻斷了國家的整個北部，在彼處堅守大本營，迫使二十多萬人離開家園。在長期的衝突中，約有三十四萬人遇難，五十萬人目前住在難民營。前一年的十二月，「人權觀察」（Human Rights Watch）與「國際特赦組織」（Amnesty International）聯手懇求「聯合國人權理事會」（UN Human Rights Council）出面終止雙方濫用公民權。

當我向魯帕辛哈描述我們的計畫時，他欣然分享他的資料，不收費。事實上，情況是，同一個月，共存基金會已經展開了挨家挨戶「拒絕暴力」的行動，這是要讓活動在「國際和平日」當天舉行的燭光儀式（實驗結束後當晚）中達到最高潮。「我們將號召整個國家的人在自己家中升起象徵我們的活動的旗子，然後點燈，同時祈禱或靜坐冥想五分鐘。」他寫道，「晚上，全國將有點蠟燭和點燈的大規模守夜祝禱。」他當時正在號召天主教主教、基督教領袖、佛教僧侶、印度教靈性導師以及回教宗教領袖仿效跟進，引導信眾們禱告。「因為那天是星期天，基督徒一定會上教堂，於是我們請他們去敲鐘。」他說，「所有宗教都將同樣受邀去敲響自己的鐘聲。」他要我請我們的網絡仿效他們的做法，在最後那個週日晚上點亮一根蠟燭。

我簡直不相信我們兩方的活動同步結束於同一天。「這，」我的回信寫道，「感覺是受到神性的啟發。」

第7章 念想和平

我現在需要另外一丁點的神性介入，以某個新網站的形式。

剩下的最大挑戰是要釐清，這個實驗到底該如何在互聯網上進行。對我們的小型實驗以及首度嘗試使用連結型伺服器功率來說，Ning 一直是出色、低成本的解決方案，但我不確定我們目前的配置能否處理如此規模的實驗。跟以前一樣，我們計畫在我們的「念力實驗」主網站以外的平台上進行實驗，有足夠的分散式網路功率處理參加的人數。幾個月前，我們被引介給「意念巧克力」（Intentional Chocolate）公司的業主吉姆．沃爾什（Jim Walsh），他慷慨提議，要為更大的伺服器功率付費。

吉姆希望有一位網站管理員負責建立網站同時執行活動，於是我們將所有的詳細計畫書發送過去，可是他接著寫信來說，雖然伺服器已到位，但他的同行無法支援。我們卡住了，沒有網站或網站管理員。我們就是付不起幾千美元聘請曾經幫助我們完成早期葉子和種子實驗的團隊。

當時是九月四日，還有十天就要開始實驗。我再度面臨活動可能取消的窘境，這時，我想起了那年初夏的一場聚會，我曾被介紹給薩米爾・梅赫塔（Sameer Mehta）和他的同事，他們是「銅線」（Copperstrings）旗下一群經驗豐富的網頁設計師。「銅線」是一家從印度營運的媒體網站，由我們在英國的熟人譚妮・達米迦（Tani Dhamija）所創辦。我拿出名片，聯絡了喬伊・巴納吉（Joy Banerjee）和薩米爾。我解釋了我的立場，而他們慷慨提議，願意捐出公司的時間來設置這個實驗，且在大到足以應付數千名訪客的「銅線」平台上運行。我簡直不敢相信。這一次，實驗居然不花我們半毛錢。

薩米爾和他的團隊建立了一個獨立的網站和註冊頁面，但附帶一項重大變更：他的團隊將建立在實驗各個階段會自動換頁的網頁，以便將個人的電腦問題減至最小，同時提升最多人次參與的機會。而且沒有人會過早進入，像康斯坦汀的第一次水實驗那樣。

九月十四日終於到了，「銅線」的一名技術人員在旁待命，幫助那些無法通過網站首頁的人。我們的〈靈氣唱頌〉音軌被定時在十分鐘實驗期間播放。大部分的參與者（包括我在內）都進入了。我欣喜若狂地看著頁面適時變換，先是揭示目標，搭配一張顯示斯里蘭卡的地圖，寫著：「地球上飽受最致命持續性衝突的地區之一」。

五分鐘過後，頁面再次變換到我們的意念頁面，呈現出一張照片，三個小男孩，一個泰米爾人，一個回教徒，一個錫克教徒，大約十歲，全都手挽著手，旁邊圖像則是一片美麗的瀑布——和平恢復的完美象徵。

我們請參與者持守下述意念：「致力於回復斯里蘭卡萬尼（Wanni）區的和平與合作，致力於所有與戰爭相關的暴力至少降低十％。」我量化了我們的要求，主要是因為我們從「發芽實驗」得來的經驗，那顯示，我們愈是明確具體，就會愈成功。

一切看似順利運行，但在第一天的實驗之後，我發現有幾千人遇到登入問題，肇因於試圖進入網站的訪客太多。已註冊的人數超過一萬五千，最後有一一四六八人參加。在收到銅線技術團隊的URL（全球資源定位器）之後，又有原本無法登入網站的數千人加入。參與者來自超過六十五個國家，包含南極洲以外的每一個大洲，最多人數來自美國、加拿大、英國、荷蘭、南非、德國、澳大利亞、比利時、西班牙和墨西哥，但念力發送者也來自許多遙遠的地區——千里達、蒙古，還有尼泊爾、瓜德羅普（Guadeloupe）、印尼、馬利（Mali）、多明尼加共和國、厄瓜多。參加人數差不多是全球人口一％的平方根的兩倍。由於Apache伺服器再次收到大於容量的請求，因此我們要求Media Temple1伺服器團隊提高後續活動的容量，尤其是在最後那個週末。

❖ ❖ ❖

關於我們努力的效應，第一個反饋令人擔憂。接下來一週，我閱讀了一些初步新聞報導，以及共存基金會夥伴赫曼薩．班達拉（Hemantha Bandar）提供的第一批實驗當週傷亡率相關數字，兩者均顯示，在我們發送念力當週，暴力事件大幅「增加」，事實上，來到了兩年視窗研究期的最高點。就在我們八天念力發送期開始時，北部的暴力水平急劇上升。北部的攻擊與殺戮突然激增，主要是由於斯里蘭卡政府發動了全面的陸上、海上和空中攻擊，意在將泰米爾猛虎組織驅離他們在該島北部的最後據點。斯里蘭卡海軍在東北部外海爆發的海戰中，擊沉了兩艘泰米爾猛虎組織的船隻，在西北部外海的一場三小時戰役中，則殺死了猛虎組織「海虎」（Sea Tiger）單位的二十五名成員。此外，在陸軍進政北部叛軍總部方圓十九公里範圍內的過程中，有四十八名叛軍喪生，而空軍則瞄準猛虎組織高層領導人的巢穴。政府軍也進攻了叛軍在基利諾奇（Kilinochchi）地區的據點，造成十九名叛軍和三名政府軍喪生。在泰米爾猛虎組織方面，叛軍擊退了推進至北部萬尼區的政府軍，戰事持續了四個小時，宣稱擊斃了二十五名政府軍[1]❶。

由於政府軍加強了上述這些活動，傷亡人數突然激增，在八天實驗期間，共有四六一人遇難，三一二人嚴重受傷，相較之下，一週前的死亡人數為一四二，受傷人數為三十八。

斯里蘭卡政府宣布，政府拒絕談判或停火，除非猛虎組織放下武器：誓言終將驅除最後據點中的猛虎組織成員。援助機構開始離開萬尼區，因為安全沒有保障。這次的全新轟炸迫使十一萬三千多人遠離家園。聯合國開始呼籲雙方停止殺害平民。這一切似乎不僅止是巧合。

噢，天哪，我不斷想著，這是我們造成的嗎？

但就在我們的念力實驗之後，根據共存基金會提供給我們的每週數字，死亡和受傷人數雙雙陡降。死亡率突然下降了七四％，受傷率下降了四八％。短期內，與實驗之前十三天相較，念力實驗之後的死亡率並不是明顯較低。平均死亡人數基本上下降至念力實驗期之前兩週的數字。不過，受傷水平仍比實驗開始前幾個月下降了四三％。

那只是當時的畫面。為了使我們的資料具有絲毫的意義，我們需要更長期的觀察，包括前瞻與回顧。將我們的資料與兩年來發生的事進行比較，然後在持續一或兩個月後，將會讓我們看見，是否有任何長期的重大轉變，可以看出下降趨勢是否持續？或者，這是否就是未來最好的情況？此外，我們想要斷定，念力是否持續，還是只影響念力發送後短期內的暴力水平。這會影響萬尼區內戰爭的結果嗎？找到答案的唯一方法是袖手旁觀，等個幾週，等待事件展開，同時向傑西卡·烏茲遞交從赫曼薩那裡得到的每週統計資料，加上從二〇〇六年八月至二〇〇八年東部和北部各省的每週傷亡最新數據。

從共存基金會自二〇〇六年八月到實驗開始前的統計資料，傑西卡能夠模擬預測

譯註：

1 美國的一家網頁寄存和網站託管服務公司。

出，在念力實驗之後幾個月，如果戰事照常進行，我們可以預期可能會出現的平均暴力水平。然後我們使用實驗之後幾週的資料，比較模型所示當月「應該」發生的事與「真正」發生的事。烏茲建立了一份直到九月十四日那一週才結束的初步時間序列分析，採用「整合移動平均自回歸」（Autoregressive Integrated Moving Average，簡稱ARIMA）模型，這有助於更好地理解資料，並對未來事件進行預測，尤其是面對像我們這樣的資料：不是一成不變，但卻因為許多的異常數字而波動。

十一月下旬，傑西卡終於提出了一份二次趨勢分析，這是一個比較複雜的模型，為念力實驗開始之前的整體資料模式提供優質的統計說明，同時合理地模擬實驗期間與其後可能發生的狀況。它揭露了，在念力實驗當週期間，暴力的確大幅增加到遠遠高於預測的水平，但接著在實驗過後那幾週，則陡降至遠遠低於模型預測應該要出現在那幾週期間的狀況。死亡人數從兩年期報告的第七十週已經開始逐步上升，幾乎是週週穩定攀升，來到實驗當週的創紀錄高點，然後一週後急降，回到戰事愈演愈烈之前從來沒有見過的水平。

當然，這可能全都是巧合。我們必須考慮到，暴力事件的增加碰巧發生在我們實驗的那一週，而暴力的降低單純是戰役過後時常出現的平靜。畢竟，那一年，斯里蘭卡政府已將政府軍的規模提升了大約七〇%，也增加了海軍的軍力[2]。

但在後續的幾個月裡，這些事件以更加非凡的方式演出。從這兩年多的視角看，九月實驗當週的那些事件證明是整個二十五年衝突的關鍵。那一週期間，斯里蘭卡政府軍贏得了若干戰略上相當重要的戰役，使他們得以扭轉整個戰局。九月念力實驗那一週之後，政府軍能夠在自己的地盤上對猛虎組織宣戰。隨著政府軍在北部發動無情的攻勢，戰事轉變成面對面的搏鬥。

二〇〇九年一月二日，政府軍終於將分離派游擊隊趕出其首府基利諾奇。一週後，政府軍重新奪回了戰略要地大象通道（Elephant pass）和穆萊蒂武（Mullaitivu）鎮（此二地連結斯里蘭卡本土與北部半島），九年來頭一次，打開了整個北方的賈夫納半島（Jaffna Peninsula），解放了整個萬尼區，也就是我們的念力目標。剩下的泰米爾恐怖分子被強行擠入了斯里蘭卡東北部叢林大約三三〇平方公里的一個小角落。在九月和一月的所有決定性勝利之後，這場歷時二十五年的頑強內戰於二〇〇九年五月十六日，也就是我們的念力實驗過後九個月，在一場血腥中結束。

這是我們造成的嗎？

當然，我們九月開始發送念力時，叛軍仍舊緊緊掌握著北方，看不見戰爭有結束的跡象。儘管政府軍在八月已有所進展，但即使是在相當接近的五月，評論家們還是認為，和平談判毫無可能。當傑西卡注意到，在整個二十六個月期間，暴力事件總數最高的那一週以及最具決定性的戰役，就發生在我們發送念力那一週期間，她只有兩句話可說：「詭異，對吧？」

我想要某個獨立驗證，證明這不僅止是巧合，因此請羅傑．尼爾森幫忙，他是「全球意識計畫」的架構者，也是我們科學團隊的一員。尼爾森博士是心理學家，之前任教於普林斯頓大學，醉心於這樣的想法：可能有一個集體意識，其證據可以在隨機事件產生器上被捕捉到。隨機事件產生器（REG）是由梨子（PEAR）團隊開發、相當於連續拋擲硬幣的現代電子產品，信息隨機輸出，通常產生正面人頭和反面數字的時間比大約各占五〇%。一九九八年，羅傑組建了一套集中式計算機程式，好讓設置在全球五十個地點且不斷運行的隨機事件產生器可以透過網際網路，將各自不間斷的隨機資料流注入一個龐大的中央集線器。一九九七年以來，他一直對照比較著隨機事件產生器的輸出信息與重大的全球情緒衝擊事件。標準化的統計分析方法揭露出任何有「秩序」（order）的例證（此時，機器的輸出呈現出少於平時的隨機性），以及「秩序」產生的時間是否與重大的世界事件相符。

幾十年來，羅傑將他的機器的活動與數以百計的重大新聞事件對照：威爾斯王妃戴安娜的死亡；千禧年慶典；小約翰·甘迺迪與妻子卡洛琳的死亡；彈劾美國總統柯林頓未遂；九一一雙子星大樓的悲劇；美國總統喬治·布西、歐巴馬和川普的認同民調；入侵伊拉克以及罷黜薩達姆·海珊的政權。強烈的情緒，正面或負面——甚至於總統的決策——似乎都可以產生脫離隨機性的某種秩序。

我請羅傑分析，在我們實驗期間，隨機事件產生器發生了什麼事。好幾項分析揭露，在我們的「和平念力實驗」八天期間，那些隨機事件產生器在集體靜心的二十分鐘視窗期內受到影響，而且這些變化類似於在企圖降低暴力的地區於集體靜心期間發生的變化。但這些變化最為顯著的是在實際實驗的十分鐘期間，也就是我們發送念力的確切時間。

「和平念力實驗」的成果是令人信服的，但不能被認為是明確的。凡是科學家都會告訴你，像這樣的結果並沒有真正證明什麼。有太多的變數：斯里蘭卡政府的攻勢、衝突的自然進程、暴力的增加然後陡降。然而，毫無疑問的，九月念力實驗進行當週，可能是整整二十五年衝突期間最重要的關鍵。政府軍在推進中取得了重大的進展，得以扭轉整體戰局。

這是我們造成的嗎？

簡答：誰知道呢？

我們需要重複實驗若干次，才能顯示我們的意念以某種決定性的方式影響了這場戰爭。

進行調查，明白他們是如何找到這個實驗的——主要是要檢查「銅線」網站穩定到什麼程度，以及我們的參與者是否進入了所有的網頁。

調查的另一個原因是，我一直不解一位意念發送者在某個早期實驗的經驗。二〇〇七年八月十日當天，一位名叫湯姆的脊骨治療師寫信給蓋瑞，他之前參加了八月洛杉磯研討會上的「葉子念力實驗」。湯姆說，他看到了葉子的氣場，看見穿刺部位的發光變化。「我還經驗到深邃的ＡＳＣ（意識變異狀態，altered state of consciousness）。整個房間變得非常暗，而我在房間內觀察到的主要東西是別人的氣場。我見過不少的氣場；只是這裡的強度顯然不同。」

當時我沒理會這事，當它是一廂情願的想法（畢竟，這人說過，他老是看到氣場），但他的信已經在我記憶深處埋下了一個盤旋數月的大問題。這麼做除了對目標造成影響，是否也影響到參與者呢？

當來自我們的參與者的答案湧現時，顯然，某些效應同樣影響到參與者。

第8章 神聖的一刻

「彷彿我的大腦連線到一個更大的網路。」

實驗的參與者之一在他的調查報告中如此寫道，而且還有數千人描述了類似的現象。這些並不是心滿意足的參與者的熱情解說，這些簡直是在描述一種神祕的狂喜狀態。無論怎麼看都像是，我的參與者已經進入了「神祕合一」（unio mystica）的狀態，這是靈修之路的階段，自我感覺到與「絕對」（Absolute）完全融合。那個片刻，正如亞維拉的德蘭寫下的：我們被「神聖的愛緊緊包住」❶；那個片刻，正如一位原住民薩滿曾經說過的：「東西似乎時常燃燒閃耀」；那個片刻，正如猶太教神祕支派卡巴拉（Kabbala）的玄祕學家「阿卡的以撒」（Isaac of Acre）所描述的，他的「水罐」變得與「流動的水井」難以區別。蘇菲派（Sufi）與其他伊斯蘭教神祕主義者、夏威夷祭司卡胡那（Kahuna）、紐西蘭原住民毛利人、安地斯山脈的基洛人（Q'ero）、美國本土印第安人、葛吉夫（G. I. Gurdjieff）[1]和其他無數文化的聖賢，全都追求那個片刻，超越時間和空間，所有的個別感在彼處消失，你存在狂喜結合的狀態中。《奇蹟課程》（*The Course in Miracles*）稱之為「神聖一刻」（the holy instant[2]）。本質上，這是一種靈性高潮，而坐在自己的電腦前參加我的活動的許多參與者，顯然剛剛經驗到。

「我感覺好像踏進了一道明顯的能量流，順著我的雙臂和雙手，感覺好像它有方向及力道和質量。」

「我的整個身體麻刺，起著雞皮疙瘩。」

「我感覺到體內有一股強大的電流。」

「感覺彷彿每一個人都與我的肌膚相連。」

「好像是一個堅實的磁力場圍繞著我。」

「不想離開那個經驗……感覺深邃。」

「實驗結束後不久就停止了。」

這到底是怎麼一回事？要麼是我暫時催眠了一萬五千人，要麼是某個群體經驗的行為使他們陷入了意識的變異狀態。而其中最奇怪的是，我的參與者毫不費力地進入了這個空間，只是藉由緊緊掌握住一個集體心念的力量。

大部分「神祕合一」的記錄，除了原住民的儀式或靈恩教會的儀式，描述的都是發生在個人身上的經驗，而不是群體經驗，但神祕合一並不像一般人認為的那麼罕見。心理學家亞伯拉罕．馬斯洛（Abraham Maslow）在晚年時期把注意力轉向這些他所謂的「高峰經驗」（peak experience[3]），將之視為人類境況的一個共同元素，不單是玄祕學家的專擅之物。他強烈地不贊同歷史上將這些經驗解釋成超脫塵俗的。「很可能，甚至幾乎是肯定的，」他寫道，「這些比較老舊、用超自然啟示的字眼表達的報告，其實是十分自然的。」

超心理學家查爾斯．塔特（Charles Tart）博士將這個狀態看作是精神病學家理查．莫里斯．巴克（Richard Maurice Bucke）提出的「宇宙意識」（cosmic consciousness）。塔特研究了這個狀態在許多文化中的個別特徵，而且，就像馬斯洛一樣，他發現了某些共同的線索。聖人、先知、玄祕學家、通靈者、原住民、全都描述了這個超越的片刻，情況類似，具有某些可定義的特徵。

多數的神祕體驗包含一個極度生理的成分，就像巴克說的，那是一股「內在靈光之感」（sense of inner light[4]），而就和平實驗參與者的例子而言，那是明顯地感覺到能量。在實驗開始之前，我也感覺到一股幾乎難以承受的強大能量從我的電腦散發出

譯註：

1 一八六六至一九四九年，二十世紀初頗具影響力的前俄國神祕主義者、哲學家、靈性導師、亞美尼亞作曲家、作家、舞蹈家，同時也是希臘後裔。

來，好像一股強大的力場，但我不予理會，當作是我自己的投射，直至我讀到這份調查報告為止。許多人報告了沛然不可禦的生理覺受：雙手刺痛、頭痛、四肢感覺沉重或疼痛、情緒感覺生硬，一股強大、具感染力的能量似乎從電腦發射出來。

來自華盛頓特區瓦休戈（Washougal）的蘿莉覺得胸部有些生理覺受——「一個開口」。來自阿布奎基（Albuquerque）的特蕾莎把這種感覺描述成某一部分的力量高漲：「有點兒跟我想像的一樣，像是被鎖在一道牽引光束中，如同《星艦奇航記》（*Star Trek*）的描述。」她寫道，「我被這股巨大的能量波牽引著，同時也是能量波的一部分成因。」

參與者還報告了奇怪且非常詳細的視覺心像，幾乎就像幻覺，乃至其他的感官覺受，譬如氣味：

「一道明亮的白色令我震驚，進而覺察。」（蘇珊，加拿大安大略省沃爾夫島／Wolfe Island）

「看見光亮的『英迪拉網』（Net of Indira）[2]圈住整個地球，有一股來自此光網的光束向下聚焦至斯里蘭卡。」（伊莉莎白，華盛頓州湯森港〔Port Townsend〕）

「雙方士兵放下武器，聚焦成堆。然後看見他們和平地種植莊稼。」（瑪麗安，英國伯恩茅斯〔Bournemouth〕）

「一大群難民邊靜坐邊與士兵交流。」（科里爾，加州波莫納〔Pomona〕）

「一幅清晰的圖像，一個個箭頭在黑暗中來來回回，然後是愛大量澆灌下來，集

中在斯里蘭卡。」（凱瑟琳，亞利桑納州索諾伊塔〔Sonoita〕）

「微微的巴西莓、金銀花或香草的氣味。我家或附近的花園並沒有氣味芳香的花朵。」（莉莎，拉斯維加斯）

大多數的參與者在整個實驗期間都哭個不停——跟我當初設想的不一樣，不是因為同情或認同斯里蘭卡人，而是因為連結的力量。「第一天我開始啜泣，」來自紐奧良的戴安娜寫道，「不是因為悲傷，而是與那麼多人連結的感受實在是沛然不可禦。那是威力強大的。」

來自威爾斯蘭農（Llanon）的薇娜說，強烈的情緒來自「念力實驗的力量，出現在『熱機』期間。我從沒經驗過那樣的事。」

多數參與者都感覺到無法掌控這段經驗，乃至無法掌控自己的身體。能量、意念本身和群體情境已經前來占據他們，而且已經實質上接管了他們。他們不再自行呼吸。他們說，出現在腦海中的圖片不是他們自己編造的東西。他們進入了「極度的變異狀態」，「被設定了，而且準備被存取」，「一條連接更高靈性力量的通道」，紐約的夏瑪如是說。事實上，甚至有那股你回不來的感覺，即使你一直想要回來。「你必

譯註：

2 Indira是梵文美與光彩之意，也是印度代表豐收財富的吉祥天女Lakshmi的別名，Net of Indira意指連結所有實存生命的宇宙網絡。

須跟著它走。」來自德州弗里斯科（Frisco）的莉莎說。

「彷彿它突然向我襲來，令我渾身充滿，接著它試圖找到一條出路。」荷蘭利羅普的姬兒齊寫道。

「好像我是在自動駕駛。」來自丹麥布賴斯楚普（Braedstrup）的拉爾斯寫道，「我執行了這個實驗，然後它『執行了』我。」

❖ ❖ ❖

第六名登上月球的已故太空人艾德加·米契爾（Edgar Mitchell）在返回地球的途中，盯著〈阿波羅十四號〉（Apollo 14）的窗外看，就在這時候，他經驗了一次「神祕合一」。從一股沛然不可禦的連結感開始，彷彿所有的星球以及有史以來所有的人，都被某個看不見的網絡繫住了。他感覺到自身是某個巨大力場的一部分[5]，連結所有的人、他們的意念和思想、以及每一個有生氣和無生氣的物質形式：凡是他做出或想到的任何東西，都會影響宇宙的其餘部分，而宇宙中發生的每一件事，也會對他造成類似的影響。那是一股發自內心深處的感覺，彷彿他實際上是在向外延伸，擴展到宇宙更遠的地域。

根據馬斯洛的說法，當你全然進入高峰經驗時，帶著你的存在的每一個氣孔，你將自己的肉體本質拋諸腦後。艾德加·米契爾已經進到了一個超出此地此時之感的境界，而和平實驗的參與者也一樣：「一如既往，」一位經常參加我們實驗的老手，在結論之後寫道，「時間似乎停止了。」

幾千名和平念力實驗的參與者描述了類似且明顯的一體感，說一切事物似乎就像威廉・詹姆斯（William James）曾經寫下的，是「無縫的整體」（seamless whole）。他們已然經驗到一股沛然不可禦的合一感，不僅是彼此合一，且與斯里蘭卡人合一——「如此強烈，我幾乎可以『看見』他們，當然一定感應得到他們。」來自英國伯恩茅斯的瑪麗安寫道，而且湧起一股慈悲之愛：「一股能量流，來自地球和遙不可及之處——無所不在。」來自比利時安特衛普（Antwerp）的格兒妲如此表示，甚至感覺到被「拉入一束光波」，德州的拉米羅這麼說。那是感覺「成為光，與數千道光束結合，變成巨大的發光體」，來自瑞典瑪麗弗雷德（Mariedfred）的菲莉帕寫道，感覺「成為某個群體心靈的一部分」，這是來自都柏林的伊昂的說法。多數人都報告說，被一股澎湃的慈悲之愛所淹沒，還有與其他參與者之間沛然不可禦的合一感，或是與斯里蘭卡人的強大連結感。

此外，馬斯洛詳細描述了另一個現象，一股內在知曉感，「直接洞悉現實的本質，那是自我驗證的。」誠如威廉・詹姆斯所言，彷彿接收者已然取得了某個通向宇宙的非凡神祕關鍵，那是一個瞥見，使他帶著一份瞥見的完美感，以及對未來的永久確定性。巴克將他自己的神祕體驗描述成，感覺到「宇宙是如此被建造和安排，因此……萬物共同合作，謀求全體的利益，因此，這個世界的基礎原則是我們所謂的愛，因此長遠看來，每一個人的快樂都是絕對肯定的。」時常感覺到「神」，但更常是那個「絕對」，而不是有組織的宗教敬拜的擬人化的神，以及時常主觀感覺到不朽或永恆。

在《宗教經驗之種種》（*The Varieties of Religious Experience*）當中，威廉．詹姆斯描述了一位神職人員的經驗[6]，他的奧祕經歷感覺像是與上帝面對面：

……我的靈魂被如實展開，進入「無窮無限」（the Infinite），兩個世界匆匆聚合，內在和外在……對周圍事物的尋常意識淡化了。現在只剩下一股無可言喻的喜樂與提升。描述這個經驗是完全不可能的。那就像某個偉大管弦樂團的作用，當所有獨立的音符融合成一個增大中的和聲，使聽者只意識到自己的靈魂正向上飄浮，而且幾乎是情不自禁。

艾德加．米契爾經驗到這個片刻是：幡然頓悟到意義何在，感應到沒有意外以及沒有機會脫離這份完美；宇宙的天然智能已然持續了數十億年且鍛造了他的存在（being）的真正分子，也負責了他眼前的旅程。一切都是完美的，而且在那份完美之內，他擁有一席之地。許多和平念力實驗的參與者都感覺到了類似的生命完美感以及與一切萬有的鍵結。來自紐約鹽岬（Salt Point）的克蕾兒寫道，感覺像是感應到「連結！！！連結到宇宙，沒有掙扎，毫不懷疑，在止靜中完成。」來自荷蘭利羅普

（Lierop）的姬兒雀寫道，那是一股確定感，感覺「連結而自在」。

最終，這份經驗一直是不可言喻的，彷彿這人已在宇宙中達到了不同的維度，無法被比作任何較為世俗的東西。那截然不同於他們經驗過的其他意識狀態，因此沒有語言可以描述，即使是用隱喻的方式。來自維吉尼亞州切瑞頓（Cheriton）的安娜感覺到能量強力提升，那情況突然在晚間出現，她什麼也沒做就發生了，然後感覺房間因這股令人振奮的能量而「充了電」。事後她納悶，是否這樣的經驗只是因為她已經決定要參加，甚且那「能量」並不是真正可以分析的。來自荷蘭利羅普的赫兒蜜感覺到自己「增長再增長，大到我無法形容」。

來自英國北安普敦（Northampton）的史蒂芬，感覺到不只是與其他參與者之間有一股沛然不可禦的合一感，還有一股非常強烈的連結感連接到實驗的具體目標：「**遠遠勝過**『如果我這麼做，會很不錯』——幾乎就像，我不只是實際上投入這個過程，更像是我擁有了這個過程，是它的一部分，而它也是我的一部分——相當深邃，而且難以描述——遠遠超出只是『全然參與』。」

❖ ❖ ❖

在《狂喜：知曉之道》（*Ecstasy: A Way of Knowing*）一書中，天主教神父兼社會學家安德魯·葛里利（Andrew Greeley）引用了心理學家阿諾德·路德維希（Arnold

Ludwig）所定義的意識變異狀態的特性。葛里利主張，這些適用於神祕的狂喜，包括思考的變異；混淆的時間感；失控；情緒表達的改變；身體形象的改變；包括視覺心像和幻覺等知覺的扭曲；意義或重要性的改變，尤其是關於神祕狀態本身，像一個靈光乍現的時刻；一股無可言喻感；以及種種回復青春的感覺。多數和平實驗的問卷回覆者如果沒有經驗到上述每一個狀態，至少也經驗到其中大部分。葛里利認為，凡是歷經這個狀態的人，實際上都能夠洞悉到更大的現實[7]。

發生在和平實驗參與者身上的效應不僅止是「潛意識引導」（power of suggestion），這就像進入一個不同的維度。

第9章 神祕的腦

在我開始定期舉辦工作坊期間，八的力量小組在發送意念時，經驗到與大型和平念力實驗參與者相同的超越狀態：同樣非凡的生理連結，感覺到療癒能量接收對象的本質，與接收者產生同樣的生理效應（「感到手腳痲刺、溫暖貫穿整個身體」），與其他發送者同樣沛然不可禦的情緒，經驗到「明顯而強烈地感應到美麗純淨的發送能量來自整個群體」，同樣感應到「比我的身體更大」，同樣的長期效應——「身體覺知和情緒感受事後與我同在幾個小時」——同樣「回到家」的強大感覺。

他們談到了難以忍受的熱度以及能量的感覺，處在比以前體驗過更加深入的禪定狀態，與小組其他成員的連結比曾經感受過的更加深邃。

他們開始「同心」行事。在發送療癒意念期間，他們以各種方式想像接收者健康而安好，而且許多人記錄說，與其他組員看見同樣的視覺心像，或者至少有些部分驚人地相似。在荷蘭的一個工作坊上，某小組正在發送意念，治療一位名叫揚恩的女子的背部問題。多數組員都感受到完全相同且非常詳細的視覺心像，看見接收者的脊椎從她的身體中被抽了出來，同時注入光。

最近，在科威特的一個工作坊上，三名組員在發送意念給患有哮喘和花粉症的組員時，同樣看見接收者在公園中自由走動、不受花粉影響的影像。而在巴西，菲兒南妲參加的小組將意念發送給左臂部疼痛的一位組員。在念力發送期間，菲兒南妲在自己左臂部的同一個地方感覺到強烈的搔癢，半夜則因同一個地方疼痛醒來。隔天，疼痛消失了。那天上午稍晚，她發現，她的念力的接收者在前晚同一時間醒來，然後隔天，他的疼痛也消失了。

如此看來，或許全球念力實驗與八的力量小組的成員們所經驗到的奇怪身心效應，是某種神祕狀態造成的。我一度認為，我的實驗參與者只是描述了某種一致的腦部狀態，透過深度群體禪定的行為被達成，但我不久便放棄了那樣的想法。以和平實驗為例，沒有人真正連在一起。成千上萬的參與者，人人坐在自己的電腦螢幕前，多數是獨自一人，只藉由一個互聯網站連結彼此。

我掌握了何人（who）、何事（what）、何時（when）、何地（where），這些是記者清單中必不可少且容易到手的元件，但掌握不到參與者為何（why）或如何（how）經驗到如此深邃的意識狀態。我迫切需要找到某種合乎科學的解釋。在神祕狀態出現期間進行的研究顯示，腦部的確經歷了一次非凡的蛻變。已故賓夕法尼亞大學的尤金・達基里（Eugene d'Aquili）以及他在賓大醫院核子醫學計畫的同事安德魯・紐伯格（Andrew Newberg），曾經耗費畢生檢驗「神聖一刻」的神經生物學。誠如紐伯格所寫的：「我們知道，正念禪定這類溫和的默觀修練，可以預知一個人的心境、同理心以及自我覺知得到改善。但開悟是另外一回事，意識突然而強烈地轉換是其標記[1]。」達基里與紐伯格進行了一項為期兩年的研究，運用單光子電腦斷層掃描儀（Single-photon Emission Computed Tomography, SPECT）檢驗西藏僧侶和方濟會修女在禱告時的腦波，SPECT是一種高科技的腦部成像工具，可以追蹤腦部血流的模式。紐伯格發現，平靜、合一、超越的感覺，例如在這些高峰經驗期間經驗到的，顯現成腦部的額葉（前額後方）和頂葉（在頭頂後方）的活動突然且急劇減少[2]。

頂葉的用途是在物質空間中為我們確定方位，讓我們知道哪一個盡頭到了或通道有多窄，如此，我們才能夠順利通行。腦部的這個部分也執行一個關鍵性功能——可能是所有功能中最關鍵的——它釐清你結束在什麼地方，以及宇宙的其餘部分從哪裡開始，它的做法是：從身體的每一個感應獲得不斷的神經輸入，以此區分「非我」（non-self）和「自我」（self）。在每一次高峰經驗的研究中，紐伯格和達基里發現，「你／非你」的標度盤急轉直下。「在那個片刻，他們經驗到一體或自我喪失感[3]，」紐伯格寫道：「我們觀察到頂葉的活動陡降。」他們的腦部顯示，佛教僧侶和方濟會修女們難以定出自己與世界其餘部分之間的界線。「這個人」紐伯格後來寫道：「如實地感覺到，彷彿她自己的自我正在消融[4]。」

最終，禪修者和禱告的修女們經驗到左右頂葉上神經的輸入「全面關閉」[5]，導致絕對無空間的主觀感、「無窮的空間和永恆感」以及無局限的自我感。「事實上，」

紐伯格寫道，「完全不再有任何的自我感。」

由於額葉的活動驟減，邏輯和理性也會關閉，紐伯格提到：「正常情況下，額葉與頂葉之間會有不斷的對話持續著[6]。」他寫道，但不論哪一區的活動起了根本上的變化，「日常意識也就澈底地被改變了。」

主動靜心的目的是要強力聚焦在某些思想或特定的意念主題上，紐伯格發現，這時，我／非我的邊界變得模糊，但在某種意義上來說，關注的領域接管了。大型全球念力實驗與八的力量小組的參與者，也都被要求要強力聚焦在某個特別的主題上，而且就某種意義而言，這個主題可能已經接管了他們的心智。

左側頂葉顯示，神經的輸入受限，導致自我感模糊，而右側頂葉（接收指令，以求更強烈地聚焦在關注的對象）則是除了念力對象外，任何的神經輸入都被剝奪了。

別無選擇，紐伯格寫道，只能從默觀的對象創造出一個空間的真實性（在我們的例子中則是和平的意念），擴大它，「直到它被心靈感知到，成為現實的整體深度和廣度」[7]，於是這人感覺澈底且神祕地被吸納到他的念力對象。我們的許多參與者的確記錄了這份與斯里蘭卡之間的神祕結合感。

紐伯格很快注意到，這樣的腦部活動反映出某個特定的意識狀態（本質上是這個狀態的識別標誌），而不是狀態的原因。他讓自己遠離嚴格的唯物主義者（那些人聲稱這些狀態完全是由腦子所誘發[8]），同時強調，他的科學研究「支持此一可能性：心智可以沒有小我（ego）而存在，覺知可以沒有自我（self）而存在」，以及，他的研究成果只是為這些靈性的概念和神祕的靈性提出「理性的支持」。

紐伯格的成果被亞利桑納大學心理學系的神經科學家馬利歐・博爾加（Mario Beauregard）的研究放大了，博爾加利用「功能性磁振造影」（fMRI, functional magnetic resonance imaging），分析了一群加爾默羅會（Carmelite）修女在強烈的靈性經驗期間腦部的即時活動。這些實驗的結果清楚地顯示，與情緒、空間中的身體表現、自我意識、視覺和運動意象，乃至靈性感知相關連的不同腦部區域，一旦被激活，產生的腦部狀態完全不同於平時清醒意識的腦部狀態。馬利歐告訴我，有強烈的證據顯示，在神祕體驗期間，人們實在是脫離了自己的心智，進入意識的變異狀態。

這個變異狀態可能是由我曾在所有群組聚會和實驗期間播放的音樂所引動的嗎[9]？一些研究顯示，像我們播放的〈靈氣唱頌〉這類韻律，可以改變顳葉的正常活動，從而觸發神祕狀態。但在我自己的實驗中，相當比例的參與者無法進入實驗的各個面向：音樂出不來，錯過了最初的「熱機」，或是進不了和平實驗的某些網頁。然而那似乎不影響他們的體驗。這意謂著，必不可少的要素，那個一定會讓人「離地升空」的東西是——參與一個致力於一齊發出某個祈禱心念的團體。

為什麼群體心念會誘發如此極端的蛻變狀態呢？

群體靜心和祈禱確實促進了實踐者之間的合一感，但不是以和平實驗參與者經驗到的強烈方式。我努力思考可能誘發那類極端變異狀態的其他經驗，尤其是參與者的腦波已被研究過的那些經驗。

五句節教會（Pentecostal Church）的經驗可能很類似，參與者最終完全被接管了，於是可以「說方言」（speak in tongues）。五句節運動始於一九〇〇年代，之後在靈恩派教會中擴大，如今構成整個基督教世界的四分之一。五句節教會的成員們相信，如果他們被賜與「方言」（tongues）的天賦，就是被賦予聖靈的恩賜，能夠治癒他人和預言未來。教會成員將這類經驗描述成，言辭「透過他們」產生，而且根本不是真正由他們自己所發出[10]。這個狀態通常是由音樂以及在團體中唱歌所誘發，存在於會眾之間。巧的是，安德魯・紐伯格研究了一小群五句節教會成員在進入說方言狀態之前和之後的腦部狀態，看看他們的腦模式是否鏡映出他研究過的僧侶和修女處在超越經驗時的狀態。

與他早期的研究一樣，紐伯格發現額葉的活動陡降，但頂葉的活動並沒有減少，而他的五句節主題也的確描述了彷彿與上帝交談的經驗，他們在此並沒有喪失自我感，而是保留了神的他性（otherness）感[11]。

紐伯格還使用SPECT（單光子電腦斷層掃描儀）和fMRI（功能性磁振造影）技術研究腦波，針對靈媒以及蘇菲派大師進行唱頌和名為「迪卡爾」（Dhikr，讚誦）的律動靜心時，找到與之前研究的僧侶和修女完全相同的腦部識別標誌：關閉額葉和頂葉活動，尤其是腦部右側。紐伯格說，如此的腦部狀態更容易接通創造性想像以及「同一」（oneness）感。而且額葉和頂葉的活動降幅愈大，參與者就愈可能經驗到開悟的所有階段。最大的變化發生在右側額葉，腦部此區與負面思考和擔憂相關聯，這可以解釋為什麼經驗到開悟狀態的那些人時常描述至福極樂的感覺。

除了這些合一的感覺外，我的實驗參與者還強烈感覺到，成為某個深刻而重大的努力的一部分。「我覺得我很重要，做著那樣的事。」墨西哥市的莫妮卡如此寫道。他們覺得希望，感受到「人類團結一致」，終結了他們的孤立感，成為某個「深邃的連結、布局、宗旨感」的一部分，是一項「重大的全球計畫」，一份他們應該要「非常認真地」承擔的「義務」，伴隨實驗結束後的一份「深切渴望感」。來自康乃狄克州格林威治的巴布寫道：「我感覺到一股更大的使命感，大過我的小小生命。」來自西雅圖的醫生琳恩寫道：「我覺得非得去做這事不可。」

伊芙琳．恩德希爾（Evelyn Underhill）在她的經典著作《神祕主義》（*Mysticism*）中寫道[12]，神祕主義

> 「不是個人主義的，它其實暗示消滅個體性，消滅硬性的分離，那個使人孑然孤立的『主詞我、受詞我、我的』。它本質上是心的運動，企圖超越個人觀點的局限，從而臣服於終極的「實相」（Reality）；由於沒有個人利得，滿足不了超凡的好奇心，得不到超脫塵俗的喜悅，只是純粹出自愛的本能。」

或許有機會與陌生人一同參與基本上屬於當代的禱告，就為個人創造了一個強而有力的圓滿狀態，耶穌「**同心合意**」（homothumadon）禱告的構想正是這個意思。我

們擺脫個人的孤立狀態，與其他人類進入純然的鏈結，這是一種感覺起來相當熟悉但現代難得經驗的狀態。從神經學的觀點，誠如紐伯格描述的[13]：「當你的額葉活動突然大幅下降，邏輯和理性關閉了。日常意識暫緩，允許其他腦中心以直覺而創意的方式經驗這個世界。頂葉的活動減少，」他補充道，「也可以讓一個人強烈感覺到合一意識。」

和平實驗的結果曾經引發爭議，但最終毫無意義，除非我進行更多的實驗，而我打算一旦此事塵埃落定，便再試一次，然後可以蒐集更多的資源。但我開始意識到，是否「見效」的問題似乎愈來愈不重要了。或許，實驗的成功與實際結果並沒有什麼關係。

意圖成為一個群體創造了只能被描述成「合一的狂喜」的狀態，那是明顯的同一感。宇宙的力量似乎透過我們運作，提供了再三被描述成「回到家」的感覺。來自參與者的回應表示，群體念力的經驗瓦解了個體之間的分離，使他們經驗到純粹連結的「神意識」（God consciousness）。許多人發現那具有深邃的轉化作用，是一道開口，進入一個他們從不知道存在的實相。

我可以接受人們被那樣的經驗所感動，乃至被改變，以及感覺到與其他人和那個目標連結。但接下來，我開始讀到如下的答覆：

「我成天感受到非常具體的療癒經驗。」

「我一直覺得很踏實，最近更是心平氣和。生產力更高，自我決斷力更好。」

我從未仔細想過，這樣的經驗可能會有殘餘效應。參與者填寫的問卷答案似乎成了此處真正的重點，而且這令參與者靈光一閃，想通了許多新時代深信不疑且與意念的力量（專一聚焦在渴望的目標上）相關的假設。

真正的重點與實驗成果沒有什麼關係，而是與參與的行為密切相關。或許，成為群體一同禱告，可以瞥見和諧宇宙的全貌，那是你可以達致奇蹟經驗的最短途徑。而且很可能，這個狀態，就像瀕死經驗一樣，可以永遠改變你。

第10章
擁抱陌生人

蒂兒薇・弗拉斯卡（Sylvie Frasca）是一位譯者，生於義大利，住在法國羅阿納（Roanne），她總是有永遠忙不完的工作，而且在和平念力實驗開始前一週，她的工作進度一直非常嚴苛，導致她成天工作，通宵達旦。週一當天，也就是和平實驗第二天，儘管因前一週累垮人的進度而精疲力竭，她還是參與了當天的群體意念發送活動，然後突然覺得輕快些，身體好上許多。當週時間繼續，這感覺急劇增強，而且她感覺到一份特殊的鏈結在該實驗的其他參與者以及斯里蘭卡人之間持續增長。週二當天，她變得心情愉快，感覺對工作的不斷焦慮離開了。到了週三，她意識到，心中的優先順序澈底改變了。那天晚上，她與自己達成協議：再也不允許自己像前一週那樣日以繼夜地工作。

蒂兒薇與伴侶的關係也在改變。雖然她修習過靈氣療法，但她的伴侶（一個始終對自己的邏輯心智相當自豪的無神論者）卻拒絕讓蒂兒薇在他身上施展幾分鐘的靈氣。週四當天，頭一次，她的伴侶將自己交託出去，整整進行了一個鐘頭。他們以前所未有的方式連結了。翌日，兩人針對靈氣、靈性以及蒂兒薇父親的慢性鼻竇炎自然痊癒，進行了曾經有過最為深入的討論。頭一遭，他們的討論不是被迫的，她的伴侶是在分享對話，而不是設法轉移話題。

實驗的最後一天，蒂兒薇知道自己將在實驗期間從法國回到義大利，因此打算在座車上發送意念，但要求她的伴侶為她點燃一根蠟燭，同時親自加入和平儀式。在十分鐘的念力發送之後不久，蒂兒薇的伴侶打電話給她，表示發生了某件實在不尋常的事。他盯著「和平念力實驗」網站上有瀑布的那幀照片，感覺被一股強烈、溫暖、舒服的感覺拉了進去，等脫離時，他被正面的感覺淹沒了。那次以後，他一直纏著蒂兒薇，索求更多和平實驗的相關資訊，試圖釐清自己到底發生了什麼事。

這在我看來已經很清楚了，群體念力的經驗引發了某種個人意識的重大改變，而且某個更加複雜的煉金過程似乎在此持續進行。關於在群體中禱告，有某樣東西不但在許多參與者身上造成深邃也許永久的心理蛻變，而且促使他們的日常生活得到改善。對大部分的參與者而言，在實驗結束之後許久，這樣的經驗似乎依舊持續，彷彿他們被某樣極其深邃的東西觸動了。事實上，如同一位意念發送者所言，許多參與者都被這個「借來的好處」震撼了。「我個人並不期待因此發生任何事，所以十分驚訝。」在談到他得到改善的關係時，來自俄勒岡州亞查茨（Yachats）的喬伊這麼說。如此狂喜的狀態似乎威力強大，因此開啟了個人奇蹟的可能性：癒合的關係、重大的生命蛻變、得到療癒的人生。

發送和平意念似乎煽動了某個回彈效應，導致更大的平和感滲入他們的生命中。完成問卷調查的數千人當中，幾近半數描述說，他們覺得比平時更加平靜，而且這種和平的感覺大大影響到與他人的交往。超過三分之二的人注意到，他們的關係出現某種改變：四分之一以上感覺到對所愛的人有更多的愛，另外四分之一則表示，比較能與平時不喜歡或常起爭執的人和平相處。他們與「他人的連結愈來愈深邃」，「更努力地消弭歧異」，感覺「更願意接受他人」，更願意結交新朋友且允許自己被愛，以及「更明白哪些關係該培育、哪些該放手」。實驗之前惹惱他們的人，在他們的生活中「似乎較少出現」。「我嘴邊常掛著『扎西德勒』（Tashie Delek，藏語「吉祥如意」）。」有一人這麼說。這些平和的改變似乎具有感染力，影響到其他家庭成員，即使那些人並沒有參與實驗。」

但某樣更為基礎的東西，某種與人連結的能力，已在參與者內在得到轉化，那是某種「心」的敞開，顯得沒有區別且無所不在。幾乎半數宣稱，對接觸到的每一個人感覺到更多的愛，差不多有五分之一表示，他們更常與陌生人相處。基於某個共同目的而將成千上萬素昧平生之人結合在一起的經驗，顯然讓許多人得以向素不相識的人敞開自己，而且這種隨時準備連結的狀態在實驗結束後依舊持續著。「最近，面對跟我說話的每一個人，我會開始快速唸一段禱告詞（對我自己）。我祈禱：『神保佑你，保佑你，保佑你，賜予你長壽、健康、快樂的人生。』」來自紐約瑞奇灣（Bay Ridge）的法蘭西絲寫道：「面對與我交談的每一個人，我經驗到平安和愛增加了。

我領悟到，現在才領悟到，這樣的行為是在念力實驗後開始的。」

和平念力實驗在參與者內在點燃了如此強大的東西，使他們能夠對整個世界感覺到更多的愛。

「我對一切的愛深化了。」

「我感覺比較有興趣與陌生人交談。人們似乎更喜歡和我談話。」

「我可以看見自己平靜的心向外共振，在與人接觸時影響他人。」

「與世界各地的人類同胞產生更大的連結，而且是多接納，少評斷。」

「透過善意的眼光，我更勇敢地向陌生人展現我感受到的愛。」

有些人發現自己在人間的各方面都表現得更加平和，而且凡事更從大處著想，如同莎莉．李（Sallie Lee）所言：「被拉出了我個人微不足道的小憂小慮。」一位美國參與者決定要在二〇〇八年美國總統大選日當天禱告：「我們是一個國家，卻如此走極端。不要餵養布希的仇恨。」另一位參與者比較能夠面對加州通過「八號提案」（Proposition 8，該提案禁止同性婚姻）：「我是能量十足，不是生氣。」

多數人報告說，自己發生了非凡的改變，具有某些容納意見分歧的能耐，且以慎重許多的方式面對這類情境：

「我更常聆聽。」

「我接受現狀，也向某樣無形的東西呼求幫助，以此改善境遇，或是改弦易轍。」

「我現在更寬容。對他人心懷慈悲。」
「有點更客觀地看待我生命中的幾個情境。」
「更坦率、更誠實。」
「更能夠心平氣和地表達自己。」
「更加自信、自在，比較不會因外界的商業壓力而煩惱。」
「比較不會受到『慫恿我』的言辭或行為所影響。」
「努力騰出空間，容納異議。」
「更加覺知到辦公室內的政治活動，以及那是多麼的不必要和幼稚。」
「較少譴責，且帶著開放的心接近他人。」
「更加迅速地意識到不必要的衝突，而且放棄與他人爭鬥。我改而尊重對方。」

不少人在現實生活中實證到這些態度的轉變，然後報告了正向的結果。「上週，我用這樣的方式處理了一樁看似走投無路的生意，結果雙方順利脫身，沒有人讓步，只是把事情結清。」來自達拉斯的湯尼寫道，「感覺像是奇蹟。」

對許多人來說，參與這個實驗促使他們同樣對自己更慷慨：「更有愛心」；「較少批判」；「對人生更滿意」；「更沉著、更踏實、更心平氣和」；「更常因境遇生出力量，也更常與境遇連結」；「更能明心見性」。許多人現在感覺到「處世更自在」，更滿意自己的生活與人生抉擇。

「更泰然面對自己，大體上更滿意我的生活。」
「更感激我擁有蒙福的人生，更慈悲對待世上其他人。」
「儘管我的外在現實，尤其是財務方面，長時間處於最低檔，但我卻更『泰然』。」
「保持靠近自己，進而感覺到與他人更加連結。」
「在某種程度上，底子裡有股特定的內在自信，相信我是個實存生命（being），不同於我處在的任何境遇。」
「渴望成長，成為真正的人。」

❖ ❖ ❖

有好幾個月，我不斷問自己，是這個經驗的什麼因素促使參與者感受甚深。是參與某個國際和平意念的念頭嗎？還是參與某個群眾活動的念頭？耶穌提倡團體禱告的事實應該足以背書，但我仍然需要一個二十一世紀的解釋。

安德魯．紐伯格博士曾經調查過兩千多名經歷過開悟經驗的人士[1]，而且他發現，不論當事人依循哪一條途徑達致開悟經驗，虔信各教各派的人士（乃至許多的無神論者）均共享五項特徵：合一感，非凡的經驗強度，感受到清明和新的理解，臣服於不掌控局面，感受到「某樣東西——一個人的信念、一個人的生命、一個人的目的

——突然且永久地改變了」。參加和平實驗的許多人，實際上是大部分，全都經驗到上述五種效應。

和平實驗參與者經驗到的蛻變轉化，可能是經歷到如此極端經驗之後的餘震。不少研究人員認為，神祕的狂喜是情感最強大的人類經驗之一。誠如亞伯拉罕・馬斯洛所寫的，這是「那個世界看起來的模樣，如果神祕體驗真正發生的話……假使你經歷過這樣的體驗，就更能處在此地此時，而不是忙於所有的靈性鍛鍊[2]。」當然，有證據顯示，一次超越經驗在心理上對你是有益的。安德魯・葛里利發現，經歷過神祕體驗的人，對自己的生命有了新的感受，而且記錄顯示，心理上的幸福程度遠遠高於沒有經歷過如此體驗的人[3]。紐伯格也發現到證據顯示，經驗過神祕狀態的人，擁有高出許多的心理健康水平，而且享有得到改善的關係、有所進步的健康狀況，以及更有深度的人生意義和目的[4]。事實上，在一項研究中，因藥物誘發而歷經了神祕狀態的末期癌症病患，在心智健康上享受到了通常因心理治療而出現的種種改善[5]。這份科學文獻包含許多病患的病例研究，這些人在某次神祕體驗之後，經驗到種種病況（甚至是酗酒）自然痊癒[6]。

但我繼續鍥而不捨地追蹤。難道是因為我採用了那些禪修技巧嗎？還是因為，我要求我的念力群組執行的儀式，與玫瑰十字會乃至人智學會（Anthroposophical Society）之類的西方神祕傳統的儀式有某些相似之處？所有這些組織全都利用了遠距的心智意念，步驟包含與我的「熱機」程序相差無幾的技巧：一開始便強力全神貫注、觀想、集中於心的方法、對宇宙提出具體明確的要求。在那些傳統中，這些技巧都被聲稱是要提供通向神性的交通工具。

但我還有一個基本問題。我們體驗了集體禱告的情境，但對祈禱人造成的效應卻蓋過了對目標造成的效應。昔日傳統所發現的是同樣的回彈效應嗎？這個問題促使我找到了德州貝勒大學（Baylor University）的傑夫・雷文（Jeff Levin）教授。雷文是生物醫學科學家兼流行病學家，也是一位宗教學學者，在貝勒大學宗教研究所（Institute for Studies of Religion）的「宗教與人口健康計畫」（Program on Religion and Population Health）擔任傑出主席兼董事職位，同時也在杜克大學醫學院（Duke University School of Medicine）擔任精神病學與行為科學兼任教授。雷文信教虔誠，屬於某保守猶太教會的成員，他是第一位針對宗教對生理和心理健康的影響進行系統性文獻研究的科學家，尤其著重猶太教對健康的影響。除了廣泛研究宗教療癒的效應外，雷文也是少數幾個提出另一個非常基本的問題的人：如此的超越經驗本身具有任何的健康效應嗎？除了宗教信仰外，雷文對療癒充滿熱情，研究過所有重要的祕傳療癒傳統，而且持續調查在治療師與被治療者之間的交互作用中，到底是什麼負責按下正確按鈕。在科學與宗教之間持續進行的激辯中，雷文一直是打開對話的關鍵。

如果有人可以解釋和平實驗與八的力量參與者是怎麼一回事，那人就是傑夫・雷文。

第11章 群體修正

傑夫．雷文從來沒有聽說過像我們的參與者經驗到的回彈效應，好幾本祈禱和療癒書籍的作者賴瑞．多西（Larry Dossey）醫師也沒有聽說過，我請教的其他專家同樣沒有聽說過。他們可以提供給我的多數轉化和療癒相關研究，都是檢驗儀式的力量可以帶來轉化和療癒。許多密教傳統談到神祕體驗本身的能力，那是透過某種極端的修煉法引發的，目的在消除心理疾病。在印度教的傳統中，瑜伽（本意是「結合」union）的重點是「三摩地」（Samadhi），亦即，與一切萬有神祕結合❶，而雷文的某些研究也已揭露了各種瑜伽儀式的療癒力量，意在「消滅」心理壓力，幫助一個人回復自然的健康韻律。

他在很大程度上重申了我對禱告圈的認知：這些被美洲印第安人和其他原住民團體所使用，包括現代的靈恩天主教派和五旬節教派會眾，以及許多的新教教會。雷文可以提供的，與我的念力圈效應最為相近的部分在於，他發掘的研究顯示，某些療癒儀式可能會在參與者之間造成情緒、自我覺知以及自我感和個人能力的改變，而且帶來神經生物學機制的改善，例如，神經遞質和免疫學標記（immune marker），所有這一切都會造就更加健康的關係。但他所能想到的每一個療癒法門都仰賴某些極端的儀式才能產生效應。誠如知名的社會評論家芭芭拉・艾倫瑞克（Barbara Ehrenreich）在她的著作《嘉年華的誕生》（*Dancing in the Streets*）中所言，史前時代以來，狂喜修煉法一直是多數文化的核心部分，但總是涉及精心設計的盛典與儀式[2]。

就連現代的非宗教團體儀式（例如，專為曾經遭遇性暴力的威卡巫術女同性戀或雙性戀者設置的營地所使用的那些儀式）也利用形形色色的儀式：療癒符咒、反覆唸誦、浸入水中[3]。南卡羅萊納大學的社區健康科學（Community Health Sciences）教授黛博拉・葛利克（Deborah Glik），研究了巴爾的摩港市的新時代（New Age）以及比較傳統的宗教療癒團體的效應，發現這些類型的儀式時常引發意識的變異狀態，而那本身便具有療癒效應[4]。哈佛大學校內的「安慰劑研究與互助治療計畫」（Program in Placebo Studies and the Therapeutic Encounter）總監泰德・卡普丘克（Ted Kaptchuk）主張，任何類型的儀式，不論是否與納瓦霍族（Navajo）印第安人的圓圈乃至西方醫學界相關連（尤其是那些融合了精心設計的盛典、服裝、聲音、動作、觸碰和符號的儀式），都是透過「層層感官覺受與行為」，在參與者的身體內產生強大的療癒機制[5]：

> 療癒儀式造就一個善於接受的人，敏銳感受到文化認可的權威「力量」在作用。儀式進行時，治療師藉助可觸知的符號和程序，為患者提供想像、情緒、感官、道

> 德和美學的輸入信息，從而將患者的特異故事融入到無所不在的文化神話。療癒儀式包含一齣戲劇，讓人在滿懷希望與不確定性的氛圍中召喚、演出、體現、評估。

已故人類學家羅伊・拉帕珀特（Roy Rappaport）詳細闡述了這個概念。這些類型的修煉法效力強大，他寫道，因為它們提供「有別於平時的空間、時間和言語召喚；引導且包圍病患的演出路線；具體化現種種強效的力量；評估某個新情況的契機。」[6]

就這樣，讓人們脫離日常環境，為他們注入不熟悉的聲音、節奏和儀典，引導他們通過某種包羅萬象的強大感官體驗，經驗到某種超自然的力量在運作發揮的證據，讓人對改變產生強大的期待，這些全都可以將情感聚焦在拉帕珀特曾經說過的訊息「蓄意增強」（the calculated intensification），從而促成情緒的療癒[7]。在某種程度上，所有這些研究人員全都認為，這種沛然不可禦的感官經驗之所以見效，基本上是透過「潛意識引導」（power of suggestion）。當心智發展出對改變的強烈期待時，蛻變轉化的經驗便被觸發了。的確，卡普丘克宣稱，安慰劑效應是「療癒儀式的『具體』效應」[8]。

上述沒有一項足以說明我們的和平實驗的效應。我們的參與者並沒有被帶出日常生活，而是待在熟悉的環境中，用著熟悉的配備。與納瓦霍族某個療癒儀式的盛典相較，我們經由網站和〈直靈〉提供的視覺和聲音一直相當簡樸。我們提供的唯一符號是一幀照片，幾個信仰不同宗教的十幾歲男孩，手挽著手——幾乎沒有「包圍」且最終以大量感官體驗淹沒參與者的種種「強效力量」。沒有因種種強效力量而情感滿溢的環境，因為我們甚至沒有經驗到這些集體共聚一堂的儀式。再者，我們沒有「訊息」可以被「蓄意增強」，也沒有權威人物帶著「文化認可的力量」；在和平實驗中，我並沒有強勢出現在網站上；在我的工作坊中，八的力量小組也一樣。即使參與者同處一室，他們也沒有參與許多儀式，或是與某個在場的權威合作。這些小組通常在我發出某個初步指令之後便自行運作，而且一旦把大家安排好，圍成一個個圓圈，我通常就讓自己遠離，不影響他們。我從未聲稱過，會對參與者造成任何有裨益的效應。他們只知道，參與和平念力實驗或八的力量小組是完全無私的行為。

所以，如果不是儀式或主事的薩滿祭司，或是被視覺和聲音所淹沒，難道是某種群體效應嗎？難道我們的參與者可能已經經驗到因為成為集體的一部分所帶來的正向效應嗎？紐約大學社會心理學家強納森．海德特（Jonathan Haidt）稱之為「蜂巢假說」（Hive hypothesis）。海德特的理論是，人們讓自己迷失在一個更大的群體中，藉此達到人類茁壯成長的最高境界。海德特的立論建立在十九世紀社會科學家艾彌爾．涂爾幹（Émile Durkheim）的研究成果上，涂爾幹是第一批研究社群對個人影響的學者之一，他將儀式對群體的影響稱為「一種集體亢奮」（a collective effervescence）。

「聚集的行為本身就是異常強大的興奮劑。」涂爾幹寫道，「一旦個人被聚集起來，一種電力因親近而生成，且迅速地將他們推升至崇高的非凡高度。每一份得到表達的情感都迴盪共鳴，不干擾全然敞開、接受外界印象的意識，每一份情感都回應著其他情感❾。」

涂爾幹還認為，一個人一旦經驗過這個狀態，日後便享有更高的快樂水平❿。

這種「集體亢奮」在朝聖這類人群聚集的活動中更是昭然若揭。每一年，阿拉哈巴德（Allahabad）朝聖期間，約有一億人聚集在印度北部河畔參加佛浴節（Magh Mela），沐浴在當地著名的神聖水域中。與大家的預期相反的是，參加者表示，生理和心理的幸福水平高於平常，儘管因傳染性疾病、糟糕的衛生設施、人群聚集形成狹窄而臨時的居住環境，使健康承受更大的風險。來自阿拉哈巴德大學（University of Allahabad）行為暨認知科學中心（Centre of Behavioural and Cognitive Sciences）的研究人員發現到，即使物質條件惡劣，參加者在朝聖結束時竟然比出發前健康許多。這些科學家們總結說，在幸福與宗教信仰或習俗之間的聯結當中，有一個關鍵要素涉及「集體維度」（collective dimension⓫）。

一九六九年在紐約上州[1]舉辦的傳奇搖滾音樂節胡士托（Woodstock），發生了同樣不利健康卻能夠防疫的狀況。儘管環境異常擁擠、衛生條件不佳、天氣惡劣、糧食缺乏，卻沒有爆發鬥毆或騷亂，而且近五十萬的參與者經驗到了超越的連結感。

譯註：

1 泛指紐約市和長島地區以外的所有紐約州。

紐西蘭原住民毛利人描述「走火」時會「情緒高亢」[12]：在走火的集體儀式期間，心跳速率加快，快樂水平提高。就連利用例如鼓聲等重複性聲音的群體事件也具有療效[13]，導致壓力荷爾蒙的水平降低，免疫系統功能改善，例如，自然殺手細胞（natural killer cell）的活性增加。

我們的和平實驗能夠創造出某種胡士托效應嗎？

我同樣不得不拋棄那樣的假說。沒有任何一個蜂巢理論可以解釋我們的參與者發生了什麼事。他們沒有聚在同一個實際空間中；但他們實質經驗到涂爾幹的群體「電力」。他們沒有參加涉及個人的療癒儀式，而是聚焦在某個使社會改變的目標。儘管事實上，這並不是真正、真實的社群，但這個虛擬的圈子相互之間已經建立了深邃的連結，而且持續治癒他們生命中的許多重要關係。

大規模集體念力經驗導致的重大而持續的腦部變化，可能是這些轉化的原因嗎？當然，大家都知道禪修靜心和薩滿儀式可以影響腦部。加州塞布魯克大學（Saybrook University）心理學教授史坦利・克里普納（Stanley Krippner）博士曾對原住民儀式做過大量研究，根據他的說法[14]，薩滿儀式創造了重大的神經變化，促使腦子的兩半同步，導致一般認定的腦部執行區（皮層）與情感中心（邊緣系統）之間更好地整合在一起，同時思想、情緒和行為更美妙地合成優化。基本上，集體儀式幫助腦子變得在情緒上更成熟，從而幫助當事人更能善待他人。

在深度靜心之類的超凡狀態期間，腦子變得比較有條理，而腦部的執行區變得更善於決策。神經科學家弗雷德·特拉維斯（Fred Travis）博士是美國馬赫西管理學校（Maharishi School of Management）腦、意識暨認知中心（Center for Brain, Consciousness and Cognition）主任，在他以腦電圖（Electroencephalogram, EEG）讀取禪修者的腦部之後，發現了上述現象。就跟薩滿儀式一樣，在經過這類經驗後，你的腦子變得比較有組織，腦子的各個部分——直覺的中心和認知的前腦——彼此溝通得更好。「宇宙意識」漫溢到日常生活中，於是腦子變得更善於導航你的世界[15]。這可以解釋，為什麼參與者描述他們的關係大幅改善了。意圖成為一個團體的生理行為，以一次集體靜心作為出發點，引發出一個狀態，可以實質訓練腦子改善對他人的反應，同時幫助個人變得更擅長經營關係。不過，這些類型的效應通常在經常靜心幾個月、甚至是幾年之後，才能量測出來。發生在我們的和平念力實驗參與者身上的澈底改變，是在經過八天十分鐘念力發送時段之後逐漸顯現的。

同步行動，帶著共享的意圖投入某個共同的意念陳述[16]，乃至同樣的韻律活動，帶來更大的社會鍵結，而這本身就能夠產生強大的療癒效應。哈維·懷特豪斯（Harvey Whitehouse）是英國牛津大學社會人類學的法定教職員，也是宗教科學方面的權威專家[17]，他曾經寫道，歷史上某個涉及「高激發群集」（high-arousal cluster）的儀式促成了有凝聚力的小社群成形。大量的證據顯示，成為不論哪一類社群的一部分，都可以提升療癒力。當我研究壓力以及壓力對疾病的影響時，我發現到，心理或生理疾病的最大原因是孤立的感覺——遠離他人、遠離我們的家人、遠離我們的神。

因此，凡是效力強大的壓力治療師，不論在生命中哪一個領域，都只是在建立某個強健的連結。舉例來說，在研究中檢驗經歷財務困境人士的壓力水平時發現[18]，即使是收入最低的拉丁裔美國人，只要他們經常上教堂，參加宗教社群，經驗到的消沉沮喪就減少許多；而且不論貧窮程度如何，只要生活在緊密聯繫的社區裡，拉丁裔老人就比較強健。

關於和平實驗參與者經驗到驚人蛻變的原因，我感覺到我愈來愈接近某個重大的第一線索，而且那與「健康」和「療癒」的確切含意有關。許多密教傳統將健康定義為遠遠大於生理不出錯的某樣東西，對它們來說，真正的健康需要徹頭徹尾地結合到整體之中，是絕對的連結感，而疾病則肇因於某種與那個源頭的疏離感。這表示，多數疾病的起源並不是人生中的一個個小壓力，而是我們對生命的總體回應所產生的壓力：我們如何看待自己在人世間的地位，尤其是在周圍環境中的位置。假使情況如此，那麼基於某個單一目的與他人連結將是深度療癒的，那是一則明顯的提示，提醒你是某個更大整體的一部分。

相信比自己更偉大的某樣東西本身就具有療癒力量。傑夫．雷文在針對許多宗教信仰所做的研究中發現，所有不同傳統的核心宗旨都是：宇宙並不是受制於隨機的過程，而是具有神聖的秩序[19]。如此相信某份神聖的計畫，感應到在人世間開展的每一件人事物都存在著某個目的，其本身在每一方面都具有強大的轉化力。

和平實驗參與者一再回應了上述兩個想法：

「我日常生活的口號是：我是自由的，我是愛，而且這是我對邂逅的每一個人所秉持的意念，因為我們是一個全球大家庭。」

「我感受到存在的一體性，那是一條共同的線，以真理將我們編織在一起。」

「對於未來，我感覺被激勵了，這類活動可以造就更加美好的強大改變。」

「現在我相信我的國家有希望。」

「這改變了我對自己和人生的看法，它給了我希望，能夠期望更美好的世界。」

「我感覺到更有力量，覺得與這顆星球更加連結。」

「比較正向看待世界上發生的變化。我們目前推進的方向是合一的方向。」

「希望。盈滿。」

馬斯洛在兩種神祕體驗之間做出區別，「青澀」（green）型是短暫的狂喜高峰體驗，而「成熟」（mature）型則是在當事人身上產生更長久持續的蛻變轉化。「『超越經驗』呈現成熟形式時，代表自我實現與社會整合的極致表達。」傑夫．雷文寫道：「就此而言，身體健康、精神幸福、個人發展的定義似乎是交叉貫穿的。」從那樣的視角，雷文相信，神祕體驗的「成熟」型，如同馬斯洛的定義（我的實驗參與者就是經驗到這一類），是強大的身心預防措施，因為它代表人世間最終的歸屬和目的感。許多研究神祕體驗的專家都贊同，超越經驗有力量促使個人在各方面做出永久的改變，帶出服務利他的召喚感[20]。馬斯洛說，經歷過這類體驗的人總是感應到一股「兼容並蓄的愛，對每一個人和一切事物，帶出與世為善的衝力」，而伊芙琳．恩德希爾則形容這是得到「召喚，要過著比較主動的生活，因為比其他人類更善於默觀[21]。」印度上師斯瑞．奧羅賓多（Sri Aurobindo）曾經主張，將「超心智」（supermind）和「上心智」（overmind）「帶到凡間」，不僅證明治癒了接受者，也證明治癒了接受者的整個環境[22]。

和平念力實驗之後，相當多的參與者都感覺到不得不在生命中做出重大的改變。

「我向和平工作團（Peace Corps）提出申請。」

「我簽署了非暴力協定。」

「我覺得能更承諾投入每月定期舉行的集體靜心。」

「根據我對斯里蘭卡的理解，我正在組建一個開發和平方案的團隊。」

「我立刻辭掉我在醫院的工作。開始找地方，成立我自己的能量醫療私人診所。」

很可能情況是，一場大規模的念力實驗扮演了某個強效提示，提醒我們應該是什麼樣子。那份完美整合的感覺，以一大群陌生人全數一起禱告作為象徵，呈現出一種目的感[23]——這個宇宙「具有意義和秩序，而且他或她在那個秩序中占有一席之地」，這是蒙特利爾大學（University of Montreal）的社會科學家迪兒德麗．蒙恩代爾（Deirdre Meintel）與潔哈丁．莫西艾爾（Géraldine Mossière）曾經說過的。我想知道，我的參與者經驗到的療癒效應是否主要與一份完美的全球信任感有關，那是絕少經驗到的感受，感應到生命真的疼愛我們。

或許，療癒效應的關鍵的確是這份信任感。德州大學心理學系主任詹姆斯・W・佩內貝克爾（James W. Pennebaker），花了三十多年研究信任他人的力量。他的研究揭示了「敞開」（opening up）的力量。可以信任他人到足以表達脆弱面的人，不僅免疫功能、自主神經系統活動和心理幸福得到改善，而且較少就醫[24]。

我親眼見證到這點，尤其是在我們的八的力量圈，參與者在此透露了彼此健康課題的親密細節。丹尼爾敘述了他的脊椎發生了什麼事；羅莎描繪了如何與甲狀腺奮戰。在那樣的情況下，某人私密生活的吐露者與接收者，都需要某種程度的信任，這一點本身便可以證明具有療效。佩內貝克爾還研究了敞開的社會動態，並視之為治療的主要驅動力，或許甚至是禱告圈內的主要驅動力[25]。佩內貝克爾說，吐露的重點在於，告訴某人我們的故事。

假使情況如此，那麼我們在療癒圈內做的事就是在編輯故事，一起重寫故事的細節，提出一個比較正向結局的可能性。或許，那個群體修正的過程，那個你可以重寫一則生命故事、乃至受創國家的故事的構想，證明對每一個人都具有療效：包括故事的主角，以及手中執筆的那些人。

第12章 神聖的水

在進行整個心靈互聯網構想的實驗時，我變得更大膽。假使我們在大規模的實驗期間做了所有這些虛擬的連線，而且不論是大家同聚一堂，還是分散全球各地，都無關緊要，那麼我想要看看，我們能讓八的力量小組的虛擬效應發揮到什麼程度。在「本週念力對象」活動中，我已經見識到了某些證據證明虛擬連線的力量，但如果我們打造一個規模較小、虛擬的「八的力量」小組，小組的唯一持續接觸點是電話線，那會怎麼樣呢？

我開始運籌帷幄，讓各個小組在線上工作坊課程和多方通話期間齊聚一堂。這些小組的個別成員分散在全球各地不同的地理位置，只靠一塊Maestro電信會議主板連接，這板子有能耐將會員分成一對對或任何數量的小組，然後只聽到同組組員彼此的聲音，方便各組分頭進行對話或練習。我會連續六個週六舉行九十分鐘的互動式工作坊，藉由線上通話對參與的全體會員發出指令，然後，我的活動主持人約書亞・愛德華茲（Joshua Edwards）會將參與的會員分成八人一小組進行互動式念力練習，運作模式就像我在舉辦工作坊期間的「八的力量」小組。

這些線上工作坊小組並不是實際上同在一個空間，如此事實並沒有造就任何一丁點的差異。這些虛擬的八的力量參與者所描述的效應，與我在單一實際地點舉辦的工作坊中各小組報告的效應完全相同：連結、生理效應、沛然不可禦的情緒、感應到成為比自己大許多的某樣東西的一部分，與經歷過「神祕合一」的人感覺到同樣的日常經驗強度。「我感到十分確定，對每一件事充滿信心，一切都是可能的。」西蒙妮因她的甲狀腺成為虛擬的八的力量小組的念力標的，事後她如此表示。「當時我眼中所見是如此的美麗，樹木是如此美麗的綠，馬路上的柏油是美麗的灰。而我就是感覺到這份篤定。」所有參與者與丈夫、妻子、姊妹和兄弟的關係也得到同樣的改善，同樣渴望更常與陌生人連結，接受者和發送者雙方都感覺到同樣生理方面的改善：

「由於從前的揮鞭樣損傷，我患有間歇性頸部疼痛。念力發送期間，我感覺到疼痛加劇，然後疼痛消失了。」

「我有右手震顫的毛病，接受了那些療癒念力之後，情況明顯改善了。」

「我時常背痛或髖關節疼痛。過去兩週，我沒有感覺到這類疼痛。」

「我的貧血消失了，焦慮好轉了。」

「翹腳時，我的左膝不痛了。」

「我的血壓原本非常高，目前已經穩步下降。」

「我胸部的疼痛一夜之間不見了。」

「脹氣少了，大腸激躁症的整體症狀改善了。」

「發送安康給接收者的同時，我注意到自己的頭部、下巴和頸部的能量。隔天，一直存在的下巴疼痛大大減少了，而且一直保持那樣。」

虛擬的八的力量的小組成員也描述了與全球念力實驗參與者相同類型的餘震：癒合的關係、自我寬恕、被治癒的人生、煥然一新的人生使命。來自挪威奧斯陸的蒂兒德·帕拉迪諾（**Hilde Palladino**）在初期的一次小組聚會中，請求與挪威的某大出版商達成出書協議，出版她的首本年輕成人奇幻小說。一個月後，她與全國最大出版商之一簽定了一份合同。

她的線上小組首次聚會時，蒂兒德刻意不告訴大家有關癌症的種種健康問題，直到另一名組員透露了與自身健康的相關資訊，蒂兒德才覺得可以安全分享。雖然她仍舊接受免疫治療，以此作為化療後的掃蕩鍛鍊，但一開始，她只告訴小組她患有過敏症，因為不希望組員們把她看作癌症患者。終於，蒂兒德與小組分享了自己的歷史，請求大家為她將她對健康的掛慮納入他們的意念之中。不到一個月，蒂兒德便能夠脫離原本應該在未來十年繼續使用的藥物。她的醫生告訴她，她承受癌症治療的情況非常好，而且在破紀錄的時間內完全恢復健康。「我有更多的能量、氣力和耐力，而且我的健康變得非常穩定。」她說。

她的小組甚至幫她脫離了短期的財務缺口。一次去上海出差，蒂兒德決定要好好款待自己，於是在線上訂了一家五星級飯店，即使這遠遠超出她所能負擔的。儘管如此，蓆兒德享受了那次住宿，用信用卡付了高得不合理的價格。

返家且歷經了幾次財務挫折後，蓆兒德檢查了賬單，明白大約短少一千五百美元。她決定與小組一起發送可以取回或收到一千五百美元的意念。沒多久，蓆兒德發現，那家飯店的線上時價與她當初預訂且支付的價格差距甚大。她打電話給飯店要求解釋，飯店的工作人員回答說：「我們顯然犯了錯，所以會還你一千五百美元的差額。」

來自法國土魯斯（Toulouse）的朱麗葉請求她的小組設定意念，協調她的脊椎損傷復健治療，附帶她對工作的要求以及創造她自己的新事業，然後她經驗到一系列的同步事件。朱麗葉在西班牙找到了一位因協助她這類病況而聞名的獨特整脊治療師，但卻找不到可以定期去看診並住在當地旅館的方法。巧的是，朱麗葉當時合作某專案的一個朋友，與那位整脊治療師住在西班牙同一區，而且自發地邀請朱麗葉可以視需要時常前來與她同住。然後是與她相當疏離、絕少交流的兄弟，突然與她聯繫，還邀請她到布拉瓦海岸（Costa Brava）的公寓暫住。她兄弟提出的日期恰好是她預定休假不上班但沒有任何計畫的那一週。那樣的邀請使她能夠更自在地去到整脊治療師那裡看診同時與專案合作夥伴會面、定期游泳（復健的必要事項），而且，最好的是，與她的兄弟及其家人重新連結。

達芙妮曾經是職業鋼琴家，六年前被診斷出罹患帕金森氏症，不得不放棄演奏。

她請求小組為她設定可以再次彈奏鋼琴和自在書寫的意念。幾個月後，雖然沒有回復到她的職業演奏水準，但她已經開始每天「有表情地」彈奏一小時。「而且今年，」她說，「我在聖誕卡上寫下了信息！」

所有這一切令人著迷，甚至就像是奇蹟，然而儘管我開始懷疑，不論是虛擬或實際接觸，雙盲的安慰劑對照測試究竟能告訴我多少八的力量圈的實際情況，但就連這時候，我還是執著於科學的方法。我仍舊相信，除非我能夠提出更多實驗室裡的證據，否則別人不會認為有什麼重要性。為了顯示我們正在改變人們身上某樣基本的東西，我們需要另一種比較簡單、可以輕易量化的全球實驗。一通異常正式的電話請求使那樣的可能性出現了——「江本勝博士請求，是否有榮幸與您在一個小時後會面」——當時我剛抵達德國漢堡的萬豪國際酒店（Marriot），預定隔天在一場研討會上演說。

江本認為自己是水的「傳教士」，相信水與我們的心靈有親密的關係，也相信治癒了水，我們就會治癒這個世界。我們從沒有真正見過面，儘管知道彼此的工作。事實上，在他生病時，曾經要求我代替他在一場西班牙的研討會上發表演說，而且在一支拍攝他在醫院病床上的影片裡，還介紹我是他的「雙生靈魂」。

江本博士來到了餐廳酒吧，身旁圍著一群助手和一名翻譯。先是煞費苦心的正式介紹，然後他與我分享了他的大膽構想。他希望在二〇一〇年三月二十二日，聯合國指定的世界水資源日（World Water Day）當天，在琵琶湖（Lake Biwa）（日本的「母親湖」）畔舉辦「水與和平全球論壇」（Water and Peace Global Forum），將他的工作再推進一個階段。琵琶湖是世界上最古老的水域之一，供水給一千四百萬日本居民，但自一九八三年以來，隨著周邊土地快速都市化，生活和工業廢棄物改變了湖中的微生物族群，導致赤潮（red tide）、藻華（water bloom）和水草爆發。在那次研討會期間，江本希望我共襄盛舉，舉辦一場國際念力實驗，證明療癒心念有助於淨化琵琶湖高度污染的湖水。

在琵琶湖畔舉行的儀式應該要是高度象徵性的，江本說：一個簡單的示範，讓我們可以跨出一步，解決這些與水相關的問題，「深思水的哪一個層面與我們的心智、思想和情緒相連結。」

我喜歡他的構想雛型，但有一些重大疑慮。我有自己企圖淨化污水的重大計畫；事實上，蓋瑞．史瓦慈和我一直多方考量著這個構想：如何將出現在污水中的生物有機體（例如，有害的細菌）轉化成有益健康的形式。這看似牽強，實則不然。若干實驗室實驗曾經證明，正向意念可以鼓勵有害的大腸桿菌產生突變，而負向意念可以阻礙這點[1]。就連細菌，對心念的力量也十分敏感。

但我最大的擔憂與我們當時接受的挑戰有關。水是地球上最常見的物質，內含排名在氫分子H_2之後的世上次要常見分子，它持續令科學家們抓狂，即使是每天在實驗室內與水為伍的科學家。這個看似簡單的分子結構（每一個氧原子搭配兩個氫原子）會遮掩它的奇特性。水是化學上的無政府主義者，行為表現不同於自然界的其他液體，展現出不少於七十二種物理、物質和熱力的異常現象，其中許多顯然尚待揭露[2]。水是最神祕的物質之一，因為它是由兩種氣體形成的化合物，然而在常溫常壓下卻是液體。水在氣態時最輕，成為液態時，密度比固態高許多。熱水的行為表現與冷水不同：它的結冰速度比冷水快，冰的密度隨著加熱而增大，但在融化時縮小。水具有異常高的熔點和沸點。不良行為清單令人目不暇給。

水是人體大部分的組成（人體約有七〇%的水，植物則有九〇%[3]），我們體內的水分子比所有其他分子的總和多一百倍，水覆蓋了地表四分之三，地球上的生命不可能沒有水。但對於理解水究竟如何行事，我們仍舊毫無進展。嘗試建立水的模型持續失敗。你可以畢生與水周旋（許多科學家的確是這樣），然後覺得一事無成。

就療癒全球環境某一面向的第一個現場直播實驗的角度來說，琵琶湖絕對是完美的標的，但在著手投入這樣的工作之前，我想要多嘗試幾個基本實驗，基於一個很好的理由：在那之前，沒有出現正向成果的三個念力實驗，全都與水有關。

我們首度與康斯坦汀·科羅特科夫一起嘗試的水實驗，促使我透過一位共同的朋友，聯絡上洛斯圖姆·羅伊（Rustum Roy），他是賓州州立大學的材料科學家，而且可以說是全球研究水的專家之一。羅伊的資格是毋庸置疑的；他寫過六百多篇論文，從玻璃陶瓷，談論到鑽石薄膜和奈米複合材料，在我與他會面時，他是美國國家工程院（US National Academy of Engineering）最資深的成員。《新聞週刊》（*Newsweek*）曾經稱他為美國科學家之中的「逆勢領袖」（leading contrarian）；這之前，他在美國眾議院的「科技研究委員會」（Committee on Science, Technology, and Research）慷慨陳詞，該會給了他十六年來的第一個起立鼓掌。

一篇探討「結構水」（structured water）[1]理論的原創論文展現了他的典型熱情。洛斯蒂（Rusty，Rustum的暱稱）和他的共同執筆人綜合了當代所有的水結構研究❹，推論得出，那些小小的H_2O分子本身就是水的無政府狀態的主要煽動者，它們選擇以此方式集結。

當「結構」（structure）一詞被套用到水的時候，指的是特有的H_2O水分子在三維空間中的位置和分子排列，那樣的集結像是變化無窮的樂高積木重新組合。這些水團簇保持著從瞬間到幾週的穩定。柏拉圖認為，水應該被表示成一個二十面體（icosahedron），而兩千五百年後，一些前衛科學家在取得的任何水樣本當中發現，這些分子團簇並不是一致不變的，於是終於開始同意柏拉圖的說法。舉個例子，熱的水樣本與冷的水樣本具有不同的「樂高形狀」；有些水所包含的每一個分子簇都是由高達數百個分子所構成。人們發現，小的水團簇可以進一步集結，形成高達兩百八十個分子的對稱團簇，並與其他團簇相互鏈接，形成一件複雜的次原子鑲嵌工藝。

正如洛斯蒂向我解釋的，使這些水分子暫且相互依附的「黏合劑」不單是氫原子之間的鍵結，也與存在於不同樂高形狀之間的多種微弱鍵結有關。這些弱鍵被稱為「范德瓦耳斯鍵」（van der Waals bond），以荷蘭物理學家范德瓦耳斯（Diderik van der Waals）的名字命名，因為他發現，吸引力和排斥力因電荷分布方式而在原子和分子之間起作用，此一特性允許某些氣體轉變成液體。

「正是這一系列非常微弱的鍵結，可以說明改變水的結構易如反掌，也可以幫忙解釋六種眾所周知的水屬性異常[5]。」洛斯蒂寫信告訴我，「在它比較精微的形式中，這類弱鍵也會顧及由電場和磁場以及各種輻射能造成的結構變化，可能包括所謂的精微能量」——例如，心念。

水分子形成結構的觀點絕不是普世公認的，但洛斯蒂令人信服地主張，主控物質屬性的，是結構（sturcture），不是成分（composition），如果結構被改變了，就可以在不改變任何成分的情況下，完全改變該物質。鑽石和石墨就是說明這點的完美實例。兩者的成分完全相同，但鑽石是地球上最堅硬的物質之一，石墨則是最柔軟的物質之一。它們的差異完全取決於哪些分子和多少分子決定要鍵結。

我見到洛斯蒂時，他剛拍完一齣關於水的紀錄片，片中，一位藝術家創作了一份圖解，說明結構水可能看起來像什麼。普通水被描繪成分離、不對稱的分子簇，單獨漂浮，就像有幾根輪輻被吹走的輪子，但在這位藝術家對結構水的描述中，分子形成了兩個完美的同心圓。因為結構水，分子循規蹈矩，宛如一群依次坐在圓桌旁的學童。

譯註：

1 小分子水。

根據洛斯蒂的說法，研究顯示，結構水的產生可以透過各種形式的能源：熱、光、聲音、輻射，而且，洛斯蒂相信心念的力量。那聽起來十分奇怪，所以一定有先例可循。加拿大的研究曾經顯示，當灌溉植物的用水得到治療師發送的意念時，分子之間氫鍵結出現的變化，類似於水接觸磁石所發生的變化[6]，而俄羅斯的研究則證明，當療癒被發送到某個水樣本時，水分子中的氫氧鍵結在其晶體微觀結構中經歷到變形[7]。

當我們第一次多方考量如何設計這個實驗時，洛斯蒂告訴我，結構水被發現存在於人體內健康組織的細胞質當中，可以讓組織變得健康，因為結構水對身體礦物質具有很高的溶解度，但它也被發現存在於具療效的水域當中。「這顯然是截然不同的療癒水域所共享的結構，從某些具療效的礦泉，到世界各地使用的銀水液（silver Aquasol）[2]。」他寫道，「我們來測試一下吧，看看能否將結構改變得更像那些礦泉區裡的水。」他說。

我花了好些時間才完全掌握洛斯蒂提出的重點。我們的實驗將致力於把自來水轉變成等同於法國露德鎮噴泉的水。

❖ ❖ ❖

我們計畫與洛斯蒂的賓州州立大學實驗室團隊一起進行水實驗。儘管洛斯蒂和其他材料科學家一直沒能順利找到可以正確顯示水的結構變化的儀器，但他相信，「拉曼光譜儀」（Raman spectrometer）的靈敏度應該足以捕捉到水的結構。

一九二八年，一位名叫錢德拉塞卡拉・拉曼（Chandrasekhara Venkata Raman）的物理學家發現，當光被傳送通過物質時，部分的光會隨機散射，因此這光的一小部分具有不同於光源的頻率（通常低於光源）。「拉曼效應」（Raman effect）通常是由分子振動的精微變化所引起，而且這個再輻射過程提供了關於水如何被建構（例如，水中氫鍵相對於氧的振動狀態）的重要資訊，然後藉由檢測分子鍵的強度和形狀的變化，科學家們可以揭示任何結構上的變異。我對使用拉曼光譜儀情有獨鍾，因為採用科學社群公認的測量系統將使我們的結果無懈可擊。

水分子總是在移動，就像一個人在健身房內不斷朝四面八方舉啞鈴。想像存在於每一顆水分子中的單一氧原子是你的頭，兩個氫原子是你的兩隻手臂。振動的方向類似於手舉啞鈴，將啞鈴有節奏地推離身體，推到側邊，乃至移動到頭部上方呈剪刀型，雙臂交替移動或同時移動。將拉曼光譜儀浸入水中時，它會發送出雷射光，然後測量紅外光的光子數，使光回到探測器然後「計數」。通常，雷射光子的能量向上或向下移動，根據氫「手臂」移動的各種方式，這通常是由圖上四個可見的「凸起」表示。

譯註：

2 某品牌的天然抗菌劑。

在決定使用拉曼光譜儀時，洛斯蒂曾受到北京清華大學測量「氣」或「生命能量」效應的成果所啟發，該研究由中國最著名的氣功大師嚴新博士，從一〇〇〇公里以外的某地朝清華大學實驗室的一個水樣本發功[8]。在嚴新發功後，遠紅外線光波（長波）產生了難以理解的巨大能量峰，這顯示，嚴新的氣肯定影響了水的分子結構。

讀到這個實驗後，洛斯蒂找了一位氣功大師，嘗試了幾個他自己的初步實驗，且用酸鹼度測定計（pH meter）測得了某些不確定的結果，並說服團隊，如果要試圖測試涉及療癒意念的能量，他們就需要更精密的儀器。

針對我們的實驗，洛斯蒂的科學團隊準備了四只玻璃燒杯，標記為A、B、C、D，其中三只擔任對照組，然後將燒杯注滿水。A燒杯置放在沿穿堂而下的那間實驗室，B燒杯置放在鎳鐵高導磁合金盒（mu-metal box）中，以防任何磁場影響水樣本，C燒杯則與實驗裝置相距一．八公尺。然後研究人員將拉曼探針放入D燒杯的水樣本中，每十分鐘測量一次，持續一小時。一條長長的電纜線將探針連接到儀器上高度靈敏的CCD（電荷耦合元件）攝影機，當分子因回應瞄準水樣本的紅色雷射光而振動，從而造成微弱的拉曼散射時，儀器便會感應到。在測量我們目標燒杯的前後一小時，團隊會針對三只對照燒杯進行完全相同的測量。

改變水的結構的想法是一個非常抽象的概念，很難建構一個外行觀眾容易領會的意念。這無法簡化成簡單的觀念，像我們的「發芽實驗」中的「生長」指令那樣。賓州州立大學的科學家們建議我們向觀眾展示一幅上有藍色曲線的圖形，代表那種在

「正常」水中的分子振動——一條扁平線，有一個小小的波紋，急劇上升成一個類似駱駝雙峰的形狀。我們要求參與者發送意念，降低水的量測值，使量測值類似於另一條跟藍線同樣升起雙峰但雙峰下移至圖形較低檔區的綠線，據說這代表水的分子振動被認為「具療效」。基本上，我們要求觀眾將由水反射回來的光變暗。

當洛斯蒂和他的同事，滿竹．勞（Manju Rao）博士和塔妮亞．斯拉維基（Tania Slawecki）博士，首度檢驗從拉曼探針蒐集到的結果時，他們發現，目標燒杯中的光的確變暗了。這顯示為，圖形上駱駝雙峰的強度明顯下降，搭配第一批巨大變化發生在我們的「熱機」期以及十分鐘意念視窗期的開端。在實驗期間，這個圖形方向下移的轉變趨近於目標綠線，然後樣本在一小時後又回復原狀，完全與我們發送意念的時機相互關連。這些類型的變化並沒有被記錄在沿穿堂而下的A燒杯之中，雖然在B燒杯（在鎳鐵高導磁合金盒內）和C燒杯（距實驗裝置一．八公尺）之中都有效應被記錄下來，但變化不如我們的目標燒杯那般巨大。

儘管如此，科學家們還剩下幾個儀器本身相關的問題沒有解決，這使我們無法宣稱這是一次絕對成功的實驗。賓州州立大學團隊曾與氣功大師和治療師一起進行他們自己的幾個研究，當時發現到，治療師發出的輻射能也被拉曼光譜儀拾取了。在洛斯蒂自己找某位氣功大師幫忙完成的研究中，水的pH值在發功前不久就已經進入強烈振盪，但這些科學家們一直不確定，那到底是氣的效應，還是由於儀器不太穩定。

我們無法排除可能使用到不當儀器，甚至是，我們能夠取得的任何設備都不夠靈敏或穩定，無法測量結構水這樣的東西。

環境因素也可能在我們的結果中扮演了某個角色。下午五點，一場強烈的大雷雨襲擊該區，塔妮亞．斯拉維基懷疑，這是否與被記錄下來的強烈變化有關。「或許是正在下降的大氣壓力和過多的自由離子造成的，我們的去離子水樣本不像原本應該的那樣穩定。」她說。

或者，可能只是，意念並不會影響水的結構，甚至是，水的結構不會改變。塔妮亞說，我們所記錄的變化，就像看著來自手電筒的光束射在牆壁上，然後就在我們發送念力時，看著光束逐漸變暗。假使手電筒的電池快沒電，牆上的光束就會變暗一些。這並不代表牆壁改變了。我們必須考慮到很可能最初的假說完全錯誤。而且我們無法得知，這些可能性哪一個是正確的。這有一點像量子疊加（quantum superposition），任何一個而且是每一個，可能事實上都是真實的。

最終，洛斯蒂和他的團隊斷定，儘管顯示這些正向的結果，但拉曼光譜儀不夠穩定，實驗室需要取得其他更靈敏的儀器。

但有一事是肯定的，他說，那結果是其中最令人不安的：就時機和效應而言，拉曼光譜儀的光線變暗與我們的集體意念發送的時間完全相符——他的實驗室看到了之前在他們的設備上從來沒有見識到的結果。我們可能對探針或水樣本做了什麼，即使我們還不知道那東西是什麼。

第13章 漏水的水桶

當賓州團隊思考著如何進行時，我回頭找蓋瑞．史瓦慈。我們思索了在我們早期的發芽念力實驗和科羅特科夫的水念力實驗當中，起作用的到底是什麼。何不合併此二者，來一次「水發芽實驗」（Water Germination Experiment）呢？這一次，我們會發送「生長」的指令給水，而不是直接給種子本身。

有好幾個這樣的科學先例。研究顯示，某人握住澆灌植物的用水，這人的心態可以影響植物的生長。生物學家柏納德．格拉德（Bernard Grad）進行過一個用鹽水澆灌大麥種子的小實驗，鹽水通常會阻礙植物的生長。然而，他讓三人分別握住一小玻璃瓶的水，然後才用那瓶水澆灌種子，三人當中，一名男子有能力讓植物生長，另外兩人是抑鬱病患。長得最快的植物得到有能力讓植物生長的治療師握過的那瓶水所澆灌，其次是其中一位雖然抑鬱但對這個實驗滿腔熱情的病患，長得最慢的植物則是由最抑鬱的病患握過的那瓶水所澆灌❶。雖然是一個小小的實驗，但含義匪淺，意謂著一個人的態度可能影響水，連帶影響他所澆灌的東西。

做過第一次水發芽實驗後，當蓋瑞分析平均生長水平時，用「生長意念」澆灌的三十顆種子，比用對照組水澆灌的九十顆對照組種子高出十分之一公分（四・七七公分與四・六六公分）。針對這些數字所做的統計分析達到了邊際顯著性（borderline significance[2]）。

然而，我們的確注意到一個有趣的現象。一般而言，所有種子在發芽實驗中都不發芽。在最近的那次實驗裡，每一個對照組當中，只有九○%的種子發芽，但在實驗目標組當中，用念力水澆灌過的每一顆種子都發芽了。我們再次嘗試，但由於實驗室程序的問題，不得不取消這次研究結果的資格。

我們得到了一些令人鼓舞的結果，但基於我曾與蓋瑞達成共識，在琵琶湖的活動之前，我們應該要緩慢行進。我們決定要進行被我們戲稱為「淨水實驗」（Clean Water Experiment）的另一個初步實驗，而且這一次，我們要回歸基本。我們要檢測能否改變光線穿過水的方式（這是另一種檢驗我們是否對水分子的團簇結構做出改變的方法），然後看看這些改變能否被靈敏的相機捕捉到。

那時候，蓋瑞正在用他的GDV（氣體放電可視器）檢驗並拍攝水樣本產生的光線圖，而且發現到，純度不同的樣本產生了不同的圖案。例如，礦泉水和自來水具有看起來截然不同的GDV圖像。通常，瓶裝水會產生一個較大的內部「水滴」或發光區，以及比自來水小許多且更加光滑的外部「氣場」（aura）區，而自來水的圖像非常分散，宛如某個特別多雲的夜晚，月亮被遮蔽的朦朧影像。蓋瑞早就在嘗試這樣的實驗，所以，要求我們的觀眾設法將自來水的光暈轉變成比較像礦泉水的光暈，將是一個簡單且可能的實驗。這當然是我們的觀眾可以輕易投入的意念陳述。

蓋瑞的實驗室技術員馬克．波庫齊準備了四只裝有自來水的培養皿，拍攝了每一只培養皿，然後將影像用電子郵件寄送給我。這些水樣本接著被放在一個安全的地點靜置五天，直到實驗當天，如此一來，所有水樣本都是停滯的，其能量足跡勢必相似。水是需要不斷移動的物質，當湖泊、河流或沼澤的水停滯不前且停止自由流動時，就可能變成細菌和綠藻層之類的微生物的滋生地，琵琶湖那類被污染的湖泊當中，就是發生這樣的事。

馬克拍攝了GDV照片，而且四張照片看起來幾乎完全相同，在模糊的中心周圍有一圈增大的擴散氣場，當水停滯時，就會發生這種情況。

試圖改變停滯水的兩個淨水實驗奏效了，而且結果顯而易見。四個水樣本的四幅GDV影像事前看起來全都非常相似，但在念力發送後，目標培養皿的照片變得非常清晰，中心水滴更大，氣場更平滑——很像瓶裝水的能量足跡。對照組擁有比較小的中心水滴以及較為參差不齊的外部氣場。

在證明意念可能影響水方面，我們又跨出了一小步，但對我來說，這一切感覺上都相當理論。在我們前往琵琶湖之前，我想要嘗試一個多少可以應用到現實生活的實驗，採用科學界普遍接受的另一種量測法。

要舉例證明淨化過程中的任何改變，最容易的方法是測量pH值的變化。液體的pH

值與水中的氫離子濃度有關，這是與某個通用標準相較，然後測量樣本的酸度或鹼度。pH值愈是低於七（pH7是中性），物質就愈酸，pH值愈是高於七，鹼性就愈強。水的pH值保持相當穩定，pH刻度上，一單位的百分之一、乃至千分之一的微小變化，都可以被量測到。pH刻度上一整個單位以上的變化，代表一個巨大的變化，那不可能是測量不正確造成的結果。事實上，如果你身體的pH值下降一整個單位，你八成死了。有一個利用心念影響pH值的先例：在美國，史丹佛大學的物理學家威廉・蒂勒（William Tiller）曾經進行過一宗企圖靠意念改變水中pH值的實驗，而且設法促使pH值上下移動了一整個單位[3]。

雖然琵琶湖的計畫是要嘗試提高水的pH值（多數情況下，鹼性愈高，水愈純），但我們首先企圖用「水變酒實驗」（Water into Wine Experiment）來降低pH值，主要是因為我們在聖誕節前幾週進行這個實驗，我想替觀眾找點樂子。參與者將被要求發送意念，降低某一普通自來水樣本的pH值，使水變得更酸——更像酒。我們做了兩次這樣的實驗，而且兩次都見效，不過變化微小，而參與者也不多，一千人上下。蓋瑞將整個時段切得很細，如此一來，就連最精微的變化也會清楚地顯現出來。在這個被放大的刻度中，目標燒杯的pH值始終低於對照組，而且就是在我們發送念力期間，pH值下降，同時溫度也出現小幅但可量測到的下降（與搭配的對照組相較）。這裡肯定有事正在發生，即使我們再次違背自然，企圖使某個天然鹼性的物質變得比較酸。至於琵琶湖的實驗，我們的計畫是與自然界合作，嘗試以比較自然的相反方向影響湖水。

最後，我覺得為琵琶湖的實驗做好準備了。我請康斯坦汀・科羅特科夫幫忙，他也會在江本博士的「水與和平全球論壇」活動上發表演說。我們會親自與聚集的群眾一起進行實驗，但也同時在一個同樣由「銅線」建立的特殊互聯網站上進行線上實驗。三月十四日星期天，我和外子、我們的小女兒阿妮婭（當時十三歲）以及阿妮婭的朋友海倫，一起飛到東京。幾天後，我們搭上往京都市的子彈列車，疾馳經過富士山到京都，然後，經由當地的火車終於來到琵琶湖，隔天，江本博士的家人在會場所在地琵琶湖音樂廳的招待會上迎接我們。

同一天晚上稍晚，外子和我沿著波濤洶湧的琵琶湖爬上湖畔的岩石，在仍舊寒凍的三月空氣中，用兩只不同的玻璃杯舀出兩件水樣本，作為目標組和對照組。我們把樣本拿給康斯坦汀，由他測量水的pH值，然後用他的GDV儀器測量光的放射情況。當時，兩個樣本的所有量測結果幾乎完全相同。

康斯坦汀替兩只玻璃杯拍了照，然後用電子郵件將圖像傳送給我，接著我傳送了一張由阿妮婭和海倫隨機選取的玻璃杯照片給我們在印度的「銅線」網站組，由他們準備第二天的線上實驗。我們要再次創造一個心靈互聯網：一個在日本的標的，一幀在印度被放上網站的照片、一群實際出現在日本的觀眾、另一群分散於全球各地的虛擬觀眾，所有人藉由一小玻璃杯的水連結在一起。

日本時間正午，我在現場觀眾面前用PowerPoint簡報呈現了目標水樣本的照片，與此同時，我們的網站組也將照片展示給念力實驗網站上的線上觀眾，附帶同樣的指令：想像一條山間溪流，然後發送一個提高溪水pH值的意念。此外，我向觀眾展示了從紅色（酸性）到藍色（鹼性）的pH刻度圖，請大家將pH值移到刻度的右邊，使水偏向鹼性。

我們不用等太久就可以聽到結果；康斯坦汀在我的簡報結束時就會宣布。在我們發送意念後，與對照組相較，我們的目標水樣本已經顯示pH值上升了差不多一整個pH單位，且用GDV儀器測得高度顯著的變化。從資料看，與對照組的玻璃杯水相較時，康斯坦汀顯示了光的信號和強度具有統計學上的差異。康斯坦汀繼續測量這些水，發現信號的強度持續增加，這顯示，我們做出了某種永久性的改變。

❖ ❖ ❖

洛斯蒂．羅伊一直被這個事實所吸引：歷史上，水一直是重要儀式的核心。「除了是生命必不可少的實質要素外，水自古以來便一直與心靈、直覺和療癒息息相關。」在我們的聯合實驗進行之前，他寫了這段話給我。

「雖然這個環節一直被現代的醫學研究所忽略，但大部分宗教傳統都在自家的儀式中賦予水某個關鍵地位——從洗禮和膏抹[1]到特殊的祝福。很可能，這些帶著真實的愛意給出的祝福真的改變了水的結構，也因此改變了水的屬性。」

我們的實驗並沒有證明這點，而且還沒來得及再做一次實驗，洛斯蒂就病了，隨後在那年夏天過世。但我思考著他所提出的觀點：水被用在幾乎每一個宗教傳統當中，不只是為了淨化不潔和罪惡，更是作為祝福的一部分。而這意謂著，許多宗教和文化傳統把江本提出的「水可以嵌入某個心念」的驚人概念視為理所當然。

❖ ❖ ❖

我已經開始在我的八的力量工作坊小組中用水進行我自己的非正式實驗，這樣的好奇心是被顯示「水是錄音機」的科學證據激起的。

我的實驗是從亞利桑納大學的梅林達・康納（Melinda Connor）博士做過的某個論證逐步演化而來的，那需要請十名學員花三十分鐘冥想，在心理上將一個字詞（例如「狗」之類的某物）送入裝滿水的小型空嬰兒食品罐中。然後請嵌入者將這個詞寫在一張紙上，把紙對摺起來，讓人看不見那個詞，再將紙包裹在嬰兒食品罐上並用橡皮筋圈好。然後我把這些罐子放在房間周圍，將學員分成十個小組，要求他們連續從一個罐子移動到下一個罐子，安靜地嘗試憑直覺猜測被「嵌入」每一只水罐中的書寫物體名稱。

譯註：

1 聖靈在人的心中運行，猶如膏油塗抹滋潤人一樣。

不論我在世界上的什麼地方，置身一個又一個的工作坊，在十個「嵌入」字當中，至少有一半的學員正確地辨識出至少一個字詞，或是與該字詞息息相關的某個字詞（換言之，如果這個字是「狗」，他們會想到「骨頭」）。

彼德把「烤肉」這個詞嵌入罐子，站在那瓶水之前的桃樂西，突然迸出火上烤著一個漢堡的強烈心像，而莎拉則覺得好熱，彷彿熱氣從那只罐子冒出來。

在德州奧斯汀某個人氣靜修勝地舉行的另一個工作坊上，珍妮特決定，要在舉辦工作坊的小屋附近的樹林間好好靜心禪修。在她忙著將念想的字詞編入罐子時，突然驚恐地發現，蛇可能會在樹林間爬來爬去，但因為知道水可能會注意到這些心念，於是她一再對自己說：「不要想『蛇』。」

當學員被要求直覺解譯珍妮特嵌入罐中的字詞時，不少人提到，他們感應到某樣長而黏滑的東西，幾位工作坊學員竟然認出了「蛇」這個字。另一個類似的情況發生在哥斯大黎加的一處靜修區，安妮卡忙著將「獅子」送進她的罐子裡，這時，碰巧看見一隻大鬣蜥，把她嚇壞了。後來，在猜字期間，另一位學員迪米崔搜羅到「獅子的鬃毛」，幾個人感覺到動物，但黛安八成是受到鬣蜥的影響，寫下了「綠色的鱷魚」。

儘管哥斯大黎加的一週靜修只有十九名學員參與，但得到的結果卻比平時更非凡。我們的第一個字詞「海螺殼」，十九人當中有四人寫下「殼」，裘琳寫下「螺旋」，而莉莎寫下「漏斗」；迪米崔畫了一個海螺殼卻沒有意識到自己在畫什麼。至於嵌入「針」的罐子，若奧搜羅到「針」，南希搜到了「尖銳的東西」，莉莎寫下

「有個尖端的東西」，裘琳搜到了「羽毛筆」，迪米崔則是「豪豬」。至於另一個嵌入「虎斑貓眼石」的罐子，有一人看見「眼睛」，另一人看見一個「黃色圓圈」。至於「藍色蝴蝶」，一位學員直接命中，而威爾畫了一隻蝴蝶的形狀。至於「螃蟹」，一人搜羅到「魚」，另一人是「水母」，莉莎看到「鋒利的邊緣」，迪米崔則是「尖銳的指甲」。在我們的十九名學員和九只罐子中，十四人至少猜中一只罐子，多數人猜中一只以上，而迪米崔和凱伊猜到了嵌在四只罐子裡的文字。

我決定要再更進一步，在我的線上工作坊期間透過電話嘗試，每次將一個字詞嵌入嬰兒食品罐大小的水罐中，然後透過電話或在特定的臉書頁面上詢問網友，要他們設法辨認出嵌入罐內的字詞。

在一次電話測驗期間，我拿起嵌入「香蕉」一詞的罐子，請網友猜測罐內的字詞。事後調查測試結果，有六分之一的網友想到香蕉、一種黃色水果（好幾個看見「檸檬」）、或是一個相同形狀的物體：

「我看見一根香蕉的圖像，注意到新鮮香蕉的氣味，想到了香蕉冰棒，聞到且看到了香蕉麵包，強烈的香蕉圖像和氣味。」

「一個黃色的新月形狀。」

「一只那種彎曲的瑞士酒瓶。」

「一根彎曲的湯匙，有點兒像香蕉。」

「一隻猴子吃著香蕉。」

我用「星星」這個詞嘗試第二次，而且明確地想像了一顆五芒星。這一次，五分之一的網友想到「星星」這個詞，或是具有同樣獨特形狀的某物：

「我看見一個海星的圖像升起，升到天空中，爆炸成一陣星星雨。」

「一個海星形狀，有五個延伸。」

「一顆星星和宇宙，或是流星。」

「星心幸運草。」

「一顆星星的素描畫。」

英文字超過一百萬個，其中四分之三是名詞。如果剔除掉與人相關的概念名詞，可能剩下六十萬字。若要計算出我得到的答案純屬巧合的機率，恐怕零會不夠用吧。

這個小罐子實驗蘊藏著許多巨大的含意，勝過我們能否變動一單位的pH值。人類的意識似乎就像一只漏水的水桶，我們的心念從自己漫溢出去，嵌入每一樣東西，從他人到我們的食物。記住，植物是九〇％的水，而人類是大約七〇％的水。如果我們將特定的信息印記在水中，把這水給他人喝下，那些心念會影響對方嗎？準備食物時，心中的念頭是否影響到最終進食的人呢？我們在自己的生活中能夠以此錄音的方式記錄到什麼程度呢？

❖　❖　❖

七個最新的水念力實驗，有六個已然見效。我們已經提出了一個簡單的示範，證明我們的心念可以改變水，而且是從遠處，即使我們已經達成的改變很小，戲劇性遠不及我在工作坊和線上工作坊見證到水罐的巨大效應。但毫無疑問，那些微小的變化本身是了不起的。改變水的質量，使它偏向鹼性整整一單元，這更加證明了我們身為創造者的巨大能耐。

對我來說，更有趣的是，在大型實驗期間「沒有」發生的事。

我調查過大型水實驗的參與者，但他們並沒有發生重大的改變，不論是在實驗期間或之後，都不像參與者在和平實驗期間經驗到那樣的改變。有些人因強烈的情緒而哭泣，另外一些人感受到與其他念力發送者之間有著強大的連結，但經驗到的任何視覺心像多半與培養皿有關，或者充其量是全球各地的水域。似乎沒有人經歷到參加和平實驗的人所經驗到的那種戲劇性提升。意念發送者可能感覺到與全世界的水有更多的連結，更樂觀看待清理污染或環境的可能性——許多讀者描述，感覺到與水合而為一，乃至在「水變酒實驗」中經驗到品嚐酒的深度感官覺受——但在其他方面，沒有人的生命有所改變。除了在實驗期間感覺到些許平和之外，大部分的人沒有感受到心境上出現長期的改變，幾乎沒有人經驗到和平實驗期間和之後發生的那類神祕體驗或重大頓悟。多數人聲稱當天的感覺比較好，很欣慰自己做了某件可能最終幫助到地球的事（「我感覺充滿希望，這可以幫助一般的地球清理工作」），但很快就忘了這事。少有人經驗到關係的改變，或是自身的改變。沒有人感受到宇宙的愛，沒有人突然擁抱陌生人，沒有人覺得被推動了，要去追求某個新的人生使命。正如一位參與過早期實驗的老手寫下的，這些水實驗感覺起來很不一樣：「和平實驗有一張有孩子的照片。他們的眼睛對我說話。」

為了造成回彈效應，我開始意識到，我們的實驗目標需要一個必不可少的要素——其他人類。

第14章

和平的雙子星世貿大樓

回彈效應也發生在我的八的力量小組當中。莉莎．惠勒（Lissa Wheeler）加入了八的力量小組，為的是追求一個夢想——撰寫一本能夠幫助身體修煉者治療創傷病患的著作。莉莎不是渾然天成的作家，她加入這個小組時，正與她的第三位編輯合作，掙扎奮戰著，大大懷疑自己能否讓著作付梓出版。此外，她也被行銷此書、在社群媒體上推銷自己、遭負面評論否決等未來景象嚇到了。

第一次的突破出現在她和她的小組開始為黛娜發送意念時，黛娜需要支持，以克服她對沒有足夠金錢的恐懼。黛娜甚至開始談論必須離家，從事她不想做的工作，只為了支付賬單。

莉莎和其他組員觀想了黛娜接收到她需要用來扭轉財務狀況的一切支持。不久後的某一天，莉莎感覺到一股強烈的衝動，要去某家特別的商店，而且一進到店裡，就注意到很久以前的一位舊識，她記得對方以前從事圖書出版。莉莎鼓起勇氣上前打招呼，坦言自己正與她的出書計畫奮戰。這位朋友指導她走過整個流程，後來更介紹她認識一位新編輯和一位行銷專家。然後莉莎聯繫了一位個人開發教練，幫她解決疑難並將出書計畫分解成容易管理的步驟。十個月後，莉莎出版了她的著作《強化韌性》（*Engaging Resilience*），新書甫上市，就成為亞馬遜兩大類排名第一的暢銷書[1]。

「這就像踏上移動中的支持電扶梯，」關於她的八的力量小組的念力回彈效應，莉莎寫道，「我們並沒有將那麼多念力集中在我的著作上——可能兩次吧。但一週又一週的聚會造就的連貫性，以及觀想聚焦對象成功勝利，在我的內在建立起一種肌肉，那是信任我自己的可能性。」

八的力量圈中的許多人與小組的念力目標十分緊密地連結，這使他們也經驗到相同的效應。在中東的一個工作坊，我們發送意念療癒馬胡德的關節炎，當時他的右臂部飽受摧殘。在發送念力給馬胡德之後，同組四名同樣飽受關節炎之苦的組員，也都感覺到自己的關節炎明顯好轉。

我想用另一個大型和平念力實驗來測試這個回彈效應，而在二〇一一年九月即將到來之際，眼前就有一個明顯的目標。我跟多數的美國人一樣，過去九年來的每一個週年，均被迫重溫二〇〇一年九月十一日當天的恐怖情景，因為每一個電視頻道都無情地重播那熟悉的一系列事件：蔚藍無雲的九月天空；第一架飛機撞進北塔，彷彿一場災難性的錯誤；十七分鐘後，第二架飛機猛衝南塔，證實確定無誤；人體像瀑布一樣，從一百層樓高的窗戶噴出落下；半小時不到，兩塔猶如慢動作的六角手風琴，一先一後，化成一團猛烈爆炸的黑色塵土。美國人相信，為了得體地紀念死者，這一直是那種必須堅持永生難忘的影像，但在第十個週年忌即將到來的那個夏天，我決定提出一個替代方案。

一次偶然的會面點燃了「九一一和平念力實驗」的構想，當時我為了一場研討會待在亞利桑納州土桑的米拉瓦爾（Miraval）靜修區，而構想出現在我同意安排時間與一位朋友的朋友見面之後。三十出頭的塔齊克・葛林寶（Tadzik Greenberg）是一個和藹可親但死命堅持的傢伙，他在接待區大步走過來自我介紹。身為「行星共存」（Planet Coexist）創辦人的他告訴我，他召開了會議，討論他和他的朋友們的雄心計畫，要在西雅圖用一個名為「合一盛會」（One: The Event）的巨型節慶紀念九一一的第十個週年，預計舉行三天的全球性活動，希望將恐懼的一天蛻變轉化成愛、寬恕、合一的一天。「合一盛會」已經計畫在西雅圖的華盛頓大學和西雅圖紀念體育場（Seattle Memorial Stadium）舉辦許多活動、演講、現場音樂表演，這些也將透過其他幾十個和平組織，經由國際網路在世界各地播出。根據活動策劃人蘿拉・福克斯（Laura Fox）在官方新聞稿中所言，這個計畫是要「將恐懼和憤怒的潮流轉換成愛與和諧」，同時也是要「在我們的現有系統中，探索什麼破碎了」，同時問道：「我們每一個人可以做些什麼，才能起而行，將有願景的解決方案帶進這個世界？」

塔齊克聽說過「念力實驗」，希望能讓「合一盛會」在某種全球和平實驗中達到高潮。我有興趣嗎？我盯著塔齊克的打扮，一身大雜燴，寬鬆、拼湊的服裝加上古代涼鞋。我高度懷疑他和他的同事們能夠完成如此龐大而複雜的活動，直到他一口氣說出「合一盛會」已經同意合作搭檔的一系列知名且備受尊敬的轉化和積極組織，包括：移位網絡（Shift Network）、帕恰媽媽聯盟（Pachamama Alliance）、Four. Years. Go、愛加倍教會（Agape church）等等。隨著上午時光的流逝，他慢慢說服了我，而且是用很好的理由。接下來幾個月，塔齊克證明了他是一個非凡的網路高手。

我花了好幾天時間琢磨這類念力實驗，考慮可能以某種正向的方式好好紀念那個日子，然後突然想到薩拉．阿爾拉希德（Salah Al-Rashed）博士。薩拉是科威特人，來自某個顯赫的阿拉伯家族，單槍匹馬地在阿拉伯世界率先倡導人類潛能運動。他曾在英國和美國接受教育，在東密西根大學（Eastern Michigan University）取得心理學博士學位之後，他回國成立了一個中心，分享從西方學到的事物，針對自我發展和靈性提供工作坊和培訓課程。薩拉也是一位知名的和平倡導者，在和他一樣擁有顯赫地位的其他人士要求報復和繼續衝突時，他呼籲著巴勒斯坦等地的和平。二〇一〇年，他成立了「薩拉姆和平團」（Salam Group，Salam即「和平」之意），很快就有數千名會員，還有小組遍布整個波斯灣區的四十個阿拉伯城市，從加薩和開羅，到利雅德和阿布達比，每個小組每週要麼親自見面，要麼在網際網路上為和平祈福。薩拉本人的著作，包括一本有關開悟的小說，一直是波斯灣各國銷量極大的暢銷書。在他自己的電視和廣播節目播出之後，像薩拉這麼一位身材高大魁梧、留著鬍子、黑髮向後梳成短馬尾的人物，不論去到科威特境內哪個地方，都一定有人請他簽名。不管怎麼看，他都是中東的狄巴克．喬布拉（Deepak Chopra），而且在所有人選當中，他一定能夠號召大批阿拉伯人參與這個實驗。

我在二〇〇九年跟薩拉見過面，當時，他參加了我的一個工作坊，然後與經營他的中心的妻子莎拉拜訪了敝公司的倫敦辦事處，詢問他們能否於隔年在科威特以主人身分接待我。我們對這對漂亮的夫妻印象深刻，而且同意了，外子還打算陪我一同前往。

結果，布萊恩抽不出時間，所以我必須獨自成行。隔年二月抵達科威特市機場時，我一度驚慌失措，瘋狂掃視著一大群身著傳統服裝的阿拉伯男子，搜尋薩拉、他的妻子或某人手裡拿著有我名字的標牌。終於，我聽見有人喊我的名字，但那個聲音屬於我不認識的某人。當薩拉和莎拉來到我們的辦公室時，他倆穿著西式服裝，但喊我名字的那人卻全身阿拉伯傳統服飾，頭戴紅格子圖案的阿拉伯男用方頭巾，而他身邊的女子則是從頭到腳一身黑，戴上整套的女用頭巾和面紗，雙眼是辨別她是誰的唯一線索。

到達酒店時，薩拉帶我看了隔天我將發表演說的講堂，大略溝通了一些文化指標。「男性要坐在一邊，女性坐在另一邊。」他說，「不要跟男性握手。做體驗練習時，一定要男女分開，不要要求他們以任何方式觸碰異性。預留上午十一點鐘的時間給他們禱告。」

第二天，當我偕同我的翻譯（一位來自敘利亞的年輕女子，罩著一件看起來像是灰色拉鍊外套的東西，加上一條緊緊包裹的頭巾）走上講台時，迎面而來的是右側一片黑海（女性選擇在此入座，自然而然地被隔離開）以及左側的白搭紅（男性入座區）。出席的兩性都受過良好教育，其中有許多醫生、律師和其他專業人士，而且來自波斯灣地區的每一個國家，從沙烏地阿拉伯到巴勒斯坦。

我放眼望去，看著聰明、有禮貌、滿懷期望的學員，想著我即將傳授給他們的內容：心念的力量可以影響他們的實相。**這一定很有意思。**

但隨著第一天慢慢流逝，我被征服了，因為他們熱情擁抱這些關於新科學和意念的力量的現代理念，他們覺得這些理念與他們的宗教完全相符，在幾乎每一次的對話中，宗教的層面都以某種形式臨在。上午的中段休息時間，男士們走到演講廳的角落，四肢著地，自行定好方位，面朝麥加，然後俯身禱告。事後，他們靜靜地重回座位，就連來自沙烏地阿拉伯這類最保守的國家的學員，也開開心心地參與我這明顯屬於西方的新時代理念。

學員們非常好問，但在這兩天期間，我成了演講廳內最多問題的學生：**你們為什麼在上午十一點鐘禱告？你們為什麼整個人包起來呢？你們在那件黑色披風底下穿的是什麼呢**（答案是：義大利名牌「古馳」（Gucci）？**這樣全身包起來會降低強姦的發生率嗎？對於不准開車，你們有什麼看法？你們要如何解決阿拉伯和以色列的衝突呢？**為了回應我的好奇心而從他們全體之中傾出的愛是非凡的，那是一份因企圖被理解而生出的感激。最後，我必須買一只手提箱裝盛他們出示給我看的所有禮物：裝了框的照片，畫面中一名學員一手摟著我；精巧的銀製和綠松石首飾；科威特傳統船隻的模型（科威特從前是一座大港）；宗教文物，包括來自坐落在麥加中間卡巴天房（伊斯蘭境內最神聖的地點）的紀念品。

薩拉繼續在杜拜和土耳其主持了幾個我的工作坊，不管去到哪裡，我都愛上了當地的學員。薩拉的追隨者是完美的團體，可以為我的西方學員提供與蓋達組織全然相反的對比。

那整個夏天，他和我為我們的計畫填血加肉，呼籲建立一座為和平而東西合璧、交流團結的全新雙子星大樓。薩拉的構想是，以代表全體阿拉伯人道歉拉開活動的序幕，但我告訴他，西方也需要道歉。無論美國覺得在九一一攻擊事件之後，入侵阿富汗是多麼的情有可原，但事實仍舊是，阿富汗人的損失遠遠超過我們。大部分的西方人並不承認，大約十萬名無辜的阿富汗人遭到殺害、受傷、被拘留或被驅逐出境，就因為一場由一小群阿拉伯激進份子所引發的戰爭，何況這些人同樣恐嚇無辜的人民。國際特赦組織華盛頓辦事處（Washington Bureau of Amnesty International）的前負責人，詹姆斯．奧迪亞（James O'Dea）是我的朋友，他曾在盧安達那樣飽受戰爭蹂躪的地區親眼目睹過公開審判，像他這樣的和平主義者使我深信，恢復協議的最快速途徑之一是，坦率而公開地為過去的錯誤行為道歉。

❖ ❖ ❖

當我們開始策劃九一一和平念力實驗時，我小心翼翼地採用與二〇〇八年和平念力實驗完全相同的設計。我們會每天重複心中的意念，持續八天，像二〇〇八年那樣，同時保持當初科學團隊的主要成員：蓋瑞、羅傑、傑西卡・烏茲。

關於實驗的目標，薩拉和我同心一意：一定是阿富汗。在我們實驗時，戰爭已經肆虐了差不多十年。赫爾曼德省（Helmand）和坎達哈省（Kandahar）是阿富汗南部的兩大省分兼塔利班[1]的主要根據地，包括戰爭和恐怖主義相關的軍民死傷數字，兩省在阿富汗各省當中均居最高。這兩個地區一直是近期汽車爆炸案和自殺式炸彈客發生的地點，加上本區是全球最大的鴉片市場，且與巴基斯坦接壤，因此也是外來恐怖攻擊的目標。與北約（NATO）部隊的「反恐戰爭」（War on Terror）[2]作戰的，包括塔利班戰士以及參與鴉片貿易的交戰部族。二〇一〇年，當時的阿富汗政府企圖與塔利班進行和平協商，在協商失敗後，北約發動了新一波的攻勢，然後暴力事件愈演愈烈。

「銅線」設計了一個網絡平台，與我們二〇〇八年進行和平念力實驗時使用的平台幾乎完全相同，但有兩點不一樣：我們有兩套相同的網頁，一套是英文，另一套是阿拉伯文；我們會租用更大的伺服器功率，雙重保障我們的網站免於當機。因為——「合一盛會」旨在透過網際網路播放整整為期三天的活動，塔齊克讓我們聯繫一位剛成立網路電視台的女性，而對方提議，在每天的實驗結束後，將我們的節目連到活動的直播網，做一場薩拉與我的每日直播。

在直播節目上，薩拉率先代表全體阿拉伯人做出不怕批評的道歉，基於沒能更加警覺、居然容許那些攻擊發生而陪罪，而我同樣道歉回禮，為西方「針對九一一事件做了侵略、暴力的回應」而陪罪，同時提出保證，誓言「努力避免暴力和政治以及經濟的剝削，提出替代方案，因應戰爭以及因應西方的經濟與政治霸權，不計任何代價」。我們兩人也都承諾，要「努力為所有信仰和教義的分歧尋求更大的寬容」。

等輪到念力實驗開始，網頁再次翻頁，這一回，出現的影像是一個阿富汗男孩被白鴿圍繞著，另一個影像則是白人與阿拉伯人緊握對方的手——象徵東方和西方團結起來。

這一次，我們的九一一和平念力實驗吸引了來自七十五個國家的參與者，從冰島到巴西，從加州到印尼，還有地球上的每一個阿拉伯國家。人們用各種巧妙的方式參與：經由「合一盛會」上的巨型屏幕，從某一座山頂，在美洲原住民的和平菸斗（peace pipe）[3]儀式進行期間。一位在實驗期間駕車的參與者，為了參加實驗，每天都把車停靠在路邊。他說：「當實驗開始時，大約有十分鐘，我總是能夠感覺到一股

譯註：

1 意譯為「神學士」，是發源於阿富汗坎達哈地區的伊斯蘭原教旨主義運動組織，信仰伊斯蘭教遜尼派。

2 反恐戰爭是美國及其盟友用來稱呼一場進行中、以「消滅國際恐怖主義」為目標的全球性戰爭，肇因於九一一事件。

3 美洲原住民在慶典上用菸斗作為和平的象徵。

能量轉移。」最後，好幾千人因「合一盛會」和那些同時播放的節目而參與了實驗，在我們的網站上註冊的有七千多人，還有好幾萬人收看了我的每日網路直播。這無疑是歷史上最大的「以心控物」實驗。

在和平念力實驗的第三天，我倍受鼓舞，因為發現到，美國核准了在多哈（Doha）[4]設置卡達（Qatar）辦事處的計畫，為的是讓塔利班可以主動提議與西方和談。但在九月十八日實驗結束後，我們必須再次開始三個半月的耐心等待，讓事件在二〇一一年的剩餘時間開展，如此才能斷定，我們的意念是否具有任何的效應，同時，我必須在美國軍方內部找到願意向我披露真實數字的人。

❖ ❖ ❖

沒有官員希望談論美國衝突中的死亡人數。我耗費好幾個月時間煩擾參與「反恐戰爭」的幾乎每一個大型機構的內部官員，包括：美國國務院；清點平民傷亡人數的聯合國駐阿富汗援助團（United Nations Assistance Mission in Afghanistan，簡稱UNAMA）；阿富汗政府；阿富汗境內的聯合部隊以及北約內部的各個部門，他們最後要我去找駐阿富汗國際維和部隊（International Security Assistance Force，簡稱ISAF），這是一支北約領導的特派團，由聯合國安理會所設立，最初意在訓練阿富汗部隊，但其勢力卻壯大成足以領導該區的戰鬥行動。

多數機構不會公布所有的數據——駐阿富汗國際維和部隊聲稱，他們並不準備列表公布軍方傷亡的資訊，但備有大量關於敵方攻擊和平民傷亡的資料。聯阿援助團UNAMA蒐集了二〇〇九年和二〇一〇年阿富汗各個部門的月報資料，但不包括二〇一一年。

我讓自己成為駐阿富汗國際維和部隊眼中的討厭鬼，然後，終於接通了該單位的官方發言人——一位德國將軍，名叫卡斯騰．雅各布森（Carsten Jacobson），他雖然吝於透露任何資料，但卻有點幫助。他告誡我說，任何軍方死亡人數的統計資料都不完全可靠，因為一旦士兵受了傷，通常就被調回本國，而北約的聯合軍隊通常不會得到關於該士兵是死是活的任何進一步反饋信息。大半是為了擺脫我，他最後發給我一份官方報告，出自北約的「阿富汗使團網絡聯合資訊資料網絡交流」（Afghan Mission Network Combined Information Data Network Exchange）資料庫，講述截至二〇一二年一月十三日，幾年來阿富汗戰爭進展的情況，加上我終於能夠取得聯阿援助團二〇一一年關於平民傷亡的年度報告。兩套數字可能代表了一個經過「消毒」的傷亡人數版本，但當我用這兩套數字進行整體比較時，至少它們是一致的。

兩份報告為我們完成了大部分的工作：比較軍人與平民之間的傷亡人數，以及前

譯註：

4 波斯灣畔的著名港口，卡達首都。

幾年的各種敵對攻擊，加上一份呈現各種暴力的複雜趨勢分析，這麼一來，我們不需要統計學教授就能產生最終的數字。報告中的統計數字包括敵方在阿富汗不同地區發起的攻擊事件的數量（包括南方，我們的念力發送目標），以及使用簡易爆炸裝置（包括地雷在內）的數量，根據駐阿富汗國際維和部隊的說法，這是阿富汗暴動分子襲擊北約軍隊的主要手段，也是造成六〇％以上平民傷亡的原因。從所有這些數字，我們可以分析二〇一一年九月及其後兩個月發生的事，相較於我們實驗前幾個月和幾年當中發生的事。

再一次，我們相當驚訝，在「九一一和平念力實驗」之後，平民和軍人的傷亡率大幅下降，特別是在我們發送念力的兩省境內。根據北約的統計資料，二〇一一年八月，四四〇位平民被殺害，但九月份的當月死亡人數降至三四〇人，且十月（二九〇人）和十一月（二〇一人）持續下降，分別比前一個月下降了二二％、一四％、三〇％。這三個數字全都遠低於發生在之前二十八個月的平均死亡率（三七四人），二〇一一年十月比平均值低了二三％，十一月則比平均值低了四六％。事實上，二〇一一年十一月代表自二〇〇九年初以來，平民傷亡人數第二大百分比降幅。總的來說，二〇一一年九月至十一月期間，平民傷亡率比二〇一一年八月的傷亡率平均下降了三七％。

就敵方的攻擊而言，北約的數字顯示，爆炸裝置攻擊下降了一九％，十月保持同樣的數字，十一月繼續下降九％，十二月又下降了二一％。這個最終數字比之前從二〇〇九年九月至二〇一一年十二月兩年多來的平均攻擊率降低了一六%。

或許最有意思的下降趨勢與塔利班發動的總體攻擊有關。二〇一〇年的月度數字顯示，攻擊趨勢平穩上升（二〇一〇年總計上升了八〇%），但接下來，這個趨勢趨於平緩，幾乎沒什麼變化，直到二〇一一年初，這時攻擊開始不斷向上攀升，直到八月為止。在我們九月的念力實驗過後，數字開始出現陡降的趨勢，從二〇一一年十月到十二月大幅下滑，二〇一一年最後三個月，敵方發動的總體攻擊相較於二〇一〇年同期，降低了一二%。該報告指出，該年下半：「在駐阿富汗國際維和部隊紀錄的敵方發動攻擊當中，這是最長的持續下降趨勢。」

事實上，與全國其他地區相較，西南地區（我們的念力目標）記錄的數字與前一年的九月相較，降幅最大，比前一個月異常下降了七九〇%，整年度相較於二〇一〇年，則下降了二九%。此一趨勢在十月（攻擊率降低五〇〇%）、十一月（降低四〇〇%）和十二月（降低三〇〇%）繼續出現。

使我們的結果更加令人信服的是這個事實——發生在我們的念力標的省赫爾曼德與坎達哈的暴力事件大幅減少，而這現象並沒有同樣出現在全國各地。二〇一一年十二月，在喀布爾和馬扎里沙里夫（Mazaar-e-Sharif）的阿舒拉節（Ashura）慶典期間發生了兩次自殺式攻擊，之後，整個國家的總體傷亡數字向上彈升，因此從二〇一〇至二〇一一年，塔利班在東部地區發動的攻擊事件上升了一九%。

但，再一次，這一切意謂著什麼呢？跟二〇〇八年一樣，一切都不明確。你構建了一個假說，當結果出現時，你必須再次測試。你再測試一遍，結果會出現，然後你必須再多試幾次。唯有在結果被複製了四、五、六次以後，你才能指出一個開始變得有趣的模式。而且，再一次，有一百萬零一個情況可以說明暴力何以減少。其一，美國和北約事實上已經開始逐步結束阿富汗戰爭，雖然這並不能解釋我們發送念力的兩個地區何以暴力濃縮下降。儘管有許多潛在的變數，但這些結果的確看來令人信服，尤其是考慮到我們已經量化了我們的意念請求（如同我們在二〇〇八年斯里蘭卡和平念力實驗中所做的），請求暴力至少降低一〇%。當我們查看整個國家的數據時，資料始終如一地顯示，傷亡率平均下降了一〇%左右。

除了直截了當地分析傷亡人數之外，我也請羅傑·尼爾森來看看，在我們集體發送意念的八天期間，「全球意識計畫」的隨機事件產生器網絡上是否有實證可以說明任何的效應，就像他曾經為我們二〇〇八年的實驗所做的。尼爾森將八天的資料連結在一起，製作出一個序列，包含全部的產生器在八天內所有二十分鐘時段的輸出資料，尤其關注每天十分鐘的實際念力發送視窗。第三天之後，他發現了一個非常穩定的趨勢——在我們的每一秒鐘觀察時段期間所累計的輸出資料，其總體趨勢是相似的。

「大部分的偏差都是負數，」他寫了這些話給我，那代表，平均值小於預期的一〇〇——就像拋擲硬幣且要硬幣不斷出現反面。當羅傑將這些偏差值連串起來時，圖形線條顯示連續向下[2]。「持續或『穩定』的趨勢反映出一致性，」他繼續說道，「因此也表示某個不只是機運的效應。」

羅傑告誡我說，與固有的「噪音」或機運資料相較，這個效應值非常小。「出現在我們的圖形顯示中的偏差，是可能效應與一般隨機波動的組合。」他在給我的信中如此寫道。像這樣的單一實驗無法可靠地自行詮釋。

但當尼爾森將得到的結果與二〇〇八年和平念力實驗的結果相較時，卻發現到，累計偏差圖中呈現了幾乎完全相同的負向趨勢。「這份跨越兩個實驗的相似性有助於支持對負偏差的詮釋，這類負偏差顯現在當前的數據集中，作為與該意念相連接的一個效應。」他寫道。

顯然肯定有事正在那裡發生，就跟我們最初的斯里蘭卡和平實驗一樣，但還有別的事正在進行，那使我開始關注臉書、即時通訊以及我用來調查參與者經驗的兩份問卷（一份英文，一份阿拉伯文）。我們似乎是在用另外一種方式結束這場戰爭。

第15章 療癒創傷

從九一一和平念力實驗的第一天開始，參與者彼此之間就建立了非凡的連結，威力甚至大過二〇〇八年斯里蘭卡實驗期間——對多數個案來說，這是他們經驗過最非凡的連結。

「就像我是一塊金屬，被吸引到一塊磁鐵，而磁鐵並不是這個從我的手肘到指尖的世界。」來自瑞士的洛根寫道。

「就像我的身體周圍有一圈白光，有一個白色圓柱體將我的身體（以及其他每一個人的身體）連結到目標區。」凱西寫道。

「就像處在全體專一聚焦的禱告能量的總體漩渦之中，猶如一次靈魂出竅的經驗。」來自美國的琳妲寫道。

「就像在善意、愛、希望的海洋中游泳。」來自羅馬尼亞的西蒙娜寫道。

他們的身體感覺「被通了電」（electrified），許多人在搖晃，「好像真的很冷，你在打『冷顫』」，渾身「一波又一波的顫抖」。他們認知到內在的聲音，彷彿「有人」在心中「低語」。實驗期間和實驗之後，許多人公然啜泣，彷彿他們「契入了一個全球性的痛苦之身」，加劇了自身的感覺。「在那個很（長）的片刻，我不是一具身體。」薩德寫道。在大聲唸完那段意念之後，米歇爾的喉嚨好痛，痛到他必須停止說話。「就我有過的感覺而言，」一位參與者寫道：「這是最接近『神』的一次。」

就在實驗開始之前，洛根發了簡訊給姊姊，問姊姊能否找到一台電腦，然後把那個連結也傳送給她，儘管他姊姊並不是禪修者，而且從來沒有嘗試過發送意念。在實驗結束後，姊姊打電話告訴洛根，說她在實驗期間變得非常情緒化，她的伴侶甚至懷疑她是不是正盯著令人苦惱的照片，因為她一直哭個不停。「我告訴她，那正是我的感受。」洛根說。

他們從自己的視角幻覺出奇怪、十分明確的烏托邦願景，感覺彷彿他們「在自己的體內」，但同時「就在那邊」，在阿富汗境內的「目標區中」。

「一道白色的和平能量從我們全體射出，混合成一大束光芒和希望！」阿瑪兒寫道。

「人們戮力合作，重建學校、醫院和生活，以及一個愛與和平的國家！！！」黛比寫道。

「阿富汗是世界上新的全球和平的真正源頭。」科妮莉亞寫道。

「河邊奔跑的孩子們……聽見鳥兒歌唱，看到坎達哈省和赫爾曼德省境內的學校和大學……然後我看見西方和東方正常地混合在一起，完全沒有區別。」法蒂瑪寫道。

「白色的和平鳥飛出覆蓋著全球的『歸零地』(Ground Zero)[1]。」塔里克寫道。「所有華盛頓特區和美國政治的冤仇，都像巧克力一樣融化了。」梅樂蒂寫道。「喬治・布希與康朵麗莎・萊斯(Condoleezza Rice[2])以及唐納・倫斯斐(Donald Rumsfeld[3])住在且坐在所有阿富汗人民之間，交杯共飲，像朋友一樣。」瑪喬麗寫道。「阿拉伯人和美國人……所有人都把武器扔進一個巨型大坑，大家努力用泥土覆蓋大坑，然後在上頭立一塊標牌，寫著：『戰爭長眠於此，永離人世』。」琳達寫道。

那一週期間，數千人持續收看與我合作針對活動進行每日現場直播更新的網路電視台。在每天節目播出時，都有一個即時通訊聊天室，許多西方參與者開始即時傳送信息，結交來自阿拉伯國家且能用英文書寫的人士，而阿拉伯國家的參與者也做了同樣的動作。對阿拉伯人的憎恨和懷疑開始蛻變轉化成愛與接納。西方人開始祝福阿拉伯人安然無恙——「**你永遠在我心中**」(Ante diemen fee kalbi)，而且當他們開始感覺到與來自阿拉伯國家的人們有所連結時，「就像來自正面的支持，可以實質依靠；就像感覺到來自遠方的兄弟」，對中東的態度開始轉變：「對我來說，阿富汗將永遠

譯註：

1 指九一一世貿遺址。
2 前美國國務卿。
3 美國前國防部長。

是和平的同義詞。」九一一的痛楚和揮之不去的仇恨正在癒合。

「與來自埃及、沙烏地阿拉伯以及許多其他中東國家人士之間的即時通訊經驗——在即時通訊期間，我們彼此互祝平安，同時表達了愛——使我落淚。」來自亞利桑納州土桑市的約翰寫道：「對於我，一個美國公民來說，那是非常有療效的。」

當我們實驗的消息傳開時，開始產生某些正向效應，甚至是在那些沒有參與實驗的人們之間。梅．林恩在九一一和平念力實驗當週出席了她的讀書會。朋友們正在發表意見，說他們覺得負面的九一一情緒實在是超過負荷了。「我能夠告訴他們，有一大群人正在努力利用這個週年紀念日改善阿富汗境內的和平，」她寫道，「而他們真的很高興知道這個實驗正在發生！」

來自紐約州的塞繆爾有許多中東學生，他對學生們談到我們的實驗。「他們相當驚訝，現在想要繼續上課。」他寫道。

許多參與實驗的阿拉伯人伸出友誼的雙臂迎向西方：「我們是兄弟，我們永遠為你而在。雖然我不認識你，但我感覺到與你純潔的靈魂有所連結。」

「這天是我們全都感覺到失落且沒有人覺得有所獲的一天，」巴哈蕾寫道，「你的神是我的神。我的神是你的神。」

薩拉帶頭示範，然後阿拉伯人開始向美國人道歉，認為「數百萬的阿拉伯人和回教徒都跟他有同樣的看法」。

「六分鐘內，」克何路德說，「他說了多年來我一直想說的話。」

他們開始將那份道歉帶到自己的生活中。我的一位問卷回覆者覺得被一些不同意他的看法的人挑戰了，他道歉，基於與對方的觀點不同。「突然間，對方沒意見了。」他寫道：「是道歉的關係嗎？」

雙方開始在臉書上討論如何創造東、西方之間的和平：「停止使用『東方』或『西方』這些字詞」；「將『東方』和『西方』換成『世界』」；「叫『西東方』（WEast）好了」。

和二〇〇八年的和平實驗一樣，參加這個實驗將和平帶進了自己的生命之中，尤其是人際關係。四分之三的參與者談到，他們新找到的和平感如何改善了各方面的關係：

「家庭關係」。

「我的鄰居」。

「我的姊妹們」。

「我的孿生兄弟」。

「我的狗」。

他們與客戶、前夫、兄弟姊妹、鄰居、平時爭吵的人甚至是雇主相處得更融洽。「那週過半，外子來到我面前，對我說，我更平易近人、更開放。小事煩不了我了。」

許多人與自己達成協議，要解決與他人之間揮之不去的衝突，治癒裂痕，即使對方造成他們的痛苦。薩德放下了他對某位友人的「負面能量」，原諒了對方。「實驗第一天，我與一位剛剛和好的朋友握手，我們好長一段時間不跟對方說話了。」來自斯波坎（Spokane）的蘇珊說：「整個實驗期間，我們手握著手，實驗完後，我們擁抱對方。」

三分之一的參與者與他們通常不喜歡或起爭執的人相處得更融洽。與丈夫之間的持續衝突演變成「全面對峙，但接著迅速轉入決議和解決方案」。多年來針對某意外事故爭論不休，以及地主、姑嫂妯娌之間長年的爭吵突然解決了。有一個人發現，很難苟同同事們的市儈態度或執行與其意見不同的經理發出的指示，但卻發現「愛他們變得比較容易」。有些人能夠容忍以前通常無法好好相處的人：「我很同情我那個不怎麼厚道的老闆。」

「我在目標區影像與隔壁鄰居發出的『好戰』能量之間不斷切換。」來自新奧爾良的史蒂芬寫道：「我感覺到，和平念力實驗會治癒這兩種情境。」

不論來自東方或西方，大家都經驗到內心強而有力的開放，而且再一次，多數人愛上了他們接觸到的每一個人。他們經驗到「更和平對待每一個人的感覺」，「持續在意念冥想之間的一份坦率開放」。他們變得「更開放，更舒服、自在地與人相處」而且「較不擔憂心中惦記的事」，「對個人的課題經驗到更多的清明和善意」，感覺「對他人的慈悲與同理正在增長」。他們感覺到「心態『柔化』了」，「更加了解明白」，他們的心「大體上更開放」，更願意「放下」。

許多人完全蛻變了與他人關連的方式。他們覺得能夠「更清楚地」看見「人們和情境」，注意到何時在評斷他人和自己。他們發現憤怒「比以前更令人不舒服」，「更容易道歉和原諒」，已「停止提醒自己」別人做過什麼傷害他們的事，而且「現在不那麼覺得事情是衝著你來」。他們感覺到某種「迫切感，要放下過去的傷痛」，「更常感受到感覺」，「更常聆聽，不評斷」，而且更渴望分享個人的真理。

「我在遇見的每一個人當中看見我自己，體驗到他們的感受，找到慈悲。」

「體認到我需要把我的愛延伸到全人類。」

「與陌生人和全球社群更加連結。」

「對大眾更慈悲。」

「更願意接觸陌生人。」

而且再一次，這些正向效應似乎漫溢到他們生命中的其他領域。許多人聲稱，生活中發生了「個人奇蹟」，經驗到「過去五年來最有創意的時期」，體會到「靈性上的大躍進」，使他們更直覺、對他人更敏感，對某位治療師來說，則是見識到「療癒技巧大幅增進」。「我的生命」阿布杜爾寫道，「已經轉變成最美的。」

他們一直不願意離開這個圈子的純愛，不願意結束實驗，而且一旦體驗過，許多人就對自己的國家和世界其他地方感到滿懷希望，而且更迫切地想要成為改變的工具，「一種沛然不可禦的需求，要持續將心力集中在赫爾曼德和坎達哈省」，或是「要對世上其他地區做出實實在在的貢獻，例如，盧安達、剛果以及非洲大陸上其他地方」。

「我必須在這裡找到想要繼續這樣做的其他人。」馬丁寫道。

「我覺得，」蘿絲寫道，「我是這個解決方案的一部分。」

❖ ❖ ❖

在某種程度上，九一一和平念力實驗是一場大型演練，融合多種文化共同禱告。聖雄甘地相信，所有宗教「都像自己的摯親一樣珍貴[1]」，他倡導不同信仰一起禱告的力量：

……宗教並不意謂著門戶之見。它意謂著一份信念，相信宇宙有條理的道德統治……這個宗教超越印度教、伊斯蘭教、基督教，等等……它和諧這些宗教，賦予它們實相。

二〇一四年，美國社會學協會（American Sociological Association）的研究人員發表了一項為期兩年的全國性研究，發現囊括各宗教會員（例如，基督教徒、猶太教徒、回教徒）的全美各地社團，發現一起禱告是一種「搭橋銜接的文化習俗」。「我們並不是在談論膚淺的團隊建設演練。」研究此一現象的康乃狄克大學社會學教授露絲·布朗恩斯坦（Ruth Braunstein）表示[2]。「這些是以群體文化為核心的習俗，隨著時間的遞移，當參與者仔細考慮統合群體中每一個人的品質，同時發展出對每一個人均有意義的共享儀式時，它們便脫穎而出。」

二〇一五年五月三日當天，聚焦在鞏固穆斯林與猶太教徒彼此鍵結的跨信仰組織「新天地」（NewGround），安排了一場名為「兩信一禱」（Two Faiths One Prayer）的盛會，為的是召集穆斯林與猶太教徒共禱。他們從包括兩個信仰的大約二十人在一處洛杉磯海灘上一同禱告開始，一整天下來，他們一起乘坐公共交通工具，移動到五個其他地點，聚集了愈來愈多來自兩個宗教的忠實信徒。等他們抵達洛杉磯市中心某處屋頂準備晚餐時，這個團體已經聚集了至少一百人，在洛杉磯市政廳，有穆斯林唸誦著晚間的宵禮（Isha）禱詞，猶太教徒唸誦著亞蘭語詩歌（piyutim）。

「有點兒像突然頓悟，原來是這麼一回事。」與會者瑪麗安·薩利米（Maryam Saleemi）說：「我們在向同一個神禱告，為什麼我們不是始終一起這麼做呢？」

但即使有這些「搭橋銜接」的努力，也沒有人檢驗過集體禱告的回彈力量，它的能力可以治癒治療師本身的個人創傷。

我們的一位參與者艾倫發現，這類演練可以療癒她對失去兩位朋友揮之不去的悲痛。實驗期間，她寫道，她不斷哭泣。她的一位好友，李·夏皮羅（Lee Shapiro），以及夏皮羅的現場錄音師，吉姆·林德洛夫（Jim Lindelof），於一九八七年在阿富汗拍攝紀錄片時遇害。他們倆的屍體始終沒有被找到。「我不斷看到他們的影像。那能量似乎非常巨大，」她寫道，「這對我來說是一次深刻的體驗。」

唐妮的姊姊和子女遭到孩子的父親謀殺，就在九一一之前幾週，當時唐妮的人生分崩離析。在她眼中，和平實驗拯救了她的人生。「變故發生，一秒鐘摧毀了我所有的信念，直到這個社群的愛以及來自宇宙的神蹟重建了我的信念，使我變得比以前更加感恩。」她寫道，「那天，我傾出了比任何人都強烈的大愛給宇宙，我的心粉碎了，同時往上升騰。在我們哀悼時，世界憶起了。於是許多生命被永遠改變了。」

我不知道我的實驗能否享有促進阿富汗兩個南部省分和平的功勞。但是，如果來自參與者的反饋可資借鑑，那麼發送意念的行為已經在當事人心中創造了和平，那似乎正在轉化他們的生命和蛻變東西方的觀點。對雙方的許多人來說，這經驗是異常療癒的，是一個突破意識形態分歧的簡單方法。

再一次，實際實驗的成果幾乎毫不相干；真正的療癒正發生在參與者身上。聯合禱告本身已使東方和西方團結在一起、已然證明極度鼓舞人心、也已為雙方的許多人帶來希望。

「謝謝你，地球，」亞西爾寫道，「你還是個好地方，有所有這些和平的人。」

我不知道上帝是否回應了我們祈求和平的禱告，但我們的禱告確實讓我們瞥見了上帝，乃至匆匆瞥見了人間天堂。「我有這樣的感覺，雖然我們有一個明確的目標，」艾咪說，「但我們當時是在立即療癒每一個人、每一個地方。」

第16章
鏡像效應

英格麗．彼德森（Ingrid Petersson）的丈夫於二〇一三年底去世，就在被診斷出罹患罕見癌症之後僅僅四週。儘管他的腫瘤醫生信心十足地認為，這個癌症是可以治療的，但她丈夫一直深受家庭保健護士的悲觀態度和他們的陰沉預斷所影響，尤其是他們一再宣稱，他再也無法重拾開車之類的正常活動。英格麗站在一旁，無助地看著丈夫似乎就此放棄。

由於丈夫快速衰竭並死亡，英格麗必須結束掉丈夫蓬勃的事業，搬出他們在瑞典哥德堡的新公寓。幾個月不到，她陷入財務困境。那年前半的大部分時間，面對著如此戲劇性的損失和猝然變遷的處境，她被震驚、悲痛、沮喪淹沒了。

在丈夫去世之前四年，英格麗參加過我的一個工作坊，在一個八的力量小組中經驗到一次深刻的轉化。她的整個外貌改變了：肌膚發光閃亮，她感覺比過去年輕許多、能量滿滿、比以前更健康。「我覺得非常好，而且吸引到更多生命中想要的東西——就連親密關係也得到改善。」她說。她的朋友甚至她的醫生都談到了她在健康和外貌上的重大差異，這樣的改變持續了大約六個月，但當她恢復「舊習」時，所有美好的改變就慢慢「消散」了。

丈夫去世之後幾個月，英格麗想起了那次經驗，決定加入我們的一場大型實驗，針對一位患有創傷後壓力症候群的對象發送意念。事後，令她虛弱的悲痛消失了。「自從參加你最近那場實驗以後，我的負面悲痛全都不見了。」她寫道。「我簡直不敢相信，實在太神奇了。」幾個月以來頭一次，英格麗一夜好眠，醒來精力充沛，好久沒感覺到那麼快樂。「外子死後的那些負面性、乃至我的悲痛，似乎不再像過去幾個月那樣嚴重影響我。」最好的是，她說：「我回到了自己生命的流動之中。」那次實驗後，她決定在哥特堡和斯德哥爾摩新成立一家專營能量療癒的職涯安排工作坊。

關於全球念力實驗的回彈效應，英格麗為我帶來了另一個重要的線索。她的頓悟發生在二〇一四年初以某個單一人類作為目標的第一場全球念力實驗期間。在那之前，我只准許較小的群體——「八的力量」或「本週念力對象」——以「人」作為念力目標。我一直避開以人類為目標的正式大型實驗，主要是因為，我並不確定，一個數千人的念力團體會產生正向或負向的結果，特別是在斯里蘭卡實驗期間曾經發生過暴力增加的情況。等到「本週念力對象」取得了某些成就，和平實驗證明了可以產生正向的結果，同時許多全球實驗顯示，群體大小對成果沒有影響，這時我才決定，繼續推進我們的第一個針對人類的大型實驗。這將需要最為細心謹慎的一小步，而在二〇一三年十月，我應邀到夏威夷作幾場演講，這時恰好有機會好好測試這點。

❖ ❖ ❖

沿著主教街而下，介於檀香山市中心現代化的玻璃帷幕與鋼骨高樓大廈之間，矗立著少許奇思妙想的設計建築——迪林厄姆交通大樓（Dillingham Transportation Building），這是一棟絕佳的義大利文藝復興式建築實例，紀念夏威夷最著名的雙人搭檔，本傑明．富蘭克林．迪林厄姆（Benjamin Franklin Dillingham）以及他的兒子瓦特（Walter）「叔叔」，他們兩人體認到，將這一小群沉睡的島嶼蛻變成現代搖錢樹的關鍵是：甘蔗以及一套將甘蔗從群島一端運送到另一端的方法。父親建造了鐵路，兒子則透過自己的建築公司和若干政治上的優惠，排乾濕地，擴大好些港口，完成了夏威夷各個島嶼的商業化工作。從迪林厄姆一樓長廊與大樓外部角隅石以及鍍金裝飾藝術大廳向上數兩層，在一間位於角落的小套房辦公室內，有另一對懷抱同樣傲人目標的父子團隊，他們運用最先進的視頻技術，意圖改變現代醫學的面貌。

和迪林厄姆一樣，德魯一家人也是移民，他們是來自魁北克省的法裔加拿大人。保羅．德魯（Paul Drouin）是醫生，執業二十五年，將傳統醫學和另類醫學的精華融為一體。某些同輩的譴責、同業思想封閉令他的挫敗感與日俱增，同行完全不願意接受任何一種另類醫學的價值、量子效應在生物學中的新發現可能帶來的影響，在在促使他興起一個大的構想：要創立一所大學，讓醫生和健康專業人員有機會學習這門新科學和另類的治療理論，且將這門知識融入他們的職業生涯。

德魯博士與當年二十五歲的兒子亞歷克西．德魯（Alexi Drouin）攜手合作，然後，他的願景開始成形。亞歷克西擁有電影和電視學位，也有自己的想法：要讓這所大學完全虛擬。他會拍攝一流作家、學者和醫療從業人員在綠幕（green screen）[1]前方講授量子物理學或如何進行另類醫學療法，然後將這些課程嵌入到iPad上，課程便會自動提供給每一個學生。由於亞歷克西的完美主義和精湛技藝，綠幕蛻變成了現代化的電視新聞台，一個個講座以專業手法呈現，搭配PowerPoint幻燈片。

當時，父子倆已移居至認證過程不那麼繁瑣的檀香山，且已將這所剛成立的機構命名為「綜合醫學量子大學」（Quantum University for Integrative Medicine）。目前為止，該大學已經招收了九千名學生，其中許多人繼續攻讀博士學位。「我是形式，他是內容。」亞歷克西指著保羅博士說，這是學生們認識的保羅博士，一個狂熱的六十五歲男子，操著濃濃的法國口音，面帶南瓜燈般的笑容，他是量子大學深受愛戴的面孔，定期在許多課程上主講。

學生和老師們每年有一次機會在大學的年會上當面接觸，而我就是在二〇一三年十月應邀於年會上發表演說，因此與德魯父子見面，同時開始多方考量在他們的網絡平台上合作進行念力實驗的可能性。一晚，在與德魯父子以及其他年會演講人共進晚餐時，認知增強中心（Center for Cognitive Enhancement，現在名為「思維天才」／Thought Genius）總監傑佛瑞．范寧（Jeffrey Fannin）博士慷慨提出，不但要為整個計畫貢獻時間，還要找幾位心甘情願的志願者參與實驗。范寧博士擁有心理學博士學位，特別熱衷神經科學，在研究和透過腦電圖（EEG）繪製例如焦慮、抑鬱或注意力不足過動症等精神障礙的腦波圖方面，經驗相當豐富。由於量子大學有自己的電視台，德魯父子可以在網絡電視上播放這個活動，所以亞歷克西向我保證，他們有充分的頻寬，足以容納我們預計將會註冊的數千名網友。亞歷克西是難得一見的技術創新者，他也有計畫增加被我的英國鄰居們認定是用來哄騙觀眾的東西的一般活動——他相當確定有辦法顯現，即時發生在實驗對象腦部的效應。

接下來幾個月，當我們規劃著如何達成如此複雜的技術壯舉時，范寧博士的兩位患有焦慮症的病人主動提議，讓他們實質上成為被實驗的對象，利用怎麼看都是最不尋常的療法——陌生人的心念的力量。一人擔任實驗目標，另一人充當對照組，但兩人都不知道誰被選作實驗對象。在實驗之前的幾個月期間，亞歷克西發出大量的臉書公告，幫忙宣傳活動，因此等我們準備好放手一搏時，已有七千多人註冊報名。

亞歷克西枕戈待旦，迎接目前為止對他來說最大的技術挑戰。在四月二十四日活動當天，他的攝影機將會呈現幾個交替的分割畫面，包括：傑佛瑞經由Skype網路電話連線、我在另一個Skype屏幕上、保羅博士在攝影棚主持、兩名連上腦電圖機的病人。儘管我們的「念力發送人」馬利歐（Mario）在節目中不會有太多的特寫，但他

譯註：

1 藍幕和綠幕是一種拿來去掉背景以方便合成的拍攝手法，乃當今視覺特效上十分重要的合成方式。

也連上一台腦電圖，坐在另一個房間，與參與的網友一起對選定的目標發送意念，如此，我們才能在念力發送期間比較他的腦波與實驗目標的腦波。

人的腦波會出現不同的速度，從最緩慢且與深度靜心和睡眠相關聯的德爾塔波（delta，〇．五至三赫茲）和西塔波（theta，五至八赫茲或每秒週期），到同樣發生在淺夢期或靜心時的阿法波（alpha，八至十三赫茲），到日常認知作業的貝塔波（beta，約十三至三十赫茲），以及極度專一狀態的伽馬波（gama，三十赫茲以上）。傑佛瑞的工作需要將腦電圖讀數的結果轉譯成斷層攝影或「定量腦電圖」（qEEG，quantitative electroencephalography），顯現一個人腦波的不同頻率，並將這些頻率與「正常」腦波相較，而且他的儀器還可以實時顯示，一個人的某些腦波在任何時刻呈現的百分比。亞歷克西還為我們的節目加裝了額外的屏幕，瞄準兩台腦電圖機，顯示不同腦波目前活化的百分比，這些腦波被描繪成不同色彩的閃光頻帶，以水平方向伸縮和後退。

活動當天，多虧亞歷克西技藝嫻熟，所有屏幕全都優美地嚙合在一起。我們選出一個實驗目標，結果是塔德．沃斯（Todd Voss），他是經歷過波斯灣和伊拉克兩場戰爭的老兵，戰後返家，被診斷出罹患了創傷後壓力症候群（Post-traumatic stress disorder, PTSD）。飽受深度抑鬱和高度警戒之苦，每次進到房間，都覺得坐時必須背對著牆，始終掃描和尋找著威脅，此外還有睡眠問題。對於他的症狀，退伍軍人協會（Veteran Association）的回應是開出一堆藥，但塔德知道，這些藥只是將「OK繃」

貼在他的經驗上，而他渴求可以解決其問題的任何非藥物方案。我們的意念是試圖讓塔德冷靜程度至少增加百分之二十五，而且要聚焦在增加他腦部的阿法波（與更大的鎮定與和平相聯結的腦波）。

一個人的整個腦頻率活動被「腦成像」（brain mapping）用不同的色彩描繪成三十顆小「頭」（head）構成的「圖像」（map），每一顆小「頭」代表特定的腦波頻率。綠色描繪最符合「正常」的腦波頻率；其他色彩構成的一道彩虹則用來顯示一個人的腦波偏離正常多少（例如，紅色顯示高於正常幾個標準差，藍色則是低於正常幾個標準差）。

傑佛瑞必須在實驗之前完成塔德和凱西（我們的對照組人選）的腦圖，然後在實驗期間、實驗之後以及念力發送結束後幾週的五月中旬，分別再繪製一次兩人的腦圖。

我們要求參與者全神貫注於增加塔德的阿法波（被描繪成藍綠色頻帶）數值，讓這些腦波向外伸展，變得更加突出；實驗期間，分割畫面的好意使我們在藍綠色頻帶開始伸展時，陶醉地觀賞著集體念力的實時效應。

在實驗之前完成的腦成像揭示了塔德腦部的某些區域帶有創傷後壓力症候群的頻率「識別標誌」（signature）特徵，但念力實驗期間製作的各種腦圖斷定，在我們的意念發送之後，塔德的阿法波已經提升到正常以上三個標準差（standard deviation）。最令人興奮的是，最常代表創傷後壓力症候群的腦部區域在實驗期間幾乎完全正常。

其他分析顯示，腦子內部的連貫性——腦波運作得更好、保持共同合作的能力——也改善了。范寧博士計算出所謂的獨立T檢定（t-test），用來判定實驗的統計顯著性，然後他發現，這些結果碰巧發生的機率不到百分之一。

凱西或我們的念力發送者馬利歐，兩人腦圖的相同效應並不明顯，他們的阿法腦波幾乎沒有什麼變化。這顯然排除了被改變的結果可能是安慰劑效應造成的，特別是凱西和塔德都是到活動結束之後才知道我們選擇了誰。

這些結果最初非常振奮人心，但我們必須承認，研究設計有一些問題。這類使用高度新穎的醫療干預法的實驗，困難之一是找到心甘情願的志願者，同時以合理的成本執行這樣的實驗。

對於潛在的實驗目標，傑佛瑞受限於他的病患群中願意接受這類實驗的人，這些人多數已經開始接受他的治療。塔德．沃斯之前曾經接受過兩種腦部訓練，其一是范寧博士帶領的，而且這個訓練的一部分涉及教授增強一個人自己的阿法腦波從而降低壓力的技巧。然而，當塔德的症狀復發時，范寧博士認為他是我們實驗的理想候選人。

活動之後一週，塔德說自己大有進步——好到足以規劃某趟規模大的旅行。他覺得不需要再為他的創傷後壓力症候群做更多的臨床諮詢，而且未來一年，他要結婚生子。塔德的臨床經驗和最近的腦圖都相當令人信服，但因為他之前被教授的技巧號稱達到的療效與我們企圖透過念力發送達成的相同，所以我們不可能斷然宣稱，他腦部的任何變化都是我們的心念造就的，不是他自己的腦部訓練促成的。

塔德感覺好多了令我相當欣慰，但幾週後，當我記錄參與者的匯報時，這則故事更令人信服的部分浮現了。這一次，近五分之一的網友描述了某種生理上的明確改善。

「我的腕隧道損傷改善了，而且感到非常放鬆。我甚至睡得更好。」

「我的膝蓋疼痛了差不多三年。這次實驗後，之前有的一切疼痛完全不見了。」

「之前背部和膝蓋的慢性症狀現在覺得好轉了些。」

「過去十天，我正常消化（我便祕了差不多二十年）。」

「臀部鬆了——就像服用了某種止痛藥。」

「膝蓋的疼痛完全不見了。」

「臀部的疼痛問題似乎正在癒合。」

「我相信我的身體正以某種方式『重新校準』。」

「我以前結腸有毛病，現在再也沒病了。:)」

「皮膚狀況持續改善。」

「不再經驗到坐骨神經痛。」

「我睡得比較好，而且焦慮和恐慌發作消失了。」

「類風濕性關節炎苦了我好幾年……現在看見微妙但有規律的改善跡象，疼痛和焦慮減少了。」

「我感覺好像自己終於準備好，要在生理層面上處理我自己的創傷後壓力症候群。」

接下來幾週，結果更令人驚異。幾近一半的問卷回覆者正在療癒他們的關係：客戶、前夫、兄弟姊妹、鄰居、父母。這一次，重點不僅落在關係中更多的和平，還包括療癒舊傷。珊卓拉與母親重新連結，平時，她一年與母親的通話次數屈指可數。「這一輩子，我們倆從來沒有這樣交談過。」

兩位參與者與姊妹重新連結，不但寬恕了過去的傷痛，更能「用新的眼光」看待對方。「我跟姊姊和睦相處，實在是不可思議。就好像，她的心正在軟化或開啟。」有一人這麼說。另一位參與者治癒了與某位同事的關係。瑪麗療癒了她與丈夫的關係。「老公看著我，好像我昨天才認識他一樣，那感覺真好！」

「我生命中的一切——我的健康、人際關係、展望、能量水平、快樂、開放——都不斷改善。」索菲寫道，「我明顯地轉變了。」

我想到了英格麗．彼德森的悲痛，終於頓悟到，可能正在發生什麼事：出現在參與者身上的回彈效應，鏡映了意念本身。如果他們祈求和平，他們的生命就會變得更加和平。如果他們試圖療癒別人，就會在自己的生命中經驗到一次療癒。專一聚焦在療癒別人，帶出一份鏡像式療癒。

第17章 鍥而不捨

同樣的鏡像正發生在我們的八的力量圈之中。在荷蘭瑪爾森（Maarssen）的一個工作坊上，因跌倒扭傷了一側腳踝和一隻手臂的蓓特，被她的十一人小組選為療癒的接收者。她一加入了這個圈子，就意識到自己同時扮演著發送者和接收者的角色。「當我感覺到大家將雙手放在我身上時，我心想，也許我該加入他們，因為畢竟目標是我。我感覺到能量進來，決定要成為第十一個人，加入其他十個人。然後我感覺到我的能量成為整體能量的一部分。」

蓓特不再是一個單一的存在體。她同時是發送者和接收者。

我現在很清楚，我們的參與者經驗到的特定回彈效應與聚焦的對象有關，而且就是這點造成鏡像式療癒。在我的著作《念力的祕密2》（*The Bond*）當中，我寫到義大利神經科學家里佐拉蒂（Giacomo Rizzolati）的發現，當我們觀察別人的某個行為或情緒時，為了要理解，我們體內同樣的神經元會被激發起來，彷彿我們正在執行那個行為或體驗那個情緒❶。他將這些「模仿」腦波稱為「鏡像神經元」（mirror neurons），但發生在我的參與者之間的事似乎是超越簡單的鏡像。它們不只是反映回來，而且是十分強烈地認同念力目標，以至於似乎正與對方融合，彷彿事情就發生在自己身上：

「我……嚐到了血，聞到了血，彷彿我在阿富汗，也像這樣失去了家人。」

「塔德．沃斯，我腦中不斷聽到這個名字，好像他已經成為我的一部分。」

❖ ❖ ❖

我心中納悶，如此程度的鏡像對你的腦子產生什麼作用。難道它造成某樣東西永久改變了嗎？威斯康辛大學麥迪遜分校（University of Wisconsin-Madison）情感神經科學實驗室（Laboratory for Affective Neuroscience）心理學家理查．戴維森（Richard J. Davidson），以及他的同事，法國國家健康暨醫學研究院（French National Institute of Health and Medical Research）研究科學家安東尼．露茲（Antoine Lutz），著迷於極端腦子的運作（那類腦子經驗過不尋常的終生鍛鍊，尤其是來自長期禪修靜心之人），以及這類腦部的神經連結和結構如何仰賴心念的集中，透過生活持續修正。

「操控小提琴家手指動作的腦部區域，會由於對該項樂器的嫻熟精通而逐步變大。類似的過程似乎會發生在禪定靜心時[2]。」戴維森和露茲在〈科學人〉（*Scientific American*）雜誌上寫道。

露茲及戴維森與和達賴喇嘛有關的僧侶和佛教徒合作，研究了腦子的哪些部分發生變化，不論是專注集中（禪修者全神貫注在氣息的進出）、正念觀照（參與者時時刻刻覺察自己的所有感官覺受，包括心念，逐漸養成少對心念做出反彈式回應）或慈心禪（loving-kindness meditation，禪修者聚焦於感覺對所有其他人的慈悲之愛）。

每一種靜心都提供一套鍛鍊法，訓練腦的不同部位，且在不同的頻率上鍛鍊，專注集中靜心與慈心禪似乎可以活化腦中最快速的頻率（貝塔2／β2腦波頻率介於二〇至三〇赫茲，伽馬／γ波介於三〇至五〇赫茲），這往往創造出更習慣於強力聚焦的腦，而正念觀照則是利用非常緩慢的腦波（五至八赫茲的西塔／θ腦波），於是腦放鬆下來，變得不太關心對環境中的情況做出反應。

焦點目標往往以顯著的方式改善腦部。專注集中和正念觀照造就出具有高度感知覺察力的禪修者：專注面對外在生活，同時正念觀照內在生活。在《念力的祕密》中寫到這點時，我發現，當宗旨是慈悲靜心以及渴望將愛傳送給萬事萬物的時候，這些類型的心念可以將腦子推升至一個動力倍增的高度感知狀態[3]。腦子開始狂熱運作；戴維森對僧侶的研究顯示，僧侶們的腦子產生持續爆發的高頻γ（伽馬）波，或每秒二五至七〇周的快轉周期。這類型的腦波速度要被經驗到，只有在腦子全神貫注時、試圖貫穿運作中的記憶進而發掘某事時以及洞見美妙閃現期間。以此速度，腦波也開始同步整個腦子，這是達到高度覺知的必要狀態，而且腦子兩側也開始更加協同地運作[4]。

如同戴維森對僧侶的研究所示，達到高度的伽馬狀態活化了腦的左前區，這部分與喜悅相關聯，而且鍛鍊腦的這個「快樂」部分似乎可以產生永久的情緒改善[5]。達成這些情況的腦狀態可以對人的情緒產生非常正向的效應，使當事人永久保持那樣。

我們的念力實驗和八的力量圈，顯然是利用專注集中與慈心禪兩相結合，因為我們不但有一個利他目標（要療癒某樣東西），而且有一個明確的焦點（特定的人或某個情境，例如，世上飽受戰爭蹂躪的地區）。很可能是由於參與者的慈悲意念，使他們經歷到某種「快樂的腦」，那通常是潛心於慈悲靜心多年的僧侶才會經驗到的。

但這可能是導致人們的生活發生重大變化的不知名因素嗎？

德國萊比錫普朗克人類認知暨腦科學研究院（Max Planck Institute for Human Cognitive and Brain Sciences）社會神經科學部（Social Neuroscience Department）部長塔妮亞．辛格（Tania Singer），執行了「資源專案」（ReSource Project），這是一項大型研究，參與者被傳授了馬修．李卡德（Matthieu Ricard）發明的一套東西方心智訓練協定（李卡德是法國佛教僧侶兼細胞生物學家，也是達賴喇嘛的好友）。然後這群人在十一個月後接受研究，看看這項訓練是否在他們的生活和人際關係中造成任何的改變。

在練習慈悲靜心之後僅一個星期，辛格的參與者變得比較合作，也比較願意幫助需要幫助的他人，例證見於，要這些人玩一場旨在試驗及衡量受測者幫助他人的渴望和能耐的虛擬「親社會」（prosocial）遊戲[6]。辛格的靜心成員變得愈來愈渴望伸出援手，即使他們的善行不可能有什麼回報，而且對他人發出的憂傷信號也益發敏感，這些全都顯示，想要與他人連結的感受增強了。

這當然與我的和平念力實驗參與者的經驗一致，多數參與者都感覺到更加準備好要與他人相處，包括陌生人在內，但他們並不需要將近一年的訓練——單是十分鐘的意念發送時段就夠了。

神經科學家馬利歐．博爾加將伽馬腦波狀態稱為「海洋的」，它促使你脫離渺小的自我，來到更大的某樣東西，他最近的實驗更顯示，這些伽馬頻率具有感染力。他將隱藏的伽馬頻率嵌入音樂之中，對幾位正在靜心的志願者播放，然後量測這些人的腦頻率。一次又一次，他的聽眾的腦子開始證明一種「共振回應」（resonance response），極大比例是與伽馬相同的高頻率❼。單是聆聽這些隱藏的頻率，即使你不知道自己做著這樣的事，也可以訓練你的腦子模仿這些頻率。

「如果你改變腦波，」博爾加告訴我，「你就改變了一個人的認同感。自我感轉變了，自我變得更廣大些。」

當經驗到這個海洋般的狀態時，他們脫離了渺小的自我，那個只對自身對外界的反應有興趣的自我，來到一個比較廣大的自我。「在那個擴展的狀態中，他們可以更輕易地放下長期的情緒模式和限制性信念。」他說，「而且比較容易讓他們感覺到普世的愛。」

他的參與者當中有一位是兒子在十七歲自殺的六十五歲母親。那事發生在二十五年前，但這位母親仍舊因兒子的死法而承受著內疚和創傷的煎熬。在經驗過伽馬腦波狀態之後，馬利歐說，這位女性終於感覺到釋放了她的悲痛，準備繼續踏上自己的人生。

所以在我們的圈子裡，如果個人的腦子閃現與快樂腦同步，可能就有助於增加自然而然的喜樂感。但我的參與者在生活中和關係裡經驗到的療癒效應似乎超越了感覺到海洋般的普世之愛。產生如此效應的圈子究竟是怎麼一回事呢？前亞利桑納大學心理學家兼《影響力：讓人乖乖聽話的說服術》（*Influence: The Psychology of Persuasion*）作者羅伯特·齊歐迪尼（Robert Cialdini）主張，連結感可以增加利他行為：人們在失去個體性時，會體驗到助人的本能渴望，於是暫時步入「一」（oneness）的狀態[8]。

露茲和戴維森發現，練習慈悲靜心使腦的特定部位產生更多的活動，這些部位叫做顳頂葉交界區（temporoparietal junction）、內側前額葉皮質（medial prefontal cortex）、上顳溝（superior temporal sulcus），當我們興起助人的利他靈感時，所有這些部位通常會被活化起來。療癒的利他心念也會出現，改變腦中的若干網絡——眼眶前額皮質（orbitofrontal cortex）、腹側紋狀體（ventral striatum）、前扣帶迴皮質（anterior cingulate cortex）——所有這些都與慈悲、正向情緒甚至是母愛相關聯。

我能夠理解為什麼人們可以透過這樣的經驗療癒他們的關係，同時感覺到更滿意自己的生活，但促使他們治癒自己身體狀況的經驗究竟是什麼呢？

我們從廣泛的研究中得知，靜心對身體有直接的影響，幫助減輕發炎，改變重要酵素的作用，包括影響細胞壽命、叫做端粒酶（telomerase）的酵素。辛格在「資源專案」的研究成果顯示，她的靜心成員享有得到改善的免疫系統和神經系統回應以及壓力荷爾蒙降低。

但還有更重要的東西。在我的實驗和小組中，這些療癒效應是即時的，而且大部分被記錄在沒有修習靜心禪定技巧的人們身上。愛一定是透過我們的「八的力量」和「念力實驗」圈而變得更大，而且這創造出療癒的良性循環。很可能是因為，在念力族群的界域內，付出終於變得安全無風險，而且付出可能最終成為鍛鍊的整個重點，亦即，念力的付出面向原來是最偉大的治療師。

該是顛覆這個實驗的時候了。與其研究結果——獲得什麼，我更需要的是研究那個過程，亦即：付出的行為。

第18章 付出回彈

喬治似乎是沒有希望了。他被診斷出患有低級別膠質瘤（low-grade glioma），那是一種致命的腦瘤，而身為大學聘用的生物醫學研究人員，他非常清楚預後診斷是：無藥可醫；腫瘤將在幾個月內緩慢但穩定地長大；然後——這個是外在可能發生的情況——兩年內必死，不論採用哪一種治療法。手術是絕不可能的，而化療或放射療法多半無效。

傳統醫學提不出像樣的前景，於是喬治開始尋找奇蹟，這使他接觸到第一場北美五旬節教友大會。在那裡，一個事工團隊為他禱告，而喬治感覺到聖靈透過他湧現，巨大的熱度和觸電般的振動使他跌倒並大聲呼喊。他被大大地征服了，於是像個虔誠奉獻的狂熱教徒，追隨五旬節教友大會走遍北美各區，每一次排隊等候，讓自己接受療癒，而且每一次，在事工團隊為他禱告之後，都經驗到同樣閃電一般的反應。但每隔三個月，當他回到醫生那裡接受磁振造影掃描、希望找到結果有所改變的證據時，卻都沒有可辨別的成效，他的腫瘤持續增長。

到了二〇〇四年，仍舊樂觀認為禱告對他有效的喬治，加入了由「全球覺醒運動」（Global Awakening Movement）開辦的古巴事工之旅。全球覺醒運動是葡萄園教會（Vineyard Church）五旬節復興會的事工部門，由密蘇里州聖路易某教會的牧師蘭迪·克拉克（Randy Clark）所創立。一九九四年，克拉克從一場一百六十人的聚會開始，無意間締造了所謂的「多倫多祝福」（Toronto Blessing）復興會。當時，克拉克邀請聖靈降臨，會眾們突然抖動、爆發咯咯笑聲、彷彿酩酊大醉般倒下，而且許多人聲稱身體或情緒得到了奇蹟般的療癒。消息迅速傳開，於是來自世界各地的數萬人湧入多倫多，參加當地的夜間禱告療程，而克拉克繼續進行了十二年這樣的療程。此時，這個復興會一直順其自然地發展，約有三百萬人聲稱感覺到它的非凡成效。

身為古巴事工團的一員，喬治加入團隊，為一名男子禱告，這人有嚴重的視力問題，幾乎看不到眼前一公尺外的距離。十五分鐘的禱告結束後，男子聲稱能夠不戴眼鏡看見六公尺外的物體。他們的禱告對象中還有一名因卵巢癌而重病、憔悴到無法進食或走路的女子，而在禱告期間，她經驗到和喬治一樣的反應，但在倒下之後，她重新得回了自己的氣力和行走的能力。她身上原本很容易被觸摸到的腫瘤，再也感覺不到了。

喬治被這樣的經驗深深撼動了，因此返家後，他開始利用每一個機會為他人禱告，有時候，整個晚上和週末都致力於療癒禱告。此外，他繼續參加美國境內的五旬節大會，也報名參加更多的活動，與全球覺醒運動和其他事工一起旅行到拉丁美洲和非洲，但愈來愈將心中的焦點轉向為他人禱告。當再也無法應付要求療癒的眾多求助者時，他成立了一支禱告團，在每週的主日禮拜之後，至少留下來一小時，為大排長龍等候被禱告的人們祈求。

兩年後，喬治的醫生注意到喬治的腫瘤已停止增長——事實上，腫瘤正逐漸萎縮，而且喬治再也沒有早年經驗到的任何症狀。後續八年間，喬治同樣無症狀[1]；事實上，他最近那一次掃描甚至從報告中刪除了「腫瘤」這個詞，這個事實由印第安納大學宗教研究副教授坎蒂・岡瑟・布朗（Candy Gunther Brown）證實了，布朗在她的著作《測試禱告》（*Testing Prayer*）當中記錄了像喬治這樣的案例。

儘管喬治的療癒並不像他聲稱見證到的許多人那樣立即或戲劇性，但喬治以及在著作《瞬間改變》（*Changed in a Moment*）當中詳細描寫了喬治的故事的蘭迪・克拉克，都將喬治健康上的好轉歸因於大家每次為他禱告所積累的效應，那就像一個儲蓄賬戶，突然積聚到臨界量的利息[2]。

但當我進一步了解時，卻發現，並不是因為喬治接收到的禱告總量，也不是基於他曾在許多大會或傳教之旅中接收禱告的事實。而是當喬治開始為自己以外的某人禱告的那一刻起，他開始好轉。

❖ ❖ ❖

在夏威夷那場療癒念力實驗之後，我開始思考，另一股強大的力道可以說明我無法解釋的所有奇蹟：為他人禱告的回彈力量。

具有超個人心理學博士學位的愛爾蘭天主教神父西恩．奧萊爾（Sean O'Laoire）博士，在尋找其他東西時，無意間發現了「回彈禱告」（rebound prayer）。奧萊爾尤其好奇禱告對情緒和心智健康造成的效應，這是一個被科學研究大大忽略的領域，身為執業神父兼臨床心理學家，他可是得天獨厚研究這個領域的人選。

奧萊爾打算聚焦在被禱告的那些人是否經驗到任何心理狀態（例如，焦慮或抑鬱和心情不好）的改變，然後他在舊金山灣區報紙刊登徵求志願者的廣告召集了四〇六名志願者。其中毛遂自薦、願意負責禱告的九十人接受了培訓課程，包括某些意念和觀想技巧，就像我在工作坊上教授的那樣。

禱告對參與者具有正面效應，那是毋庸置疑的。在針對生理和心理健康進行的每一項客觀和主觀量測上，奧萊爾的四〇六名參與者全都有所改善。但當奧萊爾更仔細關注時，他發現，負責禱告的那些人，表現甚至優於他們禱告的目標。雖然祈禱的總量對被禱告的人來說並沒有什麼差別，但的確影響到負責禱告的人。他們愈常禱告，人就變得愈健康。

奧萊爾對他的結果感到震驚。「看來，禱告似乎比被禱告更有效。」他如此斷定[3]。禱告的銀行賬戶與克拉克想像的恰好相反。你所累加的銀行賬戶利息完全取決於你為他人禱告的總量。

所以，如果我的參與者經驗到的療癒效應是某種利他行為的副產品，那麼造成回彈效應的是什麼呢？美國康乃爾大學的卡爾．皮勒默（Karl Pillemer）對利他行為與療癒的關連深感興趣，他對這個問題的興趣大到足以將大半生奉獻給單單一項研究。他招募了差不多七千名年紀較大的美國人，其中不少人自願協助解決企圖對治污染或有毒廢棄物等環境課題的專案計畫，其他人則千方百計地避免擔任這類志工。皮勒默針對所有七千名實驗對象的健康史追蹤了二十年，而他並沒有失望。在這項研究最後，他發現，自願成為志工的研究對象健康許多，身體活躍有勁，沮喪的機率是其他人的一半[4]。

獻出你的時間為更大的良善服務，顯然可以產生不只是溫暖和模糊的感覺；那證實對心靈和身體兩者具有增強的作用。事實上，單純地聚焦在除了你自己以外的任何人就存在著增進健康的效應。如同喬治的案例所示：如果你患有某種疾病，一旦將注意力轉移到別人身上，你就更有可能克服疾病。這是針對八百多名苦於嚴重壓力之人進行研究所得出的結論，這些人由紐約州立大學水牛城分校的研究人員追蹤了五年，比較其健康狀況，以及幫助親屬、朋友或鄰居等家中以外其他人的程度。

那一丁點助人行徑的作用就像防彈背心。面對未來壓力重重的情境時，例如，生病、財務困難、失業或家人死亡，那些前一年幫助過他人的人，其死亡機率都比沒有幫助過他人的人少許多。事實上，曾經伸出援手和不曾伸出援手的人，其間的對比再明顯不過了。每當面對每一個新的壓力事件時，曾經決定不伸出援手的人，其死亡機率都大大增加了百分之三十[3]。

正如奧萊爾神父發現的，將你的注意力導向別人，對你的心智健康特別有好處，反之亦然[6]。將焦點強力集中在自己身上的人更可能飽受抑鬱、焦慮和負面心情的煎熬。事實上，如果你必須在付出和接受之間作出選擇，那麼毫無疑問的，付出比較有利於你的健康：一項針對美國老年人所做的研究顯示，付出的人比在另一端接受善意的人更少生病[7]。而在所有與較佳心理健康相關連的宗教應對行為當中，一群精神病患之間最重要的應對行為之一是：對他人付出宗教性的幫助[8]。

付出似乎也是長壽的核心。加州史丹佛大學針對老年居民所做的研究顯示，參與志工活動的人，尤其是在宗教團體中，死亡率比不參與志工活動者低了差不多三分之二，研究人員指出，此一情況「只有部分可以用健康習慣、生理機能、宗教參與和社會支持來加以解釋[9]）。」

渴望為別人做些什麼，沒有附加條件或個人利益，與此相關的某樣東西，對健康和幸福的影響遠遠超過其他東西，包括：飲食、生活方式、社會支持或宗教信仰。在任何單一的生活方式因素當中，利他行為似乎是確保人生長壽健康的終極維他命丸。

付出的行為也對快樂產生巨大的影響。哈佛大學政治學家羅伯特．普特南（Robert Putnam）寫下了他的創新著作《獨自打保齡球》（*Bowling Alone*），喚醒美國人意識到整個美國社會結構的邊緣已遭磨損，那之後，哈佛大學約翰．F．甘迺迪政府學院（John F. Kennedy School at Harvard）的研究人員決定針對全美三萬名不同社群的成員進行調查，旨在探究，到底是什麼因素促成他們所謂的「社會資本」——快樂幸福、緊密結合的社群、滿意的居民。

他們的發現揭露了之前不為人知的事。除非你很窮，否則金錢對人的用途並不大。一旦你的年收入達到七萬五千美元以上，你情緒上的快樂與你的銀行餘額幾乎沒有什麼關係。低於那個收入的人們之所以不幸，是因為他們辛苦奮鬥就為了支付賬單，然而一旦達到了那個收入水平，賺更多錢就沒有什麼更大的樂趣了。能夠支付賬單與無法支付賬單之間的界線，是唯一將金錢以任何方式與生活滿意度連結在一起的水位標記。

但真正造就最大的滿足和快樂感的一個因素是：伸出援手。事實上，願意付出時間或金錢的人，其快樂的可能性，比不願意付出的人高出四二%[10]。

幫助他人時，人會經驗到一種達致喜樂的生理成分，心理學家稱之為「助人者的快感」（helper's high）。當志工們接受調查時，他們描述的生理感覺經常等同於從事劇烈的體能鍛鍊或一陣子的禪修靜心[11]：身體釋放腦內啡，那些是感覺良好的腦部化學物質，抵消一切壓力的生物效應。雖然研究人員認為，這種利他行為需要與他人直接接觸，但我們的實驗顯示，虛擬運作也一樣有效，而且一張照片便足以形成連結。

所以，利他行為對你的健康和快樂有好處，可能甚至是最重要的長壽保險計畫，但這也與為什麼我的參與者在他們的人際關係中經驗到如此深邃的改變有關嗎？尤其是與陌生人的關係？為了釐清這點，我需要研究一些基本的東西，搞清楚，當人們將自己置於第二位時，究竟會發生什麼事。簡而言之，我需要多了解一些「善良的生物學」。

第19章
為他人發想

我對十三個八的力量小組提出了一項最不尋常的挑戰——特別因為這些人當時專注在個人的進步——放掉自己。要停止發送意念給小組中的任何人，包括你自己在內，同時聚焦於他人。我心中有幾個特定的「他人」。二〇一五年十二月八日這一天，當時十四歲的路克與第一任真正的女友分手，然後因青春期的存在性焦慮（existential angst）過度泛濫，他從十二公尺高的建築物一躍而下，摔在堅硬的地上。

奇蹟般地，路克活了下來，但體內的一切全壞損了。這一摔，他的頭骨、眼窩、骨盆、一腳腳踝、一腳腳跟和一手手肘全數骨折。除了所有這些骨折以外，他還有腦損傷、右肺穿刺、一眼複視、骨盆神經壞損、胸部嚴重感染、尾椎骨損傷、尿道神經受損。他接受了幾次緊急手術，此時還必須從骨盆、脊椎和肘部的手術創傷中康復過來。情況如上述這一切，加上他原有的自殺心態。他正在為自己的生命而戰，但仍舊缺乏求生意志。他的繼父麥可跟我連絡，詢問我們能否為他發送意念。

這個案例對我傳達的訊息可能勝過我接收過的任何案例。當時，我家中還有一個十幾歲的女兒，這情況有可能是她或她的任何一個朋友。一月十日週日這一天，我讓路克成為「本週念力對象」以及「八的力量」小組的焦點人物，同時麥可持續記錄路克每時每刻的進展，一週提出一次實況報導。

就在週日晚上我們的意念發送完畢後，路克相當躁動，他父母把這歸因於群體治療的餘波。一天後，隨著他的胸部感染開始清理，護士可以停掉抗生素，路克也開始睡得比較好。他的意識更清醒，開始詢問更多關於康復的問題，設法觀想自己返家後和在學校的情景。

我要求網友們在下一個週日發送另一則意念給路克，然後麥可送來另一份詳細的進度報告。路克的腦傷穩定了；肘關節骨折正在癒合，目前那隻手臂可以承重，左腳踝的情況也一樣；他所有的感染已清理完畢，可以停掉止痛劑和抗生素；左眼的複視消除了；他獲准可以逐漸從床上移動到輪椅上，腸子的狀況也改善了。突然間，他變得不耐煩，想要更好，想要回到健身房。

麥可送來一張路克的照片，坐在輪椅上的路克操縱著輪椅到處跑，探索病房和醫院——「一大成就啊！」——然後另一張照片的他，與前來探望的三名好友在鏡頭前舉手擊掌慶賀。

一切都朝著好的方向發展，這時，麥可又送來那週的另一則更新訊息：路克對大小便仍舊無感，這造成他極大的不適和痛苦。他必須持續使用尿袋，也可能要做結腸造瘻袋。他的心情崩潰了，不只一次聽到他說，不想再活了。當天稍晚，麥可的來信證實了，路克「情緒不佳」。

一月二十四日當天，我們發送了第三則意念，幾天後，收到麥可寄來的短箋：

「週日下午六點，路克的心靈和身體對療癒意念作出巨大的回應。事實上，他母親注意到，他的心態恰恰在下午六點出現了令人難以置信的改善，那正是我們發送意念的時間。」

他說，就在那一刻，路克的心情轉變了。他開始比較正向地和母親交談，而且之後不久，他清掉了阻塞的腸子，不再感到痛苦。過去四天，他拒絕下床；就在第三次念力發送之後，他渴望去物理治療室。他和母親正向地聊天，聊到返回學校，聊到暑假全家去度假。「想到上週五他才又起了自殺的念頭，這樣的進展令人難以置信！」麥可寫道。

隔週，路克原定和他的醫生們見面，由於上述一切改善，很可能他會獲准開始走路。但最令人吃驚的變化是他心境上的正向改變。他母親注意到一個非常「自信而正向」的路克。「這是向前邁進一大步啊！」麥可寫道。

當週稍後，醫生為他的膀胱安裝了不同的導尿系統，路克不再有尿袋要處理，這又進一步改善了他的精神和幸福感。他的心理狀態現在很穩定，甚至是充滿希望。他可以看見自己在暑假結束後回到學校。他不介意再重讀一年。

難道只是醫生醫術高明嗎？還是我們以某種方法使路克升起了想要活下去的意志力？麥可和他的妻子克萊兒都深信，路克的這番變化是療癒念力直接帶來的成果。

「這些改善如此突然，完全出乎意料。」麥可寫道。關於路克的情況如此澈底的轉變，我只能說一件事：這不是安慰劑效應。路克一點兒也不相信我們正在做的事。就像多數的十五歲孩子一樣，他認為父母相信療癒意念的力量實在很愚蠢。

安蒂是持續為路克發送療癒意念的網友之一，當她開始聚焦在他人身上，自己人生中的事物就開始轉變。

之前六個月，她想盡辦法移除一直干擾她能夠生活安樂的舊模式。加入小組時，她和大家分享希望送出一個非常具體的意念，說要找到一份符合夢想且提供豐厚收入的工作：「我以許多歡樂的方式輕易而歡喜地允許一個月至少兩萬美元淨利流向我，」她將這段話設定成她的意念。「我因從事熱愛的工作而得到極高的報酬，使我感覺像在玩遊戲。」她的另外一個意念是，在二〇一三年關閉擁有了十八年的禮品店之後，「努力搞懂我的新業務——演講、教學、療癒」。

小組嘗試為安蒂發送的意念，沒有一個見效。她甚至聽從我的建議，企圖回到「種子時刻」（seed moment），也就是何時第一次經驗到關於自己的限制性想法，然後以某種方式想像，改變那個情境。安蒂想起了小時候一個非常明確的時刻，當時她內心深處感覺到就是沒有足夠的錢。那樣的做法還是沒有為她的財富帶來任何大變化。

然後她開始實驗利他行為——將自己的意念轉到路克和小組以外的其他人身上，而且突然得到了她需要的突破。「那事之後兩天，我得到了一個意想不到的機會，為一個專營人類發展的線上組織做產品開發和策略擬定——這是一份讓我從事熱愛的工作且會開心地帶來錢財的職務，那使我覺得像在玩遊戲！」安蒂說。當她意識到這份工作可能不是一個理想的選擇時，也有勇氣與執行長劃清「界線」，拒絕那份工作，然後接受為一位備受尊敬的知名教練作角色指導，「帶著莫大的誠信且與我的價值觀契合」。

「有時候，聚焦在自己的意念在形而上可能等同於心急水不開。」安蒂後來寫信告訴我，「聚焦在他人的利益和為他人效勞可以使焦點離開自己，從而容許移動，沒有注意到時光的流逝。或許利他行為是那個祕密方法，讓人既有意識又無意識地『不』觀察，如此，渴望的成果才會發生。」

❖ ❖ ❖

加州大學柏克萊分校心理學家達契爾・凱爾特納（**Dacher Keltner**）將反駁「人類生性自私」這個主流觀點奉為終生職志[1]，這是基於一個簡單的真理：當付出而非拿取時，我們在各方面都更健康、更快樂。凱爾特納在著作《人性本善》（*Born to be Good*）之中，引用了孔子培養「仁」的說法，這個中國概念的意思是，渴望建立自身「品格」的人，藉由帶出「使他人圓滿的善行」實現「仁」。「仁」本質上是一種回彈效應：你的總體幸福，你的本質天性，事實上是由你的作為幫助他人興旺到什麼程度所定義。

為了釐清這點如何運作，凱爾特納要求我們深思迷走神經（**vagus nerve**）的功能。迷走神經是人體最長的神經之一，起源於脊髓神經頂部，一路行經心臟、肺臟、臉部肌肉、肝臟和消化器官。凱爾特納指出，迷走神經有三項功能：一是連結所有與照顧相關的通訊系統；二是減緩心跳速率，平靜身體因回應任何壓力而產生的「戰或逃」（fight-or-flight）自主神經系統活動的效應；三是開始釋放催產素，那是在愛、信任、親密和奉獻當中扮演要角的一種神經肽（neuropeptide）[1]。凱爾特納主張，如果催產素是一般人所謂的「愛的荷爾蒙」（love hormone），那麼迷走神經就是愛的神經——克利斯・歐維伊斯（Chris Oveis）的研究成果為此一假說提供有力的證據，而他是凱爾特納在加州大學柏克萊分校的研究生之一。克利斯想要斷定，活化這條愛的神經是否有助於滋養一個人的普世之愛，讓人更善於接受自己與他人之間的差異，而且為此，他建立了一個類型獨特的研究計畫，囊括了一批柏克萊分校的學生。

研究期間，克利斯向一群學生參與者展示了多張孩童營養不良的照片——那是人間受害者的極致表現。學生們一看到照片，迷走神經就高速運轉。同樣的效應並沒有在另一組學生身上被製造出來，這一組學生所看到的照片，旨在誘出忠於學校的自豪感，例如，校園的地標圖像或加州大學的體育賽事。

但最有趣的效應發生在當學生們被示以另外二十組與他們顯著不同的陌生人照片時，包括：民主黨員、共和黨員、聖人、重刑犯、恐怖分子、流浪漢乃至來自他們的強大競爭對手（史丹佛大學）的學生。針對所有不同的群組，被自己的迷走神經的愛轟炸過的學生所描述的相似感，遠遠大於曾被示以誘出自豪感照片的學生。迷走神經的活動有助於移除分離的界線，促使學生們更加聚焦在相似性而非差異性，於是相似的感覺增加了，他們的迷走神經也燃燒得益發強烈。就連自認為是民主黨的學生，也突然體認到自己與共和黨員之間的相似處。

進一步細看這些結果，透露出某樣更加迷人的東西[2]：這組學生在所有需要幫助的人——流浪漢、病人、老年人——身上感覺到最大的共同人性，而自豪感被活化的學生則比較認同最強大、最富裕的群組，例如，律師或其他私立大學的學生。當迷走神經被點燃時，我們並不認同最像我們的人，反倒是被激勵去感覺更靠近「他方」——尤其是需要我們幫助的人——而且更容易對這些人伸出援手。

史丹佛大學的研究，在一群接受簡單的佛教慈心禪訓練的志願者身上發現了類似的效應。首先，這些人被告知，想像兩個摯愛站在自己兩旁並送出心中的愛，然後將這些愛和慈悲的感覺重新導向某個陌生人的照片。經過那樣簡單的演練後，一系列的測驗揭示，相較於一群被授予類似練習但不包括慈心禪訓練的人，這些慈心禪受訓者經驗到更有意願與陌生人連結[3]。單單一則簡單的陳述，表達對一切生物的愛，就可以活化愛的神經，促使一個人將那些陳述化為人世間的行動。

譯註：

1 泛指存在於神經組織並參與神經系統功能作用的內源性活性物質，屬特殊的信息物質，特點是含量低、活性高、作用廣泛複雜，在體內調節多樣的生理功能，例如，痛覺、睡眠、情緒、學習與記憶，乃至神經系統本身的分化和發育。

這可以解釋，為什麼我的網友們在參加過實驗後對陌生人感到開放許多，以及為什麼那麼多阿拉伯和西方的九一一和平念力實驗參與者開始彼此寬恕。透過和平與療癒念力實驗引發參與者的慈悲心可能活化了一整套神經系統，促使人們更願意與「敵人」——其實是全人類——連結。

從生物學的角度來說，活化迷走神經和提高催產素的水平，發生的情況就如同我們對他人表示善意或慈悲，那對身體具有明顯的療癒效應。前醫學研究員兼《為什麼仁慈對你有好處》（*Why Kindness Is Good for You*）的作者大衛．漢彌爾頓（David Hamilton），針對提升催產素水平帶來的療癒效應做過研究，發現證據顯示，這些可以降低炎症反應、提升免疫系統、幫助消化、降低血壓、更迅速治癒創傷、乃至修復心臟病發後對心臟的損害[4]。

催產素具有高度防護作用，可以保衛我們，抵抗細菌的攻擊。在維也納醫科大學（medical University of Vienna）進行的一項開創性奧地利研究當中，十名健康男子先被注射了會自行致病的細菌，然後又被給予同一類細菌加催產素。首次被注射細菌時，這些男子表現出促炎細胞因子（pro-inflammatory cytokine）水平迅速提高（炎症升高）的證據。然而，當同時注射催產素時，這些細胞因子顯著減少了[5]。在未分化的幹細胞轉變為成熟細胞的過程中，催產素甚至扮演某個關鍵角色，因此也有助於修復和更新[6]。

無附帶條件的純粹付出行為，在現代社會中幾乎不會經驗到；但也可以被證明具療癒作用，就像魁北克大學的法蘭索瓦・高希爾（Francois Gauthier）在美國「燃燒人節」（Burning Man）期間研究的三宗療癒實例所發現的。燃燒人節每年夏天在內華達州的黑岩沙漠（Black Rock Desert）舉行，完全仰賴一套「少交易」（transaction-less）系統運作。除了空間和廁所、急救和燃燒的人像，主辦單位不提供其他。與會者必須自備食物、飲水和住所，而且除了入場費，不允許金錢交易，旨在鼓勵精心設計的以物易物和饋贈系統，包括療癒在內。對許多來到這片沙漠等待心靈或身體創傷被治癒的人來說，療癒他人的「恩賜」（gift）本身以及「社會關係至上」（the primacy of social relationships）被證明是最強而有力的療法。「當燃燒者（Burner）給出自己，致力於他人的療癒和幸福時，他們是和衷共濟，致力於彼此的幸福和療癒。」高希爾指出[7]。

❖ ❖ ❖

我仍舊感到困惑，關於念力實驗的療癒效應，以及為什麼這些效應能夠克服長年症狀，直到遇見大概最令我信服的利他行為的蛻變效應研究。這個研究由位於北卡羅萊納州教堂山（Chapel）的北卡羅萊納大學的心理學家們執行，他們想要檢驗，過著充實滿意的歡樂人生（就是我們通常定義的美好人生）的健康人，與過著有目的或有意義的人生的健康人，兩者相較，未來在健康方面可能會出現什麼樣的差異。

研究人員檢查了兩組八十名健康志願者的基因表現和心理狀態。雖然兩組成員有許多情緒上的相似處，全都聲稱十分滿足、不沮喪，但他們的基因表現圖譜實在相當分歧。在追求歡樂的健康人之中，心理學家相當驚訝，居然發現高水平的炎症（被視為退化性疾病的標記），以及涉及抗體合成的基因表現水平（身體對外來攻擊的回應）較低。如果你不知道這些人的歷史，一定會斷定：這些基因圖譜的擁有者遭逢大量逆境或處於艱困的人生危機——社經地位低下、社交孤立、被診斷出罹患威脅生命的疾病、近日喪親或喪友。這些人全都是罹患心臟病、阿茲海默症乃至癌症的完美人選。幾年後，他們會紛紛不支倒地。

另一方面，那些生活不那麼富裕或是並非沒有壓力但有所目的且充滿意義的人，炎性標記低，壓力相關的基因表現下調，兩者都指出，健康大致無虞。研究人員總結說，假使必須在兩條途徑中擇一，選擇有意義的人生而非一逕尋歡作樂的人生，無疑對你的健康更有益處[8]。

在西方，這一切聽起來是違反直覺的，因為我們不計代價強調物質上的成功，但那與究竟是什麼構成我們生命中的「意義」有關，而且判定那點的最佳方法正是最終幫助病人逐漸康復的因素，也就是說，生命這個面向將會扭轉某個嚴重的疾病。美國波士頓學院的科學家們發現了這點，當時他們正試圖釐清：為什麼患有慢性疼痛和長期抑鬱的病患一旦開始幫助同病相憐的其他人，他們的無能和心境就會得到明顯的改善[9]。這些人一再對研究人員提到，重點在於「建立連結」以及具有「人生使命感」。幫助他人的需求或許是為我們的人生帶來最大意義的一個元素。

❖ ❖ ❖

這裡還有另一個因素沒有被這個研究的任何部分囊括到。我的參與者的利他行為是在一個巨大的虛擬禱告群體中進行的，而這似乎讓某種療癒力量得以放大。當然，長久以來，各大宗教的所有神聖經典均描述了群體間的精神信仰與靈修所締造的療癒效應。定期聚在教會共禱的人們，已被證實血壓較低[10]、享有強健許多的免疫系統[11]、花較少天數住院[12]、死亡的可能性減少三分之一，即使所有其他因素一併列入考量[13]。科學家們相信，現年二十歲、從不上教堂的人，可以預期將比每週至少上一次教堂的人少活七年[14]。

那不只是某人的宗教熱忱或聚集成一個社群；集體靈修似乎跟這個群體效應一樣重要。一項研究發現，生活在有宗教信仰的「基布茲」（kibbutz，以色列集體農場）且一起禱告的人們，相較於生活在無宗教信仰的基布茲的人們，前者的死亡率大約是後者的一半[15]。經常上教堂的人與將意義置於生命最前線的群體一樣，比不常上教堂的人擁有更強健的免疫系統，這是經由較低的血漿介白素（IL-6）[2]水平量測到的。

譯註：

2 Interleukin，「介白素」或「白血球介素」是一組細胞因子，最早發現在白血球之中，作為細胞之間信號傳遞的工具。事實上，白血球介素可以由多種細胞產生。免疫系統的功能相當依賴白血球介素，一些罕見的白血球介素缺陷不足常會出現自身免疫性疾病或免疫缺陷。

介白素水平升高是退化性疾病的標記之一，例如，阿茲海默症、糖尿病、骨質疏鬆或愛滋病[16]。

宗教信念本身在鞏固增強，但似乎不像禱告的群體經驗那麼強大。

事實上，禱告的集體面向可能是產生療癒效應的必要因素。罹患不治之症的里奇・迪姆（Rich Deem）於一九八五年被治癒，他繼續研究禱告和療癒，尤其是在莫三比克農村的傳道聚會上。禱告領袖從聚會中招募盲人和聾友進行觸療，而且有醫生在場，於禱告前、後立即量測聽覺和視力。大家全都參與禱告會，囊括好幾組人馬，而且全員參與觸療。十名接受觸療的會眾中，除一人外，視力全都改善了，也是除一人外，聽力全都改善了。然後科學家們針對患有同樣疾病的對象，比較這些結果與運用暗示和催眠的研究所達致的結果。雖然那些研究達成了統計顯著性，但與集體禱告達致的結果相較，卻黯然失色[17]。

顯然，利他行為帶出了我們內在所有較為高尚的情感；它可以是最能界定我們人性的情感——我們對美好人生的感受——同時為我們的人生帶來意義感。它甚至可以是一個人是活是死的關鍵。但在我的療癒念力群組中，奏效的強力蛻變轉化機制似乎是獨特的群體禱告力量，搭配刻意讓焦點遠離自己。

那始終都在，存在於早期的基督教教義當中，所有那些訓誡是那麼的熟悉，熟悉到此刻聽來就像賀卡上的文字：「己所不欲，勿施於人」；「愛鄰如己」。聚焦於別人可以療癒醫治者。

所有這類研究全都帶領我走向一個異教思維。或許，「我想要、我得到」美好生活情節的終點是：它最終會殺死你。我想要，我得到，然後我得病了。長壽而健康的人生，關鍵在於——活出蘊含某種意義的人生，而且這層意義超越了滿足個人的頭號需求。我認為，「自助」運動的某些信條可能終究是非常危險的。聚焦於自己的一切說法可能終究相當不利於你的健康，而且極其多餘。重寫自我人生劇本的最快捷徑是單純地向別人伸出援手。如果那是真實的，那麼整個新時代對念力的假定——將宇宙當作實質的餐廳，你是顧客，點著剛好想要的不論什麼樣的晚餐——就是錯誤的。

在自己的生命中得到你想要的東西，首先要：隨時準備付出。

如同外子曾經寫過的，沙特搞錯了。地獄不是他人。地獄是想著還有其他人[18]。布萊恩談論的事實是，我們只是一個單一的意識，認為我們是分離的並不正確。我要加個小小的結尾。在他人身上見到自己的過程中，在合而為一的時候，他人，結果是你的救恩，尤其是與你一起禱告的一小群人。

第20章 一整年的意念修持

佩蒂．拉特利吉（Patty Rutledge）五十五歲，金棕色秀髮，嫵媚動人，她生命中的每一個領域都面臨挑戰，只有婚姻除外。她丈夫史蒂芬和她，從相遇的那一刻起，就認定對方是靈魂伴侶，而且六週內就知道，他們一定會結婚。史蒂芬是一個帶著四名青少年的鰥夫，四個小孩全都因為母親腦癌驟逝而精神受創，也因此，史蒂芬扛著沉重的包袱。因為佩蒂成了繼母，每一個孩子都刻意刁難，那樣的關係就像佩蒂與她要求嚴苛的繼母，當年，繼母在她母親去世後僅一年嫁給了她父親。佩蒂與自己的四個孫子孫女非常親近，但盼望能夠更接近三名繼女和一名繼子。此外，佩蒂有嚴重的健康問題，患有人類疱疹病毒第四型（Epstein-Barr virus）和嚴重的慢性疲勞，斷斷續續持續十三年。「我繼續認真生活，甚至是旅行，但時常感到精疲力竭。」她說。

還有另外兩百五十人，跟你、我一樣的凡夫俗子，生命的運作並不像自己嚮往的那般順遂，於是這些人，懷抱著轉變什麼的希望，同意成為這個最激進實驗的一部分：一個線上工作坊班，將參與的網友分入「八的力量」小組，以虛擬的方式在線上合作一整年。在此之前，我只在週末期間測試「八的力量」的效應，而且那些小組幾乎完全聚焦在身體療癒，但我開始納悶，以小組方式運作一整年是否也會以其他方式改變小組成員。**他們生命中的一切事物會開始癒合嗎？**

二〇一五年初，我宣布了這個「大師班」線上工作坊，從持續幾個月的培訓課程開始，之後，我們會將參與者分成大約八人一小組，並在後續的十二個月期間追蹤各小組的每月進度。這是利用長期的實地實驗，讓小組的力量接受終極考驗。這裡將是我自己的一個巨型培養皿，旨在逐月仔細觀察，監督一整年。

我們給每一個小組起一個希臘名——特里頓（Triton）、柯羅諾斯（Chronos）、赫利厄斯（Helios）、普羅吐斯（Proteus）、莫斐斯（Morpheus）——將這些組名建立在**Google Hangouts**或**Skype**即時通訊上，然後鼓勵組員每週至少聚會一次。每逢週五，我會透過電子郵件向大家拋出新的挑戰，每隔十週，我會召開電話會議，回答問題，同時進一步檢查各小組的進度。這些小組要輪流為彼此發送意念，接著將目標轉到小組以外，然後填寫月報表，看看這些意念是否與他們的健康、人際關係、職業生涯、財務狀況或人生使命的重大變化，產生任何的相互關連性。我強調，不要捏造任何成效。

在建立念力圈與熟悉技術的幾週期間，多數小組已經緊密地鏈結在一起；幾個月內，我開始收到療癒效應的反饋，類似於已經開始發生在佩蒂身上的事。

開始這個課程時，佩蒂已經放棄了花時間上健身房。過去，鍛鍊過後，她一定得小睡一下，不然就要接受一整天感覺糟透了——「好像我在那一小時內耗盡了電池的電。」她說；她只能勉強做到一天兩次遛狗十分鐘。雖然她接受過生命教練和輔導員的專業培訓，但因為疲累，她無法經常工作。雪上加霜的是，利用顯影劑進行磁振造影掃描最近證實了她的乳房有兩處腫塊。雖然化驗顯示，腫塊不是癌，但熱成像結果顯示具有致癌風險。

醫學檢驗證實，她體內的重金屬含量超量，這對她的內分泌系統造成浩劫，另有證據顯示，「黑葡萄穗黴菌」（Stachybotrys chartarum，簡稱黑黴菌）的存在比正常人高出一百五十倍。幾年來，佩蒂孜孜不倦地嘗試了各種另類醫療，但在重拾昔日的能量水平方面，一直沒有太大的進展。

除了自己的健康外，佩蒂也擔心丈夫史蒂芬，史蒂芬有體重增加和難以堅持健康飲食的傾向。史蒂芬是個受過西方教育的醫生，對於佩蒂採整合方法對待自己的健康，他持開放的態度，但並不相信。

課程開始時，佩蒂列出了一長串非常具體的要求給她的特里頓小組：要改善她的健康和能量水平；與繼女和繼子建立更深厚的關係；激勵史蒂芬減重十八公斤，要改變他的飲食，要他經常與教練一起鍛鍊；以及更加明白如何發揮她的專業技能。但當乳房腫塊出現時，那事成了第一優先。八月（第四個月）時，她要求小組聚焦在找出和療癒她疲憊的根源，以及讓兩處乳房腫塊直接融化消失。

起初，她的健康狀況完全沒有改變。經過整個夏天的排毒養生後，她見到自己的重金屬水平和黑黴菌含量陡降了百分之九十九，但能量水平卻毫無起色。如果說有什麼不同，那就是情況更糟。兩度到猶他州參加姪女的婚禮，一次到華盛頓特區探望另一名姪女，都令她精疲力竭。

在小組的支持下，佩蒂投入了一系列另類療法——肝臟淨化、榨汁療法（juicing）、氣功、針灸和生物反饋法——同時定期發送意念、進行觀想，想像吹風機融化掉那兩處乳房腫塊。八月二十六日那天，她第一次突破：乳房掃描複檢顯示，腫塊完全消失了。

儘管如此正向的發展，她的能量水平依舊沒有改變，在去了一趟聖塔菲之後，甚至感到更加枯竭，當時，她發現自己幾乎上不了樓梯。「我差點兒放聲痛哭，」她說，「一直覺得雙腿像濕軟的麵條。」返家回到維吉尼亞州時，她開始研究，發現可能是聖塔菲的高海拔令她脫水，那勢必影響肝臟貯存肝醣，而肝醣是促使她的肌肉有力量移動的能源。這是靈光閃現的頓悟時刻。自然療法醫生為她所做的檢驗顯示，她的預感是正確的：她的肝臟沒有正常產生或釋放肝醣。

同樣那個月，她又有另一項重大發現：找到了體內黴菌感染的根源。當時，她請來黴菌專家，然後發現她的閣樓和淋浴間後方有黑黴菌，靠近她每天長時間逗留的更衣室和臥房。她立即矯正了黴菌和潮濕的源頭。「我終於找到了問題的根源——潛藏的病因是黴菌。」她說。由於此一修正加上自然療法治療肝臟，她的健康開始有起色。

「不到一個星期，我再次舉重了！」她說，那是一年來她一直無法做到的事。「而且，我已經能夠一週鍛鍊幾天，而且不會崩潰。」

那個月稍晚的某個假期，佩蒂能夠健行、做槳板運動、玩水上摩托車，跟上特別強而有力的皮拉提斯訓練，帶她的狗出門好好遛遛。之前斷斷續續的睡眠也有所改善。

到了十月底，佩蒂持續改善，改善到生物反饋掃描顯示，她的細胞年齡如今是三十五歲——「對一個五十五歲且剛經歷過重金屬超量、人類疱疹病毒第四型、黑黴病等狂風暴雨的人來說，實在是不錯了。」

整個秋天，佩蒂找到了重新開始工作的能量，而且接了幾個新個案。到了第七個月，史蒂芬自己決定訂閱一期專門探討另類醫學的雜誌《湯森致醫生的信》（*Townsend Letter for Doctors*）。之後不久，他們倆首度針對史蒂芬的健康做了前所未有的正向對話。「他感覺得到支持且受到尊重，然後預約了一位新的整合醫學醫師，解決他的健康問題。」佩蒂寫道，「就是這個傢伙，他曾經說過：『我不相信所有這些東西！』」

佩蒂生命中的其他領域也在蛻變轉化。她學會如何與苛求的繼母建立邊界，如何不干涉繼子、繼女，免得自己成為代罪羔羊。

十一月，特里頓小組開始為佩蒂的家人發送日益融洽的意念，佩蒂自己也開始發出意念，企圖「改變」她與兩名繼女的關係「腳本」。那個月慢慢流逝，她注意到自己和年紀最小的繼女潔西卡在電話上親密地聊天——十年來從不曾如此親密。然後在十二月，整家人相聚了一週，拍了一張正式的家庭照，享有多年來最美好的團聚時光。同時在聖塔菲，她和史蒂芬碰巧開車經過一間出售中的房子，這裡距離四個孩子中定居阿布奎基（Albuquerque）的三人的住家大約一小時車程。他們倆討論投資房地產多年，但從不曾認真貫徹執行。那房子有六間臥房和三個獨立的生活區——彷彿是為她的大家庭來訪定製設計的。

「既然我們三個人已經在阿布奎基，你們也可以在這裡退休，」三個孩子從一個房間走到另一個房間，潔西卡說著這話，另外兩個頗有同感地附和。史蒂芬和佩蒂最終並沒有買下那間房子，但他們的確在附近找到了另一間同樣合適的房子。「好像我的小組幫我顯化了適合我們家庭的完美房子。」佩蒂寫道。

所以，上述這些突破都歸功於特里頓小組的意念嗎？對佩蒂來說，最有效的是必須透過她的小組「對宇宙」公開承諾，這迫使她繼續更專心地尋找健康問題的根源，更努力地處理問題的起因。

「我注意到的是，這些意念持續為我對療癒做出的努力添加燃料。」佩蒂說，「換句話說，我已經說出了我的話／祭出了我的話／意念，這刺激我貫徹執行。我不知道是意念見效了，還是因為那些意念持續使我專一聚焦，承諾於我的療癒計畫，」組員們也幫助她打造了一個新的目的。「我已經盡心盡力了許多年，然而當我承諾於繼續對世界作出巨大的貢獻，我感到動力倍增。我需要健康才能做到那件事。」

對佩蒂來說，小組意念主要是給了她揭開健康問題根源的動力——組員們同樣為米契．狄恩（Mitchell Dean）做了這樣的事。米契是另一位參與者，就他記憶所及，自己一直承受著抑鬱之苦，身為四十四歲的臨床心理學家，他將這個問題歸結為創傷性的出生過程。他是透過剖腹產出生的，在母親手術復元期間，他被餵了三天糖水。「這一定設下了一個非常強大的凍結回應。」米契說，「不論我吼得多悽慘，都得不到幫助或食物，這導致一個人開始關機。」

米契深受家人喜愛，一直是勤奮的學生，成績優秀，但從童年一路到成年，他都覺得很難存在於人世間。有時候，他會陷入重度抑鬱，自殺念頭終日縈繞。他從不曾將這樣的念頭付諸行動——他不忍傷害父母親，或者，身為成人，不忍傷害妻子和九歲的兒子——但如果看到公車經過，他經常希望公車衝上路邊，撞到他。當個苦於抑鬱的心理學家是倍加困難的，而身為整合治療師，多年來他試過每一樣東西，從飲食和補品，到中藥和整脊治療法，但似乎都沒有什麼用。

在他的「大師班」小組赫利厄斯發送過一則幫助他面對自身情況的意念之後不久，有人鼓勵米契與一位整脊治療師合作，治療師在他身上做了四十六項檢測。拿到結果時，四十五項沒有問題，但第四十六項顯示，他的一套肝臟過濾系統沒在運作。那意謂著，他身體吸收的某些毒素會直接進入腦部。米契展開了一套中藥、飲食搭配補品的新療法，而這一次，見效了。

終於，他有了一次真正的突破。儘管抑鬱偶爾重現一、兩天，但已趨平緩。「天哪！」某個時刻，他心想，「感覺好多了。」不過他自己感受到的最深刻效應發生在每當他為別人持守意念時。「感覺就像有更多的好運朝我而來。」他說，「我裡面的某樣東西感覺上更重要、更紮根、更連接上了——好像一條通向靈性的導管。」

五十四歲的愛莉森．梅文（Alison Maving）住在比利時，自一九九一年起便患有白斑病。她加入小組時，兩隻手臂和身上的皮膚全是白色斑點。她多年來持續嘗試的另類治療法的確改善了白斑病，但並沒有真正奏效，儘管愛莉森已對白斑病投降認輸，但卻想要查出這病當初為什麼會出現。課程的前七週期間，她持守的意念是，想要理解自身白斑病的成因，也因此碰巧讀到某些文章和書籍聲稱，她當時欠缺的某些維生素和礦物質可能造成她身上這類自體免疫疾病——她以前從來沒有聽說過這樣的關聯。

到了課程的第四和第五個月，她要求小組聚焦在療癒她的皮膚症狀，然後愛莉森發現有文章斷言，維他命D缺乏是白斑病的一個成因。她去抽血化驗，雖然醫生認為她的維他命D水平尚可，但數值遠遠低於她所讀到的文章的建議。愛莉森開始服用維他命D補充劑。幾乎立即地，她胳膊和雙腿的皮膚重現顏色——她每月與我和她的小組分享的服用前後照片足以證明這點。到了十月，她的皮膚繼續重現色素；她同樣罹患白斑病的姊姊也開始服用維他命D，皮膚同樣逐步重現色素。「找了二十年，才找到療法。」她寫道。

愛莉森是個全職媽媽，同時擁有一樁她愈來愈無心經營的小型手工藝生意。她渴望找到自己的人生使命，也希望那可以包含某樣與另類醫學（她的熱情所在）相關的東西。十一月時，愛莉森上了一門在布魯塞爾開班的「再連結療癒法」（Reconnective Healing）課程以及其他能量療癒訓練，然後她做出決定，要成為專業治療師。「我覺得我已經找到了自己的人生使命。」她在一份進度報告中指出。同一時間，所有的家庭關係（她的另一則意念）大大改善了。「我與姊姊的關係從來沒有那麼好過。」她寫道。

莫斐斯小組決定要聚焦在小組以外的某人，企圖幫助組員之一的朋友蘿拉，幫她重拾健康，克服嚴重的坐骨神經痛和呼吸困難，那害她沒有精力、長期失眠。到了九月底，蘿拉的健康已澈底改觀，變化大到藥劑師幫她換了藥方。她的疼痛大大減輕，開始逐步達到不間斷地連續睡眠五小時。到了十二月，她能夠上雜貨店採購、跑腿辦差、做飯——這些全都是她一直做不到的事。她的健康大有進步，能量大幅提升，因此她旅遊到一座國家公園，且能在園內做短途健行。

對愛莉森、米契和佩蒂來說，意念被證明是推動力，幫助他們找到健康問題的根源並開始克服那些挑戰；對喬安・布洛克威（Joanne Brockway）而言，小組的支持使她有機會將信任鍛鍊到極致。喬安二十二歲的女兒潔西是「帕拉林匹克運動會」（Paralympic）[1]的運動員，她被加拿大國家代表隊選中，要在那年七月，赴荷蘭斯塔

譯註：

1 簡稱「帕奧會」或「殘奧會」，乃專為身體障礙人士舉辦的綜合型國際體育賽事。

茨卡納爾（Stadskanaal）參加二〇一五年國際輪椅暨截肢體育聯合會（International Wheelchair and Amputee Sports Federation）舉辦的世界青年錦標賽，在擲鐵餅、鉛球和標槍比賽當中競技。潔西出生時髖關節脫臼，使她雙腿的活動受限，兩年前，她在「嘗試一下」的心態下接觸了這些運動，而且連續贏得兩面金牌，打破了加拿大女子全國賽的擲鐵餅紀錄，成為二〇一四年世界青年錦標賽的帕奧運鐵餅和鉛球選手。

喬安打算陪潔西去荷蘭，而且規劃兩人在賽事結束後旅遊歐洲。

在與會者已被分成小組之後的一次線上工作坊期間，喬安與艾莉絲和琳奈特建立了良好的關係。儘管她們不在同一個正式的念力小組，卻透過電話和電子郵件成為念力夥伴，於是喬安在啟程之前，請兩位為母女倆旅行全程的平安和健康持守意念，期望以「可愛、令人驚訝的方式」輕鬆找到交通工具，也期望他們的行程充滿「豐富、同步」的時刻。艾莉絲和琳奈特決定開始為喬安可以接收到支付票款的資金持守意念。「突然間，意想不到的資金開始出現；我不斷以驚人的方式獲得金錢。」她說。她被深深觸動了，因此決定信任兩位朋友的意念的力量，除了飛越大西洋的班機機票外，沒有規劃任何交通工具。

第一項好運氣發生在加拿大田徑會在不額外收費的情況下延長了潔西的回程航班日期。潔西從阿姆斯特丹史基浦機場（Amsterdam Airport Schiphol）到斯塔茨卡納爾參加體育盛會的交通費已有人支付；而喬安的交通尚無著落。必要的話，她可以租一輛車，三小時車程要花費三百美元，但她希望可以的話儘量不花錢；因此決定不預約任何交通工具。「自從艾莉絲和琳奈特為我們持守意念以來，我自在地乘著意念的雙翼飛翔，信任有趣的事一定會發生。」她說。

雖然來自加拿大的另一區，但唯一的另一位女性運動員的母親，也是行程中唯一的另一位加拿大家長，碰巧與她們同一航班飛往歐洲，而且這位女士預約了一輛車。她們聊了起來，喬安提議和對方結伴同行，費用平攤，兩人立刻成了熱絡的朋友。比賽期間，女兒們忙碌時，她們就共乘一車去看每日的體育賽事，也一同用餐，然後在訓練結束後，請兩個女孩吃晚餐、觀光遊覽。

雖然喬安已經完全透過她在「最佳西方」（Best Western）連鎖酒店的積點支付了她的旅館房間費用，但酒店經理卻自我介紹，親自為她辦理入住，還給了她一間有巨型陽台且能全景眺望該市的大型豪華房，這可是酒店中最為奢華的雙人房之一。

旅行期間，琳奈特和艾莉絲不斷為她們倆持守著那個意念，就連潔西似乎也因此受惠。她贏得了一面鐵餅金牌、一面標槍銅牌，而且成為整個活動中最上鏡頭的運動員。

賽事結束且與潔西在阿姆斯特丹玩了幾天後，喬安出奇不意地建議，要搭大力士高速列車（Thalys）去巴黎，那是潔西向來渴望一遊的城市。儘管她們在最後一分鐘才買到車票，上了一班超額訂位的火車，結果卻享有特殊玻璃車廂內令人驚喜的座位，搭配專用的舒適椅子和桌子。抵達又是用積點付費的住宿飯店後，她們得到了一間可愛的大房，可眺望塞納河全景。

一天，她們打算參觀艾菲爾鐵塔，卻沮喪地看見早已大排長龍，等著搭乘上達塔頂的電梯。突然間，一名保安人員把她們叫出來，帶她們直接來到後方的電梯，由電梯直接將她們送到塔頂。乘船遊覽、餐廳用餐、旅遊各景點，那樣的好運繼續相隨；她們從來不必排隊等候，儘管那是巴黎市最繁忙的旅遊季。一晚，她們迷路了，一輛計程車突然出現，載她們回到酒店，而住宿酒店的最後一天早晨，酒店經理免費贈送他們一餐。

「這些經驗也許看似平凡，但其實不然。」喬安說，「許多同步時刻發生了，給了我們需要的東西，就在我們需要的時候，讓我們享受到與相逢之人全然正面的連結。我們覺得安全，即使是晚上迷路了。」而且最美好的是，整趟旅程最終的花費不過是兩張來回火車票、每日的膳食費用以及喬安的機票錢。

對於有兩個女兒的四十九歲單親凱倫・海赫斯特（Karen Hayhurst）來說，小組的念力是跳板，讓她有勇氣減少純粹為了支付賬單而從事呆板的駕駛教練員職務，回歸自己真正喜愛的工作。「我總是覺得能量工作是我的人生使命，但駕駛教練是我的工作。」她寫道。

剛開始上這個為期一年的課程時，凱倫患有下背部疼痛和膝蓋痠痛，因為長時間坐在車內，除了吃飯和睡覺，幾乎沒時間做別的事。缺乏運動也造成她體重增加，即使工作時間長，沒吃太多東西。雖然她有許多朋友，但滿到爆的工作和家庭時間表使她幾乎沒有時間社交。

前七週的課程結束時，凱倫的下背部疼痛和頸部僵硬變得非常嚴重，使她不得不離開駕駛教練的工作。

一次線上工作坊通話期間，凱倫被置於某個念力小組，和大家一起發送意念給一名組員，當時她被小組一波波迎面而來的愛的氛圍淹沒了。就在小組聚會結束後，她往下看，眼前有一篇關於能量研究的文章。她的腦海中突然迸出這幾個字：你怎能離開它呢？「眼淚掉了下來，然後我知道，該是回去重新研習的時候了。」她寫道。

由於頸部疼痛，不太能駕車，所以凱倫有空間和時間重拾她的能量研究，並在復元期間開發了一個線上課程。「我學到了許多實際製作法、視頻和音頻的品質，外加如何編輯視頻節目。」她寫道，「此外，我開始蒐集大量能源工作的研究資料。我感到振奮。」

休假期間，凱倫終於有機會和朋友一起喝咖啡、結交新朋友；她甚至與一位好友開車玩了一天，多年來，她一直不允許自己做這樣的事。頭一次，她能與兩個女兒共度不間斷的優質時光，有辦法再度每天打電話給母親，之前因為工作時間長，她一直不可能做到這些事。到了夏天，凱倫的頸傷正值癒合，所以可以每天早上散個步，這能幫助她減肥。

當時生活的缺點是沒有進帳，必須仰賴儲蓄。然而，之前與她失和、七年來沒有說過話的父親，在發現凱倫受傷之後，居然主動聯繫，還送錢幫助她度過這段時間。凱倫不僅感激父親的幫忙，透過這次恢復聯繫更「平撫了我們之間的波瀾。」

秋天來臨時，除了享受著與母親、女兒和友人日益親近外，凱倫也開始收到舊識的訊息，這些人陸續將研究連結傳送過來。適合她的各類成長契機開始湧現。「我發現，自己現在是許多能量／整體療法同行的研究中樞。」她寫道，「我有一個網站上線營運、一個定期更新的部落格、以及不斷成長的訂閱名單。」最後，她的確為了支付賬單而回去做些駕駛教練的工作，但不讓那份工作操控她整個人，像過去那樣。她繼續拿到了一個全人健康科學的學士學位，目前正在攻讀自然醫學碩士和博士學位。

五十歲的梅莉莎・凡達尼許（Melissa Fundanish）來自南卡羅萊納州泰加礁（Tega Cay），她和凱倫一樣，帶著明確的意圖加入大師班，期望找到新的就業契機。在工作上，她與經理的關係不健康，而且覺得被卡在兩個團隊中間，雙方似乎都無法找出如何為客戶的共同利益協力合作的方法。此外，她支援的產品壽命有限，可能未來幾年就過時了。「我無法斷定自己想要的職位類型，以及如何尋找那樣的職位。我覺得卡住了。」她在初夏的進度報告中寫道。

七月時，梅莉莎與小組一同設定意念，企圖找到有意義的工作，然後，她收到了來自一位同事的電子郵件。梅莉莎知道，這位女士在獵人求職方面經驗十足，於是鼓起勇氣詢問是否可以私下聊聊。兩人見面時，梅莉莎向她透露了想要換工作，碰巧這位女士當時正在找人填補一份應該很適合梅莉莎的職務。「我要了一份職位描述，考慮了一整夜，然後決定應徵。」梅莉莎在下一份月度報告中寫道。「她幫我加速通過面試流程，一週內約了四次面談和一次上台簡報。隔週，我收到聘用書，薪資比我預期的高出許多。」

梅莉莎八月開始她的新工作。「我的新工作好極了。」她寫道，「進公司兩個月，我很喜歡我的經理、同事、員工、公司文化和我的責任。我其實認為不可能找到自己喜愛而且覺得有挑戰性的工作。」

除了梅莉莎的工作外，普羅吐斯小組還聚焦在一個非常具體的要求：要梅莉莎以五千美元的價格出售她的BMW M3，而且明確規定要賣給愛寶馬的人。「突然，我接到科羅拉多州一位紳士打來的電話。我們聊得很愉快，然後他對我說：『好吧，我想買那輛車！』我說：『太好了，你想付多少錢？』他說五千美元。我也很高興，車子賣給了BMW M3迷。」

梅莉莎決定為她姊姊的車子設定一個類似且非常具體的意念，那輛車已經賣了三個月，但沒人接手。在梅莉莎發出意念三週後，她姊姊以一萬美元如願地賣掉車子，而且賣給了另一位寶馬迷。

對梅莉莎來說，小組幫助她重新愛上自己的人生。「我發現，總的來說，我覺得好像自己處在美好的生命之流中。事情更輕易地發生，而我享受著那份流動。」她和姊姊享有更加親密、深厚的關係，而且她經常靜心。她甚至發出一個意念，要找到某個人，展開親密關係。「不到一或兩個禮拜，我姊姊的一個朋友為她和男友以及我跟她男友的室友安排了一頓四人午餐。她男友的室友和我超級合拍。我們享受了第一次約會，真的很開心。」

六十七歲的羅伯・莫拉雷斯（Robert Morales）來自加州博蒙特（Beaumont），他也因為在赫利厄斯小組內的運作而改善了健康狀況。課程開始時，他的心臟、攝護腺、胰腺、左膝、尿道和睡眠都有問題，還被診斷為患有二型糖尿病。羅伯請小組為他的健康得以改善發送意念，然後十月時，他又請幾位組員協助解決左膝的疼痛。大約八至十天內，他左膝的疼痛消退了。「我的這個膝蓋到今天都沒有問題。」他寫道。

然後，十二月九日那天，他因流感無法起身——他認為，一部分是由於疲倦和長時間工作。因為這場病，他無法出席平時參加的赫利厄斯小組週四聚會，於是請求小組發送讓他好起來的意念。

十二月十一日，羅伯醒來時，感覺好多了，於是出門上班。那就像某個巨大重量被舉起，離開雙肩。他能夠睡得更好；心臟不再像平時夜裡那樣急速跳動、心律不整。他的攝護腺症狀顯然不見了——明顯到當晚和其後夜間的睡眠都只被打斷一次，而且長久以來第一次，他可以吃肉而沒有任何的殘餘反應。事實上，多年來他第一次可以吃東西而不起任何反應。「我覺得完全正常，好像我沒有任何問題。我感覺被治癒了，充滿活力。長久以來，這是我狀況最好的五天之一。」

羅伯和他的妻子當時正陷入財務困境，付不出帳單，所以他請幾位組員發出送來援助的意念。不到三十天，羅伯收到一張銀行開出的兩千四百七十五美元支票。「由於今年買房的關係，我們知道銀行會退回一些東西，但不知道退費總額和日期。」

貝弗莉・絲凱・福克（Beverley Sky Fulker）請求小組支援、改善她的財務狀況時，手頭上只剩下最後兩百英鎊。她碰巧遇到一個人，對方知會她，凡是之前為倫敦勞合社（Lloyd's）保險公司工作過的員工，都可以申請援助款。貝弗莉曾為勞合社工作，所以她申請了。雖然公司對申請人的篩選資格相當挑剔，但卻選擇了貝弗莉，「他們還給了我一張相當漂亮的支票。」她說。

貝弗莉天生臉上帶著一塊酒色斑，從小不斷面對霸凌，多年來更一直用遮瑕化妝品塗抹臉部，甚至考慮做整容手術。及長，她決定設立一個網站，提供鼓舞人心的故事和建言，鼓勵有疤痕或胎記的人對自己感到自信而正向。勞合社那筆錢也適時幫她更新了她的網站（www.LoveYourMark.com）。「剛好及時，」她寫道，「就在我需要的時候。」

米契．狄恩發現，因為小組的幫忙，他不僅治好了一生的抑鬱，還治癒了加重抑鬱的「異常痛苦」問題：「去年一年，我比前四十四年進步許多，」他說，「進步之大使我終於進入將療癒某些其他課題當作首要的健康目標，而且那些課題目前也已經有所進展。」他克服了作家的障礙——那障礙使他無法著手一本多年來一直計畫要撰寫的著作；另外減掉了七公斤，恢復高中時代的體重，而且身體比過去幾年更健康。米契也重新唱歌和彈吉他，那些是他幾十年來不常做的事。他多年來教導病人的正念技術突然被一位知名的女演員「發現」，對方提議幫米契將如此正念的信息傳揚出去。

安蒂的小組意念幫助她以最少的痛苦和意見不合，有意識地與丈夫「解除婚姻」。他們倆已經同意離婚，但一直沒有採取具體的步驟結束兩人的婚姻。在她加入念力小組的頭幾個月，她發了一封電子郵件給協議離婚律師，然後他們的第一次會議順利進行。與第二位協議離婚律師見過面後，他們決定聘請自己的律師，這時候，安蒂得知丈夫有一位正式交往的女友。這點結果證明是一個重要的推動力，促使他們同意告訴孩子兩人正在辦理離婚，同時安蒂的丈夫搬出去住。在小組的支持下，儘管其他家庭成員漠不關心，但安蒂仍能保持堅強。

「我們的溝通更深入、更有力、更開放，勝過兩人婚姻中的任何一年。」安蒂說。他們致力於「協議離婚」，同意不提起訴訟，律師們很驚訝他們有能力根據每一個人的最佳利益推敲出分居的細節，因此請求將兩人的方法與其他客戶分享，作為可以如何辦理離婚的模型。

瑪格麗特是加州的緩刑犯監督官，在加州，毒品使用仍是前科犯之間的一個嚴重問題，她請求小組發送意念，讓她的個案在接受隨機藥物檢測時的陽性尿液分析結果降低五〇%——而且立即得到她所期待的結果。

楚蒂重拾了部分聽力。

在艾克羅厄斯（Achelous）小組發出念力之後，前兩胎都奮戰好幾天才生下寶寶的阿曼達的媳婦，在到達醫院後十五分鐘便生下了第三個孩子。

蘿絲．懷特（Rose White）在兩週內賣掉了房子，也找到了自己的夢想家園。

一個月接著一個月，非凡蛻變轉化的名單繼續出現。我還有最後一個實驗要做，這是決定性的一瞥，一探核心要地，要找出這一切的核心機制。

第21章 八的力量研究

生命大學（Life University）校長蓋伊・李克曼（Guy Riekeman）博士喜歡鼓動風潮，他直接在生命大學網站的首頁闡明這個事實，宣稱這地方是讓「有識之士堅持不懈地承諾於顛覆性的社會創新」。正如他和校內全體教職員所見，他們正在發動一場健康照護革命，由該校學生領頭脫離傳統醫學模式的「疾病照護」（sickness care），進入「全人健康」（holistic wellness）的領域。李克曼和生命大學的其他整脊治療師均來自整脊療法陣營，他們相信「生機論」（vitalism），認為，誠如生命大學所揭示的，宇宙的所有系統都是「有意識的、自我發展的、自我維持的、自我療癒的」。這些生機論者（vitalist）將他們的工作視為單純地移除障礙，因為位置不當的脊椎骨阻礙了這股能量的自由流動，就像許許多多掉落的樹枝橫跨在鐵道上。

現年七十歲、相貌粗獷有型的李克曼是整脊治療業的巨人，二〇〇四年接任校長職位後，他掌控了生命大學的走向，不到十年，便將一小撮位於喬治亞州瑪麗埃塔（Marietta）樹林區內的混凝土建築物，改造成全球最大的整脊學院。二〇一五年四月的一個晚上，我與李克曼和其他幾位教職員坐在一起，當時，我剛在生命大學做完簡報，喝過一瓶李克曼私人珍藏、令人久久難忘的紅酒，然後蓋伊自願提供生命大學的設施，供我研究八的力量小組所發生的事，他讓我使用生物學系和心理學系，以及二系所有的科學量測設備。

如此慷慨令我不知所措。這正是二〇〇七年以來我一直期望的：一所備受尊敬的大學願意針對我的八的力量圈做實驗。

在我看來，我們的研究的最重要主題不是發現我們能否影響接收者，而是檢查念力發送者內在發生了什麼事。蓋伊要我與史蒂芬妮・沙利文（Stephanie Sullivan）博士聯繫，沙利文博士是神經科學家，「席德・威廉斯博士整脊療法研究中心」（Dr Sid E. Williams Center for Chiropractic Research）主任，擁有豐富的科學研究經驗。在她的協助下，我們選定了一個簡單的個人研究，由志願參與的學生組成八的力量小組。我會經由Skype或YouTube視頻，提供一些簡單的後續指令給八的力量小組，小組成員之一要自願擔任念力目標，其餘組員則針對這人發送意念，如同我帶工作坊的做法。史蒂芬妮和她的團隊會經由一台定量腦電圖（qEEG，測量不同腦波模式的標準儀器）在群體念力發送之前、期間和之後檢查其中一位意念發送者的腦模式。所有參與者都要填寫表格，評估他們在意念發送之前和之後的心境，如此才能評估任何改變。

為了讓我們的研究具有科學的可信度，史蒂芬妮計畫同一個試驗做七次，由不同的個人組成不同的「八的力量」小組，七組的腦波測量目標人選都是第一次參與這類意念發送。然後她會將我們的 qEEG 讀數的結果，與參與安德魯・紐伯格和理查・戴維森等人的研究的個人記錄結果進行比較，看看我的念力程序是否產生了任何的顯著性差異。雖然這不是一個充分控制的試驗，但我們還是會得出一個像樣的初步研究，可以為我們帶來某些線索，說明為什麼我的實驗參與者記錄了如此蛻變生命的效應。稍後，我們會檢查發送者和接收者的免疫系統標記以及其他生物活性，查明是否還有其他的實質改變正在發生。

史蒂芬妮在二〇一六年二月初送來第一批結果。「目前為止，成果相當驚人，」她寫道。我們的參與者顯示了即時而重大的腦部整體改變的證據，這些改變與平時大相逕庭，她說。

幾個月後，在執行且分析過七項研究中的六項（一項被證明無法使用）之後，生命大學研究團隊發現，在念力發送期間，我們的參與者的右側顳葉、額葉和右側頂葉的活動出現合乎科學的大幅下降，在幾個頻率（或腦波）帶出現腦部幾乎全面靜寂。事實上，我們的結果與一般靜心禪修發生的情況相反，後者往往導致大部分皮質的阿法和西塔腦波功率增強；我們的參與者的阿法波是「減少」的。最大的變化發生在腦部的整個右側頂葉（區分自我感與一切非我的部分）、顳葉（包括通常與視覺相關的枕骨區）以及腦部前額區（涉及規劃和決策等執行過程）。顳葉也與記憶、視覺表現和聽覺處理相關聯。我們對所有參與者進行的研究結果在統計學上不但是顯著而且前後一致的，這個事實顯示，這些現象不是巧合造成的，史蒂芬妮說，尤其因為這些是在發送療癒意念的十分鐘期間立即出現，而且是發生在之前從未參與過八的力量念力圈的人們身上。

追求開悟，投入默觀（contemplation）修煉，最終是一種自我導向的活動，反映在腦部的「自我」層面的活動增強。「當一個人選擇透過某種具體的修行（不論是東方或西方、宗教或非宗教）尋求開悟時，當她開始靜心禪修或沉浸在觀照之中，最初都是額葉區的活動開始增強。[1]」紐伯格寫道，「我們也在我們的腦部掃描研究中見到，頂葉區的活動一開始便增強。我們對自我與世界或靜心對象有何關連的覺察力正在增強，而頂骨的活動則幫我們辨識自己的目標同時朝目標邁進。」

但在我們的「八的力量」小組和「念力實驗」中，離開自我且聚焦於「他人」，立即降低了許多自我相關領域的活動，尤其是右腦的活動，這裡除了創造力，也與負面思考、恐懼、憂慮和抑鬱相關聯。特別是，我們發現右側前額葉皮質區的活動減少，這可能指出，擺脫了較高的壓力和焦慮狀態，同時情緒獲得改善，史蒂芬妮寫道。的確，史蒂芬妮用「簡式心情內省量表」（Brief Mood Introspection Scale）檢定每一組組員在參與八的力量念力圈之前和之後的狀態，而這套標準心理評定測驗顯示，參與者的心情總分以及平靜和放鬆狀態都出現顯著的改善。史蒂芬妮為參與者進行一項標準化的科學檢驗，測量疼痛的任何變化。雖然我們並沒有觀察到任何顯著的趨勢，而且我們的八的力量小組是清一色健康年輕的學生群，但仍有不少成員描述了各種疼痛——偏頭痛、關節痛、背痛——而且他們的疼痛自然而然地消失了。

我們的參與者的腦波，識別標誌類似於安德魯．紐伯格研究過的許多族群，那些人企圖開悟，但主要是透過臣服的過程，包括修女和僧侶、靈媒、投入唱頌的蘇菲大師，乃至在某種程度上，也包含說方言的五旬節教會成員。在企圖開悟並非自我導向活動的例子中，情況不同於上述例子，就拿我們的「八的力量」小組來說，當事人一開始與默觀的對象融合，前額葉的活動往往立即消失。我們的八的力量研究也有證據顯示，頂葉與額葉之間的一致性增加。當「一致性」（coherence）被套用到腦部時，意謂著腦子不同部分之間的交流程度。就我們的案例而言，雖然活動減少了，但參與者的腦子似乎是以一個更大的整體在運作。參與者還顯示出感覺運動帶與聯合區的活動減少，這些是感覺和運動處理的位置，腦部的這一區為感官覺受賦予意義，包括音樂在內。這表示，八的力量的成員進入了另一個維度，在那裡，他們不太覺察得到身邊的環境。

這提供了更多的證據，顯示這些變化與靈氣唱頌音樂沒有太大的關係，因為參與者經驗到腦中識別和處理音樂的部分整個減少了。枕部區（與視覺相關）的減少可能與下述事實有關：參與者的視覺注意力被導向內在，來到念力目標被治癒了的視覺化心像。

我們的小組成員似乎正在經驗某種意識的變異狀態，就跟紐伯格的修女們一樣。但八的力量參與者並不是與上帝神聖交流（Holy Communion）；他們是彼此神聖交流，與他們試圖治癒的個人或情境神聖交流。生命大學的研究顯示，我們的全球實驗和八的力量小組的參與者，正在經驗某種類似於狂喜的時刻，這點事後已經證明在參與者的生命中造成蛻變。但與紐伯格的修女、僧侶或蘇菲派信徒不同的是，這個過程不需要事先準備（一個小時的熱烈吟誦或反思映射以求達致那個狀態）或多年虔修。針對紐伯格的實驗對象，其實也是多數默觀禱告實例出現的情況，紐伯格說：「通常他們需要大約五十到六十分鐘，才能創造出同樣類型的神經變化。」❷

截然不同的某事發生在我的參與者身上。他們在八的力量小組或念力實驗開始後幾分鐘內，便進入了這個狀態，他們的開悟經驗不但是立竿見影的，更是出奇不意且不請自來的。而且與典型的宗教或原住民經驗不同，沒有咒語，沒有齋戒，沒有自我否定或匱乏，沒有美洲印第安人的蒸汽浴室（sweat lodge），沒有瑜伽或大禮拜，沒有說方言，沒有聖像，沒有「死藤水」（ayahuasca）[1]，沒有聖奧古斯丁（St Augustine）描述過的「心智的巨大努力」。事實上，根本沒有真正的努力；那個經驗多半是實驗參與者無法控制的。他們沒有啟動這個經驗——參與這個群體意念就讓這事發生了。唯一的最初誘因是「熱機」——我們在所有念力實驗中使用的簡短正念靜心儀式。我們的研究所檢驗的每一個人都是之前從來沒有練習過「熱機」的全然新手；他們有過的最大經驗是時斷時續的靜心冥想，而且唯一的指導手冊是我所製作、描述實驗如何進行的十三分鐘YouTube視頻。在我們的念力實驗和我的工作坊中，絕大部分的參與者以前也從來沒有實地經驗過我的「熱機」。雖然參與的人多半是經驗豐富的禪修者，如同他們在調查報告中描述的那樣，但對多數的參與者而言，這個經驗在品質上不同於一般靜心。就每一個案例而言，我們的參與者都是在瞬間被運送到那個狀態中。

我無法得出其他結論。在群體中發送利他的療癒心念是通向奇蹟的快車道。

❖ ❖ ❖

德國柏林普朗克人類發展研究院（Max Planck Institute for Human Development）的心理學家烏爾曼·林登伯格（Ulman Lindenberger）和他的同事們，在研究過一群兩兩成對的吉他手的腦電圖之後發現，當兩人或多人「一致地」演奏音樂時，他們的腦會開始模仿對方。每一對吉他手的腦波都變得高度同步，而且「同相位」（in phase）——也就是說，他們的腦波在特定的關鍵時刻開始一齊達到高峰和落到谷底。兩個腦子的整個區域創造出同步的模式，尤其是額葉區和中心區，還有顳葉和頂葉區，人腦中的那些部分支配我們在空間中的自我感，而且在這樣的情況下，同步表

譯註：

1 克丘亞語，意思是「死亡或靈魂之藤」，俗稱死藤，是一種藥用植物，生於亞馬遜河流域的熱帶雨林，與其他幾種植物混合煮成的湯藥，具有祛病提神、強身健體的功效，且容易使人陷入所謂的「通靈」狀態。因此被美洲原住民廣泛應用在宗教儀式。

示，吉他手開始感覺到與吉他手同伴的合一感❸。

同一個團隊繼續研究臨時興起、一同演奏的吉他手，然後發現了所謂的「超腦模式」（hyperbrain pattern）——腦部串聯運作、緊密配合的趨勢，致使大家的腦就像一個單一的巨型腦——尤其是兩名吉他手同時彈奏的時候❹。英國蘭開斯特大學（University of Lancaster）的其他科學家，以及位於義大利基耶蒂（Chieti）的基耶蒂佩斯卡拉「鄧南遮」大學（University 'G. d'Annunzio' of Chieti-Pescara），在研究雜耍團體之間的共享思考——或是他們所謂的「團隊心智模型」（Team Mental Model）——時，也發現了同樣的結果❺。成對的雜耍人不僅發展出超腦模式，更逐漸產生協調一致的心臟和呼吸速率。

就我的八的力量小組而言，這不再是一個獨立個體的集合。分隔大家的邊界已被清除了。這是一個動力倍增的蜂巢，一個超級團體。他們不只是在連結——他們正在融合。

但八的力量小組經驗到的變化也可能向外輻射到周遭環境。一九五七年蘇聯首次發射人造衛星之後，康斯坦汀·科羅特科夫改良了一台被他戲稱為「史普尼克」（Sputnik）[2]的靈敏裝置。他的裝置有點兒像是將羅傑·尼納森的整套「全球意識計畫」配置包捲成單一機器，康斯坦汀聲稱，這台儀器能夠量測環境對人類情緒的影響力。

「史普尼克」已被開發成專為他的GDV（氣體放電可視器）設計的天線，康斯坦汀喜歡稱之為「整體環境分析儀」。這個高度靈敏的儀器，搭配他的GDV提供的資訊，旨在量測大氣中的任何變化相對於盤據同一空間的人們的任何變化。康斯坦汀聲稱，這個小小的感應器對環境的電磁場變化極度敏感，透過這個特性，可以探測到環境的電流容量，也就是，儲存電荷的能力。

人類的情緒與副交感神經系統的活動相關連，該系統的任何變化也會改變血液循環、排汗和其他功能，從而改變身體的整體導電性。康斯坦汀深知證據顯示，太陽活動、地殼構造的擾動和張力、環境的電磁場，均會影響人體健康，因此他主張，反向亦然，亦即：當一個人經驗到情緒的改變時，將會影響環境的電力，而這也會被他的史普尼克感應器探測到。

「人體功能狀態的改變導致變化出現在……身體周圍的場域分布、被呼出的空氣引動周圍空氣的化學成分、內分泌物質透過肌膚排放。[6]」康斯坦汀在一篇談論他的發明的論文中寫道。他的理論是，他的史普尼克甚至有能耐探測到這些環境電荷中最精微的電荷。

康斯坦汀花費若干年測試這台儀器，趁著考察秘魯、哥倫比亞、厄瓜多爾、印度、緬甸、西伯利亞和其他地方期間，發現在日出和日落期間或大雷雨之前會出現靈

譯註：

2 史普尼克是第一顆進入行星軌道的蘇聯人造衛星的名稱。

敏的感應器信號變動，然後他才滿意地認為，這台儀器夠靈敏，可以評估當地的環境狀態和特性。二〇〇八年，他用史普尼克做了一系列量測，在俄羅斯境內的不同地點——新西伯利亞、貝爾茨克（Berdsk）、伊爾庫茨克（Irkutsk）和阿巴坎（Abakan）——在一次日全食期間用了七具獨立的史普尼克。七具儀器在那次日食之前，全都顯示出類似的活動曲線，而在日食結束後，也全都以類似的方式穩定下來。

他所宣稱的效應，最引人入勝的是，這儀器有能力量測人群下意識的心理和情緒反應。他在各式各樣的群體集會（宗教典禮、瑜伽修練、群體靜心、音樂表演乃至公開演講）期間測試過這點，而且發現，儀器中呈現的統計學上的顯著變化與事件持續的時間和群體的集體情緒相互關連；史普尼克信號的變化愈大，室內的情緒電荷就愈大。在一項研究中，就跟羅傑．尼爾森以及尼爾森的REG（隨機事件產生器）一樣，康斯坦汀發現，在極度靜心期間，機器的輸出起了重大的變化。此外，他繼續用一個簡單的研究測試低強度聲音對一群志願受測學生的衝擊，進而證明了下意識情緒對室內電荷的影響。這些學生被要求進入教室，只操作電腦，同一時間，他們並不知道康斯坦汀打開了一台儀器，放出二十赫茲的低強度聲音，這聲音人類聽不到，但足以干擾下意識。

研究結束後，一份評估學生心智和情緒狀態的問卷（包括學生們對自我健康和心境的看法）毫無疑問地顯示，學生們在實驗期間承受了壓力，而且他們的改變鏡映了史普尼克所標示的變化。置於同樣條件下但沒有聲音播放的對照組學生，並沒有發生同樣的改變，乃至將第三具史普尼克置放在同樣二十赫茲聲量的空房間內，也沒有出現同樣的改變。

二〇一七年三月，我與康斯坦汀執行了另一項水實驗，過程中，我們要求佛羅里達州邁阿密市的一千名參與者發送意念給一瓶水，這瓶水被連結到康斯坦汀在俄國聖彼得堡實驗室內的一台電腦裝置。儘管我們與實驗目標相距超過八千公里，但量測結果卻清楚地顯示，對史普尼克造成顯著的效應，那瓶水周圍的電荷大幅降低。

在我的兩個工作坊期間，每當康斯坦汀在場，他就打開史普尼克，測量某些參與者在八的力量小組發送念力前後的情況。在兩種情況下，個人的壓力水平均明顯下降，室內電荷的變化也被清楚地標示出來。八的力量的效應正在影響小組組員，同時向外發射，送出一波波的善意。

當羅傑．尼爾森在義大利的八的力量小組念力發送期間打開他的隨機事件產生器時，也發生了同樣的情況。羅傑曾先後在波隆那和羅馬與我一同參與兩場研討會，而且在兩個場合中，每當進行八的力量圈，我都請他打開他電腦裡的隨機事件產生器。每一次，只要小組持續進行，效應就愈變愈大，一些明顯怪異的運動脫離隨機，趨向秩序。

發送同時接收，接收同時發送。

❖ ❖ ❖

我的大師班小組繼續一週一次的聚會，即使在那一年奇蹟般的蛻變漩渦結束之後。泰莉過去的房地產客戶意外來電，挽救了她的財務狀況——「從離無家可歸僅一步之遙，到成為房地產經紀人，擁有穩定的收入」；琳達的「種植食物好賺錢」巡迴演出得到特里頓小組的念力推升，然後一所大專院校選擇教授她的方法；突然間，梅利莎關係疏離的父親寄給她一張一萬美元的支票，然後她曾經短暫工作過的一家公司買斷了她的退休金，她又收到了另一筆一萬美元的意外之財。悠莉與丈夫的關係經歷了重大的轉變，丈夫更支持她自行創業的心願，而不是要她只專心於妻子和母親的角色。羅琳投資了一家致力於降低柴油和大型機具排放物的公司DynaCERT，在她的小組發出念力後，公司的股價上漲了五五八%，市值增加了六七七%，而且被評定為五大產業中績效最佳的公司。

除了重大的意外之財，也有較小的成就，而且是在我慫恿他們停止為自己發送意念之後，那些奇蹟開始更加頻繁地出現。朱莉確立了定期靜心的習慣，「我有生以來第一次」；南希開始減掉她一直想甩掉的五公斤體重；安德莉亞熬過了耶誕假期，完全沒有跟媽媽吵架；朱蒂的食品運動提倡團得到了需要的幫助；克莉絲蒂的消化問題消失了；瑪麗開始不費力地吸引到新的稅務客戶。貝芙與疏離的兄弟和好了；艾莉絲的慢性鬱血開始清理；瑪莎的失眠澈底解決了。家庭成員、朋友乃至寵物，也都因小組的念力發送而受惠：芭芭拉的丈夫開始致力於多年來未曾嘗試的新計畫；羅琳的丈夫的公寓以要求的價格賣出；伊蓮的小姑肝功能衰竭，最終出乎意料地不需要肝臟移植，正逐步康復，而她的大伯也躲過了原定切除食道腫瘤的手術；凱倫的母親的糖尿病控制得非常好，目前首度規律進食；梅莉莎的小貓出生時肺部沒有長好，現在趨近正常；簡恩的馬兒克莉普索在多次放棄後被救活了。除了商機以獨特的方式出現外，瑪妮做了一次「巨大的轉變——難以解釋的感覺，其實一切安然無恙。滿意我的人生和它的歷程，真正的喜悅與感恩。」

經常出席小組聚會的一百五十名參與者當中，幾乎每一個人都做出了某種重大的轉變。許多人首度找到自己的人生目的，或是改善了人際關係，或是發現自己多麼的自毀長城。「我為自己在互動中的角色負責，而且設法記住，我生來配有一顆暫停按鈕。」喬安．詹森（Joan Johnson）寫道。

我的大師班小組自行實驗，我則對他們提出愈來愈多的挑戰。普羅吐斯小組建立了他們自己的實驗，要增加夏洛特（Charlotte）及周邊地區的降雨量，以求滋養枝葉，由梅莉莎調查那一年的每月降雨量以及少於月平均雨量的數值。剛開始時，夏洛特和周邊地區正遭逢嚴重旱災，一年短缺雨水三六．四公分；九月開始發送意念後，緩慢、穩定的雨水開始降下。到了第二個月，該區的雨水已經超過了平均每月降雨量，到了十二月，在三個半月期間，該區的降雨量超過了三〇公分，大大補足了那一年短缺的雨量。

瑪麗的姊夫前來歡度耶誕假期時，腿部潰瘍，疼痛難耐，他並不知道莫斐斯小組決定將他們的療癒意念置於水中，然後由瑪麗灑進他的飲用水中。喝完水後，他再也不曾在那個假期疼痛難耐。

八的力量小組協助顯化所有這些改變，讓一百五十名參與者幾近百分之百全在同一年內經驗到個人的奇蹟，重點是什麼呢？這一切不只是巧合，而是不可避免的改變隨著時間的推移出現在境遇之中，這樣的機率有多大呢？

我不再詢問那個問題。我甘願單純地成為一種信使，一名頑強的使徒，傳播著神祕的群體煉金術。

大部分的參與者談到小組給予他們的無價支援，啟動了他們生命中各個層面的改變。在談到小組對他們有多大意義時，許多人哭了——「我的念力家族」，這是艾倫‧伯恩菲爾德（Ellen Bernfeld）對她的小組的稱呼。八的力量小組在那裡，艾倫說，幫助她「在我每次摔下馬時，不斷回到馬背上」。

「練習這些意念總是帶我回到自己內在一個充滿接受性的地方，在此，我的『是的，可是』變安靜了。」莉莎‧惠勒說。「我的頭腦平靜了，那份『信任』比較是內心層面上的知曉，明白意念正在開展。小組連結帶我進入這個空間。有時候，我會抗拒，不願讓自己沉靜到足以專一聚焦，而且會坐在那裡，幾乎像個性情乖戾的小孩一樣噘著嘴，但在願意與小組焦點同在的五分鐘內，我的腦子如實地感覺到，好像我服用了某種藥物，帶我進入一個變異的狀態。彷彿我們一起成為一個腦子。那個小組焦點感覺像是一碗湯，慢慢地改變了我的腦。」

「關於為他人持守意念的過程，被隨意連結到一群你沒有一同上過課或一起養過孩子的陌生人，有某樣東西是非常深邃的。」米契．狄恩補充說。米契和多數的大師班成員一樣，從來沒有見過他的小組成員，但感覺與他們非常親近，尤其是對羅伯．莫拉雷斯，大師班結束以後，他一直與羅伯保持聯繫。米契和羅伯幾乎每天連絡，幫助對方解決各種課題。米契經常發電子郵件，好比有一晚，他睡不著，就發了電子郵件，然後以那次而言，和往常一樣，羅伯在第二天回覆：「別擔心——上午四點半，有我罩你。」而現在，當米契聽說某人有問題時，他自己會說：「我會為你致力於那事。」

「重點在於付出的過程，」米契說，「當我致力於他人時，我整天都覺得比較好。而且看到某人更快樂，那不只是令人高興——我很幸運，能在身為心理學家的工作中如此收穫滿滿。還有某些東西是我不明白的。當我以這樣的方式為人效勞時，我自己的系統、我的人生，就是會運作得更好。」

六十一歲、來自紐約州凱托納（Katonah）的伊蓮．萊恩（Elaine Ryan）或許做了最好的詮釋：「一天晚上，我看見一幅赫利厄斯小組的視覺心像，原是一個個獨立的片斷，然後這些片斷開始融入這個正在成長且逐漸變得統合與同一的核心——赫利厄斯是核心。就這樣，每一週，我們以上週為基礎建造，然後變得更統一、更強健、更承諾於念力的焦點。」

「我發現自己把小組成員或因小組出現的成員，看作是一個單位且是我生命的一部分——比較像是一個統一的能量場——同時也是擁有他們自己道路的個人。」

幾年前，在二〇一二年九月，在當年秋季總統大選的誹謗大賽期間，我又嘗試了一次比較重大的和平念力實驗。我一直想做一個「療癒美國和平念力實驗」，且將目標鎖定在我認為美國最暴力的地方——美國國會。我先在六月的〈咫尺天涯調幅廣播〉（*Coast to Coast AM*）脫口秀廣播節目中嘗試了一下這個主題，然後九月在蓋亞（Gaiam）網絡電視舉辦了僅僅一天的活動，指導線上數千名觀眾向圍繞美國國會大廈、犯罪率持續增長的兩個地區發送意念。然後我袖手旁觀，等了整整一年，才比較之前二十四個月和後來十二個月的警方數據。

隔年九月，我們分析了資料：暴力犯罪率（我們的念力目標）降低了百分之三十三，從我們發送念力的九月開始——逆轉了前兩年的趨勢——儘管財產犯罪率持續增加。而且在我們的〈咫尺天涯〉念力發送會隔天，共和黨眾議院發言人約翰·貝納（John Boehner）擁抱了他的宿敵，民主黨前發言人南希·裴洛西（Nancy Pelosi），這是他們認識對方以來第一次。

是我們造成的嗎？

「我們」做了什麼事情嗎？

簡答：誰在乎啊？

我有比平時兩大來源（數千名參與者的證詞以及一項科學研究）更多的證據可以證明，群體念力對發送者和接收者都具有非凡的效應，但對於「為什麼」，也就是這些奇蹟的確切原因，我並沒有比較明智的看法。難道是念力本身——那股祈禱的力量在群體中被放大了？還是因為事實上，你公開宣稱了心中的意圖，就像佩蒂．拉特利吉相信的那樣？

我們對彼此承諾的事可能比我們對自己的承諾更有分量。那些為我們帶來勇氣，就像蓋伊的生機論者一樣，要更輕易地移除橫躺在軌道上的樹枝。有小組在場所做的陳述是我們和宇宙擬定的一紙合同——要去實踐而且要成為優於我們現在的樣子。此外還有支持和連結的力量，那是人類的精神所不可或缺的條件，就像氧氣是人體所必須。我們對彼此做出的最根本承諾，也就是我們的社會契約中最基本的承諾，是要相互扶持，共度逆境。我將是你的見證人。在我們生命的每一個點，我們都需要知道，在某個地方，有人支持我們，而且當一群陌生人一起連結療癒我們時，這份知曉在我們的生命中就變成更廣大的確定。

我仍然喜歡我工作中的證據，但在研究這個現象的過程中，我已經喪失了我的懷疑態度，失去了要為無法用理性加以解釋的每一件事梳理出某個科學依據的需求。生命中的某些東西就是我們無法解釋或超出我們的理解，而且當人們聚在一起時，奇蹟就是會發生——種種奇蹟不能被縮減成特定事實和可觀察資料的總和，簡化成迷走神經或腦部的運作。我已經不得不相信，奇蹟不是個人的，而是集體力量的結果，尤其當我們超越自我的微不足道時。我已經放棄了設法解釋魔法。就連在小小的瞥見當中，也足以顯示魔法就在那裡。

我已見證到這個計畫的許多奇蹟：證明我們的世界和我們的天生能耐遠遠大於牛

頓所想像的或現代科學家所承認的。我親身觀察到，意識是一個集體活動，具有穿越時間和空間的能力，而且當聚焦在單一一點時，不論距離有多遠，心靈均能連結。連結與親近無關，而是與集體創造的能耐密切相關。所有這一切，唯一需要的是，用一種熱烈、狂喜的聲音，做出「**同心合意**」（homothumadon）的陳述。

我已經見識到小群體的非凡力量，可以在每一個組員的生命中創造希望和療癒。我已然理解到，最為強大的蛻變轉化狀態是利他行為。離開自助是我們最有效力的治療師。我現在相信，群體意念確實可以療癒世界，但不是我當初想像的那樣。目標並不真正要緊。對米契．狄恩以及許多其他人來說，見效的是放掉對成果的任何執著。療癒的重點在於參與，在於用同一個聲音祈禱的渴望。

念力是比較俗世化的禱告版本，不同之處在於它的具體明確以及相信個人的力量可以顯化。與其將這事留給上帝決定（「願祢的旨意奉行」），不如我們體認到自己內在成為創造者的力量以及掌管自我命運的企圖。我們已被提升到將祈禱視為高度個人化的——你與你的打造者私下密談。對我來說，當我們以某個集體行為一同禱告時，顯然是千方百計地放大那席私人對話。當某人請求療癒時，我們自己的療癒需求同樣在內心深處迴盪。我們對彼此公開承諾，要在第二天更加努力。每一次參加療癒，我們也治癒了自己的一小部分。

法國人類學家羅倫．德尼佐（Laurent Denizeau）是里昂天主教大學（Catholic University of Lyon）的教師，他研究過不少由國際療癒事工協會（International

Association of Healing Ministries）主辦的療癒晚會，曾將典禮中的療癒小組譽為「晚間的奇蹟」（soiree miracles[7]），這表示，人們團結起來成為一個群體是奇蹟治癒的必要因素。雖然牧師會用他自己和他人的療癒來激發群眾並祈請聖靈，但在德尼佐看來，「創造療癒的並不是行為本身，而是這個事實：集體禱告讓療癒被實現了。」

從那個角度看，生病不只是個人的考驗，更是測試周旁支援團本身的關係[8]。照料身體也意謂著照料鍵結，使之成為一個群體的目標。根據個人對自我的定義，有病的身體是一個裂絕的空間，一旦採用與他人的關係的角度看待時，病體就成為一個龐大許多的主體的一部分，在此，疾病不再是唯一的共同面向。當某個社會連結是療癒過程的一部分時，它基本上是扮演一道讓那個渺小的自我定義可以退出的緊急安全出口，同時給出通達某個更高意義的路徑。

羅倫．德尼佐是說，生病是自我（一個明顯有別且分離獨立的存在體）卑微渺小的一部分，但在一個群體面前，個人體認到自己是一個更大整體的一部分。這個病痛在這個完美的統合中基本上被視為異物，就像手指頭上突出的一根刺，這個時候，群體就像巨大的鑷子，輕輕地幫忙將它拔除。

有一天，我聆聽著U2樂團[3]的歌曲〈*One*〉，突然被「我們可以相互扶持」

譯註：

3 一九七六年成立於都柏林的一支愛爾蘭四人搖滾樂團，一九八〇年代竄起走紅，一直到二十一世紀的今天，仍舊活躍於全球流行樂壇。

（We get to carry each other）這幾個字的簡單智慧給震撼了。這首歌的重點當然是何以我們仍是「同一」（one），儘管「我們並不相同」（we're not the same），但我現在領悟到，關於相互扶持，歌詞指的並不是義務；它講的是特權。由於有機會相互扶持，我們得到了被治癒的契機。

想到我所有的念力工作時，我想到耶穌可能曾經努力要告訴我們的話。不論你是虔誠的教徒，還是像我一樣，靈性意識比較不是來自宗教，祂的話都會持續產生共鳴。當談到療癒自己或療癒世界時，千萬不要小裡小氣。這是一個非常龐大的事業，大到你無法自己一個人嘗試。要找出最真實的自己以及你最大的群體力量。

PART 2

八人療癒場練習指南

第22章

積蓄八的力量

現在該是你在自己的生活中測試「八的力量」的時候了。下述指令告訴你如何建立一個定期見面或以虛擬方式聚會的八人小組。不一定需要實際上與組員們同在一個空間。根據我的經驗，虛擬連線也一樣有效。此外，不是一定要剛剛好八個人，但「八」是最佳數字。建議你的小組不宜少於六人，也不要多過十二人，如此才有足夠的臨界數量，可以感覺像一個群體，但又不至於多到害你迷失在其中。

召集八位志同道合的朋友，大家都願意接受療癒和念力的可能性。可以利用讀書會、教會小組或是鄰里成員。

1. 詢問，是否哪一位有某種（情緒或生理）療癒難題的組員，想要成為療癒念力的目標。允許被指定作為接收者的組員詳細描述自己的問題。
2. 花一些時間討論並設計你們將要一起持守的意念陳述。
3. 圍成一圈。不論是手牽手還是將指定對象置於圈子中間，請小組每一位其他成員將一手置於指定對象的身上，就像輪子的輪輻一樣。

4. 一開始，請小組的每一位成員閉上眼睛，全神貫注於吸氣和呼氣。每一個人都應當清除心念，不分神，然後在腦海中持守大家同意的意念陳述，同時運用五感，想像念力接收者各方各面均健康而安好。然後所有組員應當發自內心送出意念。意念接收者應當保持敞開心胸接受的狀態（遵照下兩頁開始的「熱機」技巧，如需完整指示，請參照《念力的祕密》）。

5. 十分鐘後，溫和地結束療癒意念，讓大家花一些時間「回」到室內。先請念力接收者描述感覺如何，以及是否經驗到任何改變，包括正向或負向。所有其他成員可以接著輪流分享經驗。留意任何明顯的「同一性」（oneness）感覺，以及發送者和接收者的狀態是否有所改善。

6. 隨著時間的推移，可以開始挑選小組以外的目標。

7. 仔細記錄生活中每一個月的進展：你的健康、人際關係、職業生涯、人生使命。

以遠距方式打造「八的力量」

以下是幾則起而行的構想：

1. 為聚會建立結構化的次數和頻率，且嚴格遵守。

決定你們這個小組想要每天還是每週聚會（建議一週至少聚會一次），而且每週保持某個固定的時間。然後決定是否想要在線上聚會，成為音頻小組或視頻小組。所有這三種方式都可能在Google Hangouts（多人視訊聊天）或Skype上進行。

2.在團隊中推選一位熟知網路的人，專門負責處理Skype、Google Circles（社交圈）或Hangouts，或是其他供虛擬小組聚會使用的線上工具。

這人可以幫助與上述線上技術奮戰的人加快速度。

3.聚會前，寫下你的月度或年度重大意念，在聚會期間輪流分享。

4.聚會一開始，先分享你是誰，以及你希望透過參加小組在今年剩餘的時間達成什麼。

5.從提問、分享和討論開始，探討你在本書以及其他著作（例如，**《念力的祕密》或《念力的祕密2》**）學到的面向。

這將會包含更加意識到你的思考過程，以及我們時時刻刻都在發送和接收資訊的事實到底有何含義。那對你意謂著什麼？那如何影響你在生命中經驗到的成功或失敗？

6.包含提問時間，你應當藉此對小組提出問題。

7.包含練習時段。

前兩個時段，可以分成兩人一組，練習發送和接收一個簡單物體的心像，此物體對你具有某種正向或負向的特殊意義。接收者——嘗試不僅直覺地感受那個物體，同時感受對方對該物體持有的情緒（嘗試偶爾「傳送」某樣你實在討厭的物體，很好玩的）。

8.在日誌中寫下發送內容的詳細敘述，然後寫下你的搭檔接收到的內容。

然後互換，發送人變成接收人，接收人變成發送人。

9. 在日誌中分別寫下搭檔所發送和你所接收之內容的詳細敘述。

保管好這些內容，準確記錄，持續一年。

熱機

為了讓你發揮念力的最大作用，我開發了「熱機」程序，以下是其雛型。至於完整程序，請參閱《念力的祕密》。

雖然意念的力量大到不論哪一類型的專一聚焦都可以產生某種效應，但科學證據顯示，如果你相信這個過程，學會如何專一聚焦，安靜心神，連結念力發送目標，觀想成果，心智複演，然後放手，信任這個過程，你將會是個比較有力的「念力發送者」。

1. 選擇自己的念力空間

若干科學研究顯示，如果每次使用同樣的念力空間，你的念力會運作得更快、更好。選擇一個感覺舒服、可以執行念力的地方，一個你和你的小組可以安靜坐下來禪修的地方。

2.集中心神

「熱機」需要培養出時時刻刻帶著高峰強度參與的能力。若要開發這個能力，最可靠的方法之一是，在參與日常活動的同時，練習保持全神貫注於當下，聚焦在你的五感。你可以練習忙著日常活動（例如，吃玉米片、排隊等候、穿上外套乃至步行上班），同時關閉頭腦中不斷的喋喋不休，全神貫注於你的感官體驗。將頭腦用在當下的一個好方法是：「進入自己的身體」，然後用個人的五感好好檢查。遲早，你將能夠帶著高峰強度參與念力小組的聚會。

找個舒適的坐姿坐在椅子上。慢慢且有節奏地呼吸，經由鼻子吸氣，透過嘴巴呼氣（緩緩吹出所有的空氣），讓你的吸氣跟呼氣一樣長。放鬆腹部，使腹部略微突出，然後緩緩將腹部拉回，彷彿你正設法讓腹部碰觸到背部。這麼做將會確保你透過自己的橫膈膜呼吸。

每十五秒重複一次，但要確保你沒有過度使力或緊繃。持續進行三分鐘，然後繼續觀察。如此運作到五或十分鐘。開始將注意力集中在呼吸上，然後慢慢清點你的五個感官。當下這一刻看起來像什麼？聽起來像什麼？嚐起來像什麼？感覺起來像什麼？聞起來像什麼？如此反覆練習。

3. 建立連結

觸碰乃至聚焦於內心或對他人的慈悲之情是威力強大的工具，可以引發人與人之間的「超腦」（hyperbrain）。如果你打算為某位組員發送意念，可先與對方形成某種同理連結，花一些時間交換彼此的個人資訊，甚至是某樣物品或一張照片。握住對方的雙手做更深層的連結，或花些時間一同靜心。

4. 培養慈悲

利用下述方法在運作八的力量小組期間培養無所不在的慈悲感：

- 將注意力集中於心臟，彷彿正在傳送光給心臟。觀察從心臟散布到身體其他部位的光。發送一個愛的心念給自己，例如，「願我安然無恙，免於苦難。」
- 呼氣時，想像一道白光從你的心臟向外放射，同時心想：「我感謝所有生物的善意和愛。願其他一切安然無恙。」如同佛教徒所言，先想想你所愛的人，然後是好友，繼而想到熟人，最後是實在不喜歡的人。為每一個階段，想著：「願他們安然無恙，免於苦難。」

5. 告訴宇宙究竟你想要什麼

讓你的意念變得非常具體且方向明確——愈詳細愈好。如果你試圖治療左手第四根手指，就明確指出該手指，而且可能的話，詳細說明該手指的問題。

陳述你的整個意念，包括你想要改變的是什麼、改變成什麼人、何時改變、在何處改變。採用記者常用的檢核表，確保具體涵蓋了每一項，包括：人（who）、事物（what）、時間（when）、地點（where）、原因（why）、方法（how）。畫一張意念圖，或是用照片或雜誌圖片創造一幅拼貼，擺放在你可以時常仔細端詳的地方。

不要害羞，向小組公開宣布你的意念，讓他們為你持守，你則為他們持守。**對小組許願宣誓，大聲說出來，表達你將盡一切力量讓這個意念成為現實。**我的許多念力大師班成員都說，一定要「對宇宙」作出公然的承諾，透過小組，強迫大家繼續更努力地對自己的意念下工夫，同時堅持到底。

如果試圖改善你的職業生涯，不要只說「我想要金錢來得毫不費力」之類的話，那太籠統了。

- 如果你需要更多人為你的程序背書，明確指定要多少人。
- 如果工作中有什麼不順遂，釐清那是什麼。人的問題嗎？某樣東西的行銷問題嗎？你的角色嗎？把問題整理清楚，然後聚焦在發送意念改變那個問題。
- 如果你想要一份特定的職務，寫下一份完整而詳細的職務明細。
- 如果你的收入不穩定，要求一個非常具體且可能為你提供穩定收入的職務或情境。
- 假使你想要邂逅某個特殊他人，詳細描述對方。畫一幅心理和實物圖像。

6. 心智複演

發送意念的最佳方法是：將五種感官全數派上用場，觀想你所渴望的成果。你可以為任何東西創造心理圖像：新房子、新工作、新關係、更健康的身體或更健康的心靈。想像你自己（或你的念力目標）投入你一心想要創造的任何新生活面向。

觀想不需要是完全看得見。有些人是觸覺型，感覺敏銳；有些人是聽覺型，用聲音思考。你的心智複演將仰賴你腦中發育得最完整的感官。

7. 相信過程

不要讓你的理性頭腦告訴你那些意念行不通。要牢記你所期望的成果，不要讓自己想到失敗。在某些念力研究中，信念的力量使人們能夠履行極端的行為。

8. 抓對時間

證據顯示，在各方各面均感到開心而安好的日子，意念的效用較佳。等待不見得每每可行；有時候，你需要的是讓你感覺比較好過的意念。但可以選擇的話——不妨等到自己處於最佳狀態。

9. 站到一邊

在小組內的靜心狀態中，放鬆你的自我感，允許自己與念力目標融合。在架構出你的意念之後，要清楚地陳述意念，然後放手。不要思考成果。這力量並不是源自於你——你只是它的載具。

總結而言：

- 進入你的念力空間。
- 用禪修來熱機。
- 透過正念覺察當下，進入高度專注。
- 聚焦在慈悲和建立有意義的連結，藉此接上同樣的波長。
- 陳述你的意念，而且要具體明確。
- 運用所有感官在心智上複演意念的每一刻。
- 用生動的細節將你的意念觀想成既定的事實。
- 抓對時間——選擇當你覺得開心而安好的日子。
- 站到一邊——臣服於宇宙的力量，放掉對結果的執著。

「八的力量」實驗

集合一群有興趣嘗試小組念力練習的朋友。創造一個大夥每次相聚的念力空間。在你的社群中挑選一個小組目標。

瓶中訊息

要求組員之一用白開水注滿一只罐子，然後經由十分鐘的念力冥想，將某物體「發送」到罐子當中（十分鐘期間，念力發送者只聚焦於該物體的名稱以及運用自己的五種感官想像該物體）。將該物體的名稱寫在一張紙上，摺疊起來，讓人看不見那個字或詞，然後將紙包在罐子外圍，用橡皮筋固定好。

請發送念力的組員手持罐子，展示給小組組員看（如果是在Google Hangouts或Skype之類的網絡平台上）。如果是在Facebook群組中，可拍攝一張該罐子的照片，上傳至群組頁面。

其他組員應該聚焦在罐子上，嘗試憑直覺說出那個字或詞。

對植物發送愛的心念

嘗試你自己的「發芽念力實驗」，看看能否透過意念的力量使植物長得更快速、更健康。

1. 購買兩組種子。
2. 兩組都種下。
3. 發送愛的意念給一組種子，要這組種子在某個明確的日期之前，具體生長幾公分。
4. 兩週後，測量兩組種子的結果。看看哪一組幼苗長得比較高。

請組員之一負責購買種子、栽種種子和測量種子。甚至可以將種子和幼苗上傳至Facebook或你們的Hangouts群組。選擇一個時間，讓小組發送意念給這些種子。請指定人選在兩週後量測這些植物，看看發生了什麼事。

淨化水

若要證明淨化過程中的任何轉變，最容易的方法是量測pH值的變化。pH值愈是低於七（七是中性），就愈酸，pH值愈是高於七，鹼性就愈強。

以下是如何在小組中試驗酸鹼性的方法：

1. 指派某人執行這個念力實驗。
2. 請這人向當地藥商或在線上購買一些pH試紙。要執行人從同一來源取得兩杯自來水，標記為A和B。指定其一作為小組的目標玻璃杯，另一杯則作為對照組。
3. 請執行人量測兩杯水的pH值。
4. 拍攝目標玻璃杯，上傳至你的Google Hangouts群組或Facebook頁面。

5. 在選定的時間，要求所有組員發送讓水的酸鹼度提升一整個pH值單位的意念。請把杯中之水想像成一條清澈的山澗。

6. 等待幾分鐘，直到念力發送完畢。然後再量測一次水的pH值，看看是否有任何的轉變（如果看起來不像有所轉變，別擔心——這些試紙並不像我們使用過的科學儀器那麼敏感）。

請將您正在進行的任何其他實驗傳送到：www.lynnemctaggart.com

誌謝

假使沒有眾多知名科學家以及數萬名讀者自願參與一個在一般觀察者眼中顯然瘋狂的想法，這個計畫勢必永遠無法起步。

本書中的所有故事都是因為調查或參與者本身的個人描述，才被仔細記錄下來的。多數案例所載都是真實姓名，只有當個人基於或這或那的原因要求，我才使用假名。

我不勝感激，感謝我的念力實驗、工作坊、線上工作坊以及電子社群的參與者，願意讓我分享他們的故事，尤其感謝同意參與我們的第一個人類念力實驗的塔德・沃斯（Todd Voss）。特別的祝福要保留給我的「二〇一五年念力大師班」，因為他們自願成為第一個被好好監控的實驗群組，而同樣的祝福也要保留給前來參加我們的實驗的所有生命大學學生。

我永遠感激蓋瑞・史瓦慈（Gary Schwartz）博士和他當時的實驗室助理馬克・波庫齊（Mark Boccuzzi），還有梅琳妲・歐康納（Melinda O'Connor）博士、康斯坦汀・科羅特科夫（Konstantin Korotkov）博士、已故的洛斯圖姆・羅伊（Rustum Roy）

博士、傑西卡・烏茲（Jessica Utts）博士、羅伯特・楊恩（Robert Jahn）博士與布蘭達・鄧恩（Brenda Dunne）、羅傑・尼爾森（Roger Nelson）博士、已故的艾伯特・波普（Fritz-Albert Popp）博士、滿竹・勞（Manju Rao）博士、塔妮亞・斯拉維基（Tania Slawecki）博士、史蒂芬妮・沙利文（Stephanie Sullivan）博士、傑弗瑞・范寧（Jeffrey Fannin）博士，感謝他們慷慨地捐出時間和精力，代替我設置和執行科學實驗。已故的江本勝（Masaru Emoto）博士在這個計畫中占有特殊的地位——因為他大膽建議，要我們設法將這些實驗帶出實驗室，現場實地進行。

促成這個計畫的眾多天使包括：蓋伊・李克曼（Guy Riekeman）博士，他將生命大學的心理學系資源供我使用，以及吉姆・沃爾什（Jim Walsh），因他的慷慨捐贈，幫助我們的和平念力實驗順利展開。

此外還要感謝譚妮・達米迦（Tani Dhamija）、喬伊・巴納吉（Joy Banerjee）和薩米爾・梅赫塔（Sameer Mehta）貢獻他們的時間、設施和配備，創建了我們的第一批「和平實驗」網站，也要感謝量子大學（Quantum University）的保羅・德魯（Paul Drouin）醫師和亞歷克西・德魯（Alexi Drouin）以及蓋亞電視台（Gaia TV）的傑卡・利薩維（Jirka Rysavy），感謝你們提供廣播設備支援好幾場念力實驗。薩拉・阿爾拉希德（Salah Al-Rashed）博士、庫馬爾・魯帕辛哈（Kumar Rupesinghe）博士、塔齊克・葛林寶（Tadzik Greenberg）、卡斯騰・雅各布森（Carsten Jacobson），感謝你們協助我執行兩場大型和平念力實驗，也感謝凱特琳・惠倫（Caitlin Whelan）和凱爾・惠倫（Kyle Whelan）幫忙進行統計分析，還有阿妮婭・哈柏（Anya Hubbard）協助挑出了幾個實驗目標。

我很感激傑夫・雷文（Jeff Levin）博士、克雷斯・揚恩・巴克（Klaas-Jan Bakker）、賴瑞・多西（Larry Dossey）醫師和提摩西・達維爾（Timothy Darvill）教授告訴我禱告和療癒在各式傳統中的效應，也感激安德魯・紐伯格（Andrew Newberg）博士、弗雷德・特拉維斯（Fred Travis）博士和馬利歐・博爾加（Mario Beauregard）博士教導我禪修靜心的神經科學以及開悟與狂喜的各種狀態。

特別要感謝蜜雪兒・皮利（Michelle Pilley）、茱莉・歐騰（Julie Oughton）、喬・伯吉斯（Jo Burgess）、黛安・希爾（Diane Hill）和黛博拉・沃特（Debra Wolter）在編輯和法律上的協助，他們從各方各面提升本書的價值。我一如既往，感謝我的經紀人羅素・蓋倫（Russell Galen），他對我以及這個計畫的福利的貢獻簡直是令人難以置信，也要感謝德魯・葛伯（Drew Gerber）以及瓦薩比傳媒（Wasabi）的所有同仁，幫助我向世人傳達「八的力量」。

衷心感謝我的公司WDDTY出版有限公司（WDDTY Publishing Ltd）的幾個團隊，感激他們參與這個計畫的開發。最後，沒有外子布萊恩・哈柏（Bryan Hubbard）與其愛的支持和指引，這本書絕對寫不出來，但最重要的是，他的溫柔堅持——堅決認為這是一則需要被講述出來的故事。

分章註釋

第2章：第一批全球實驗

❶ 在超過兩百五十萬次的測試過程中……R.G. Jahn以及其他人，〈Correlations of Random Binary Sequences with Prestated Operator Intention: A Review of a 12-Year Program〉，*Journal of Scientific Exploration* 11 (1997): 345-67；Dean Radin與Roger Nelson，〈Evidence for Consciousness-Related Anomalies in Random Physical Systems〉，*Foundations of Physics* 19, no. 12 (1989): 1499-1514；Lynne McTaggart，《療域場》（*The Field: The Quest for the Secret Force of the Universe*），(New York: HarperCollins, 2003): 116-7。

❷ 已故的威廉．布勞德（William Braud）是心理學家兼德州聖安東尼奧（San Antonio）「心靈科學基金會」（Mind Science Foundation）的研究主任——William Braud與Marilyn Schlitz，〈A Methodology for the Objective Study of Transpersonal Imagery〉，*Journal of Scientific Exploration* 3, no. 1 (1989): 43-63；W. Braud以及其他人，〈Further Studies of Autonomic Detection of Remote Staring: Replication, New Control Procedures and Personality Correlates〉，*Journal of Parapsychology* 57 (1993): 391-409；M Schlitz與S. La Berge，〈Autonomic Detection of Remote Observation: Two Conceptual Replications〉，收錄於D. Bierman編輯的*Proceedings of Presented Papers: 37th Annual Parapsychological Association Convention* (Fairhaven, MA: Parapsychological Association, 1994): 465-78。

❸ 一九八〇年代愛滋病（AIDS）流行高峰期間……F. Sicher以及其他人，〈A Randomized Double-Blind Study of the Effect of Distant Healing in a Population with Advanced AIDS: Report of a Small Scale Study〉，*Western Journal of Medicine* 168, no. 6 (1998): 356-63。如需這些研究的完整敘述，請見Lynne McTaggart，《療癒場》（*The Field*），181-96。

❹ 已故的馬赫西大師（Maharishi Mahesh Yogi）創立的「超覺靜坐」（Transcendental Meditation）組織……M.C. Dillbeck以及其他人，〈The Transcendental Meditation Program and Crime Rate Change in a Sample of 48 Cities〉，*Journal of Crime and Justice* 4 (1981): 25-45。

❺ 他所召集的靈媒結果達成了八三%的準確率…… G . Schwartz以及其他人，〈Accuracy and Replicability of Anomalous After-Death Communication across Highly Skilled Mediums〉，*Journal of the Soceity for Phychical Research* 65 (2001): 1-25。

❻ 波普替他的發現取了一個冗長的稱號，叫做「生物光子放射」（biophoton emissions）——關於波普早期工作的完整敘述，見Lynne McTaggart，《療癒場》（*The Field*）, 39。

❼ 為了我們的初步試驗，我們打算複製曾與波普一起執行過的「先導研究」——關於第一樁實驗的完整敘述，見Lynne McTaggart，《念力的祕密》（*The Intention Experiment*, New York: Free Press, 2008）, 177。

第3章：虛擬纏結

❶ 而且這一次，幾位科學家在我們之前導航了一條差強人意的途徑——見B. R. Grad，〈A Telekinetic Effect on Plant Growth〉，*International Journal of Parapsychology*, 1963; 5: 117-33；B. R. Grad，〈A Telekinetic Effect on Plant Growth II. Experiments Involving Treating of Saline in Stopped Bottles〉，*International Journal of Parapsychology* 6 (1964): 473-98；S. M. Roney-Dougal與J. Solfvin，〈Field Study of Enhancement Effect on Lettuce Seeds: Their Germination Rate, Growth and Health〉，*Journal of the Society for Psychical Research* 66 (2002): 129-43；S. M. Roney-Dougal與J. Solfvin，〈Field Study of an Enhancement Effect on Lettuce Seeds—Replication Study〉，*Journal of Parapsychology* 67 no. 2 (2003): 279-98。

❷ 治療期間，光子放射的品質和韻律起了顯著的變化—— E. P. A. Van Wijk與R. Van Wijk，〈The Development of a Bio-Sensor for the State of Consciousness in a Human Intentional Healing Ritual〉，*Journal of International Society of Life Information Science* 20, no. 2 (2002): 694-702。

❸ 這是念力實驗第一次企圖正式確立我們的資料的有效性—— G. E. Schwartz以及其他人，〈Effects of Distant Group Intention on the Growth of Seedlings〉，意識前沿與UFO研究的新興範例（Emerging Paradigms at the Frontiers of Consciousness and UFO Research），科

學探索學會（Society of Scientific Exploration）第27屆年會，2008年6月25-28日，科羅拉多州圓石鎮（Boulder, Colarado）。

❹ 一旦它們連結了。非局域性被認為是由Alain Aspect等人於一九八二年在巴黎的實驗所證明。見A. Aspect以及其他人，〈Experimental Tests of Bell's Inequalities Using Time-Varying Analyzers〉，*Physical Review Letters,* 1982; 49: 1804-7；以及A. Aspect，'Bell's Inequality Test: More Ideal Than Ever'，*Nature,* 1999; 398: 189-90。

❺ 幾個水晶和藻類的研究已經隱約透露了這個事實：非局域性存在於可量測的巨大世界中……見Lynne McTaggart，《念力的祕密2》（*The Bond*: *Connecting Through the Space Between Us*，New York: Free Press, 2011），第1章。

第4章：心智的侵入者

❶ 克里安為這樣的光慷慨陳詞——S. D. Kirlian與V. K. Kirlian，〈Photography and Visual Observation by Means of High-Frequency Currents〉，*Journal of Scientific and Applied Photography* 6 (1964): 397-403。

❷ 他寫過五本論述這個主題的著作——科羅特科夫論述該主題的最重要作品是*Human Energy Field: Study with GDV Bioelectrography* (Paramus, NJ: Backbone Publishing Company, 2002)，以及*Aura and Consciousness—New Stage of Scientific Understanding* (St Petersburg, Russia: St Petersburg division of Russian Ministry of Culture, State Publishing Unit 'Kultura', 1999)。

❸ 到了二〇〇七年，「氣體放電可視器」（GDV）被廣泛用作一般的診斷工具——L. W. Konikiewicz與L. C. Griff，*Bioelectrography—A New Method for Detecting Cancer and Body Physiology* (Harrisburg, PA: Leonard's Associates Press, 1982)；G. Rein，〈Corona Discharge Photography of Human Breast Tumour Biopsies〉，*Acupuncture & Electro-Therapeutics Research* 10 (1985): 305-308；K. Korotkov以及其他人，〈Stress Diagnosis and Monitoring with New Computerized "Crown-TV" Device〉，*J Pathophysiology* 5 (1998): 227；K. Korotkov以及其他人，〈Assessing Biophysical Energy Transfer Mechanisms in Living Systems: The Basis of Life Processes〉，*Journal of Alternative and Complementary Medicine* 10, no. 1 (2004): 49-57；P. Bundzen以及其他人，〈New Technology of the Athletes' Psycho-Physical Readiness Evaluation Based on the Gas-Discharge Visualisation Method in Comparison with Battery of Tests〉// 'SIS-99' / Proceedings, International Congress-St Petersburg, 1999: 19-22；P. V. Bundzen以及其他人，〈Psychophysiological Correlates of Athletic Success in Athletes Training for the Olympics〉，*Human Physiology* 31, no. 3 (2005): 316-23；K. Korotkov以及其他人，〈Assessing Biophysical Energy Transfer Mechanisms in Living Systems: The Basis of Life Processes〉，*Journal of Alternative and Complementary Medicine* 10, no. 1 (2004): 49-57。

❹ 在俄羅斯境外，幾千名執業醫師使用著他的機器—— Clair A. Francomano, MD、Wayne B. Jonas, MD與Ronald A. Chez，Proceedings: Measuring the Human Energy Field: State of the Science，老年學研究中心（The Gerontology Research Center）、美國國家老化研究所（National Institute of Aging）、美國國家衛生研究院（National Institutes of Health），馬里蘭州巴爾的摩（Baltimore, Maryland），2002年4月17-18日。

❺ 儘管科羅特科夫享有因這類實際應用達致的鵲起聲名—— S. Kolmakow 以及其他人，〈Gas Discharge Visualization Technique and Spectrophotometry in Detection of Field Efffects〉，Mechanisms of Adaptive Behavior，*Abstracts of International Symposium*, St Petersburg (1999): 79。另外，從2006年3月起，筆者曾多次採訪K. Korotkov。

❻ 科羅特科夫寫了一本書談論他的發現 —— K. Korotkov，*Aura and Consciousness-New Stage of Scientifc Understanding* (St Petersburg, Russia: St Petersburg division of Russian Ministry of Culture, State Publishing Unit 'Kultura', 1999)。

❼ 米蘭核子物理學研究所（Milan Institute for Nuclear Physics）的兩位義大利物理學家—— E. Del Giudice、G. Preparata與G. Vitiello，〈Water as a Free Electric Dipole Laser〉，*Physical Review Letters* 61 (1988): 1085-88。

❽ 誠如俄國科學家們觀察到的。L.P. Semikhina與V.F. Kiselev，〈Effect of Weak Magnetic Fields on the Properties of Water and Ice〉，*Soviet Physics Journal,* vol 31, no 5 (1988): 351-54，譯文擷取自Zavedenii，*Fizika* no. 5 (1988): 13-17；S. Sasaki以及其他人，'Changes of Water Conductivity Induced by Non-Inductive Coil'，*Society for Mind-Body Science* 1 (1992): 23。

❾ 以及晚近的諾貝爾獎得主兼HIV共同發現人呂克・蒙塔尼耶，都已經證實了布雷巴拉達和戴爾・吉烏迪西的發現—— C. Cardella以及其他人，'Permanent Changes in the Physico-Chemical Properties of Water Following Exposure to Resonant Circuits'，*Journal of Scientific Exploration,* 15 no. 4 (2001): 501-18；L. Montagnier以及其他人，〈DNA Waves and Water〉，*Journal of Physics: Conference Series,* 306 no. 1 (2011): 012007；L. Montagnier以及其他人，

〈Electromagnetic Signals Are Produced by Aqueous Nanostructures Derived from Bacterial DNA Sequences〉，*Interdisciplinary Sciences: Computational Life Sciences*. 1 (2009): 81-90。此外，請見I. Bono以及其他人，〈Emergence of the Coherent Structure of Liquid Water〉，*Water*, 4 (2012): 510-32。

⑩ GDV儀器已經能夠分辨極其微小的差異——K. Korotkov，〈Aura and Consciousness〉，*Journal of Alternative and Complementary Medicine* 9, no. 1 (2003): 25-37；K. Korotkov以及其他人，'The Research of the Time Dynamics of the Gas Discharge Around Drops of Liquid'，*Journal of Applied Physics* 95 vol. 7 (2004): 3334-3338。

⑪ 江本博士因一系列發表在《生命的答案，水知道》(*The Hidden Messages in Water*) 和其他著作的非正式實驗而為大眾所熟知——Masaru Emoto，*The Hidden Messages in Water* (New York: Atria, 2005)。

⑫ 他的著作十分風靡。D. I. Radin以及其他人，〈Effect of Distant Intention on Water Crystals〉，*Explore* 2, no. 5 (September/October 2006): 408-11；D. I. Radin以及其他人，'Water Crystal Replication Study'，*Journal of Scientific Exploration* 22, no. 4 (2008): 481-93。

⑬ 甚至挑戰了形成古典物理學骨幹的某些牛頓定律——牛頓代表作的完整書名是《自然哲學的數學原理》(*Philosophiae Naturalis Principia Mathematica*)，如此題名等於是贊同書中的哲學意涵，不過這本著作通常被滿懷敬意地稱作《原理》(*The Principia*)。

第5章：十二的力量

❶ 許多研究人員仍舊依循巨石陣首位考古學家威廉·史都克利（William Stukeley）——W. Stukeley，*Stonehenge, a Temple Restor'd to the British Druids* (London: Printed for W. Innys and R. Manby, 1740), 12頁，如http://www.voicesfromthedawn.com/stonehenge所引述。

❷「巨石陣的整個目的在於，它是史前的露德鎮……」H. Wilson，'The Healing Stones: why was Stonehenge built?'，2011年2月17日。BBC歷史網站，http://www.bbc.co.uk/history/ancient/british_prehistory/healing_stones.shtml；同樣見於筆者對Timothy Darvill的訪談，2016年1月26日。

❸ 亞瑟王（King Arthur）的圓桌傳奇……Manly P. Hall，*The Secret Teachings of All Ages: An Encyclopedia Outline of Masonic, Hermetic, Qabbalistic and Rosicrucian Symbolical Philosophy* (New York: TarcherPerigee, 2003), 584-91。

❹ 不少其他修煉法與我在我們的實驗中和念力圈內發現的心靈互聯網，均有一些相似之處……2016年10月7日訪談克雷斯・揚恩・巴克。

❺ 許多《聖經》書卷，例如，〈使徒行傳〉（Acts）、〈以斯拉記〉（Ezrra）、〈約拿書〉（Jonah）……具體來說，那些章節包括〈使徒行傳〉第十三章一至二十三節、〈以斯拉記〉第八章二十二至二十三節、〈約拿書〉第三章六至十節，誠如Dr. Jonathan Oloyede在《*Seven Benefits of Praying Together*》一書中所指出，見http://www.methodist.org.uk/media/646259/dd-explore-devotion-sevenbenefitsofprayingtogether-0912.pdf。關於「亞維拉的德蘭」相關資料，見：Mario Beauregard and Denyse O'Leary，*The Spiritual Brain: A Neuroscientist's Case for the Existence of the Soul* (London: HarperOne, 2007): 284。

❻ 在研究基督教團體禱告的用途時，我偶然發現了十九世紀英國浸信會（Baptist）宣教士查爾斯・司布真（Charles Spurgeon）的一段舊布道文。C. Spurgeon，〈The Church on Its Knees: Unleashing the Power of United Prayer〉，如 http://www.keepbelieving.com/sermon/the-church-on-itsknees-unleashing-the-power-of-united-prayer所轉載。

❼ 《欽定版聖經》（Authorized King James version of the Bible，或稱《英王欽定本》）。此處與本書他處，均指由R. Carroll與S. Prickett編輯的《*The Bible: Authorized King James Version with Apocrypha*》，Oxford University Press, 2008。

❽ 在其他地方，這個字一直被譯為「同心合意」（with one mind and with one passion）。C. Spurgeon，〈The Church on Its Knees; Unleashing the Power of United Prayer〉，如http://www.keepbelieving.com/sermon/the-church-on-itsknees-unleashing-the-power-of-united-prayer所轉載；至於希臘字*homothumadon*的翻譯，在此感謝http://biblehub.com/greek/3661.htm。

❾ 十九世紀的美國基督教長老教會（Presbyterian Church）牧師兼《聖經》學者阿爾伯特・巴恩斯（Albert Barnes）。此處與本章他處，均要感謝http://www.studylight.org/commentaries，才能針對〈使徒行傳〉與*homothumadon*的卓越評論作出如此透澈的綜合報導；A. Barnes，〈Commentary on Acts 1:14〉，《*Barnes' Notes on the New Testament*》。http://www.studylight.org/commentaries/acc/acts-1.html 1870.

❿ 以此法禱告甚至可以讓使徒們更密切地團結在一起。R. Jamieson、A. R. Fausset、D. Brown，〈Commentary on Acts 1:14〉，*Commentary Critical and Explanatory on the Whole Bible.* Volume 3，(Charleston SC: CreateSpace, 2017)；http://www.studylight.org/commentaries/fju/acts-1.html。

⓫ 十七世紀的英國非國教徒神學家馬修・波爾（Matthew Poole）認為……M. Poole，〈Commentary on Acts 1:14〉，M. Poole，*Annotations upon The Holy Bible: Wherein The Sacred Text Is Inserted, And Various Readings Annexed, Together With the Parallel Scriptures* (Arkose Press, 2015)。http://www.studylight.org/commentaries/mpc/acts-1.html. 1685。

⓬ 曾任坎特伯里（Canterbury）座堂主任牧師以及西敏（Westminster）教區會吏長的英國神職人員弗雷德利・法拉爾（Frederic William Farrar）提出。〈Commentary on Acts 1:14〉，*Cambridge Greek Testament for Schools and Colleges*，http://www.studylight.org/commentaries/cgt/acts-1.html. 1896。

⓭ 晚近，退休的浸信會牧師兼大學講師彼得・彼特（Peter Pett）主張，這種禱告時熱情合一的技巧。〈Commentary on Acts 1:14〉，*Peter Pett's Commentary on the Bible*，http://www.studylight.org/commentaries/pet/acts-1.html。

⓮ 長老會牧師兼前美國參議院院牧洛依德・約翰・奧格威（Lloyd John Ogilvie）認為。Lloyd John Ogilvie，*Drumbeat of Love* (Waco, TX: Word Books, 1976): 19-20。

⓯ 身為會眾，直到我們一心一意，直到我們彼此相愛……我們才可能被賦予大能……Ogilvie，*Drumbeat of Love*, 20。

⓰ 假使情況如此，出現的一個字是kahda……Matthew Black，*An Aramaic Approach to the Gospels and Acts* (Peabody, MA: Hendrickson Publishing, 1967): 10。

⓱ 在〈路加福音〉第九章一節中，耶穌賜給他的使徒們「能力、權柄……醫治各樣的病」……〈路加福音〉第九章一至二節，以及〈馬太福音〉第十章一節與八節。

⓲ 在〈使徒行傳〉中，「一大群人帶著病人……從……附近的市鎮來」……〈使徒行傳〉第五章十六節。

⓳ 十八世紀英國衛理公會派（Methodist）《聖經》學者亞當・克拉克（Adam Clarke）在他的評註中也指出，關於homothumadon……A. Clark，〈Commentary on Acts 2:4〉，*The Adam Clarke Commentary*，http://www.studylight.org/commentaries/acc/acts-2.html。

⓴ 我思索著克拉克的話。A. Clark，〈Commentary on Acts 2:4〉，*The Adam Clarke Commentary*，http://www.studylight.org/commentaries/acc/acts-2.html。

㉑ 我查詢了《聖經》中的希臘字ekklesia：Carroll與Prickett，*Bible*，同上。關於*ekklesia*的定義，見：http://biblehub.com/greek/1577.htm。

第6章：和平念力實驗

❶ 當超覺靜坐組織將研究向外推展至另外四十八座城市時——M. C. Dillbeck以及其他人，〈The Transcendental Meditation Program and Crime Rate Change in a Sample of 48 Cities〉，*Journal of Crime and Justice* 4 (1981): 25-45。

❷ 他們也能夠顯示——J. Hagelin以及其他人，〈Effects of Group Practice of the Transcendental Meditation Program on Preventing Violent Crime in Washington, DC: Results of the National Demonstration Project, June-July 1993〉，*Social Indicators Research* 47, no. 2 (1999): 153-201。

❸ 該組織甚至做過實驗，企圖在一九八三年降低中東地區的衝突——W. Orme-Johnson以及其他人，〈International Peace Project in the Middle East: The Effects of the Maharishi Technology of the Unified Field〉，*Journal of Conflict Resolution* 32 (1988): 776-812。

❹ 儘管有這些前所未有的進展，但在二〇〇八年，還是沒有看到暴力或戰爭的盡頭——〈Sri Lanka's Return to War: Limiting the Damage〉，Asia Report, no. 146（2008年2月20日）：http://www.refworld.org/pdfid/47bc2e5c2.pdf。

第7章：念想和平

❶ 在泰米爾猛虎組織方面，叛軍擊退了推進至北部萬尼區的政府軍——Paul Tighe，〈Sri Lanka Battles Tamil Rebels in Land, Air and Sea Attacks〉，Bloomberg.com（2008年9月18日）：http://ourlanka.com/srilankanews/sri-lanka-battles-tamil-rebels-in-land-air-and-sea-attacks-bloomberg.com.htm。

❷ 畢竟，斯里蘭卡政府已將政府軍的規模提升了——Sarath Kumara，〈Fighting intensifies as Sri Lankan army advances on LTTE stronghold〉，2008年9月29日，World Socialist Website: http://www.wsws.org/en/articles/2008/09/sril-s29.html。

第8章：神聖的一刻

❶ 那個片刻，正如亞維拉的德蘭寫下的：我們被「神聖的愛緊緊包住」——T. Butler-Bowdon，*50 Spiritual Classics: Timeless Wisdom from 50 Great Books of Inner Discovery, Enlightenment and Purpose* (London: Nicolas Brealey Publishing, 2005), 255；以及Beauregard與O'Leary，*The Spiritual Brain*, 191。

❷ 《奇蹟課程》（*The Course in Miracles*）稱之為—— *The Course in Miracles* (London: Arksana, 1985); 280。

❸ 心理學家亞伯拉罕．馬斯洛（Abraham Maslow）在晚年時期，將注意力轉向這些他所謂的「高峰經驗」—— A. H. Maslow，*Religions, Values, and Peak-Experiences* (Altrincham, UK: Stellar Books, 2014): 33。

❹ 多數的神祕體驗包含一個極度生理的成分，就像巴克說的，那是一股「內在靈光之感」—— Dr. Andrew Newberg與Mark Robert Waldman，*How Enlightenment Changes Your Brain: The New Science of Transformation* (London: Hay House, 2016), 40。

❺ 他感覺到自身是某個巨大力場的一部分……有關艾德加．米契頓悟的完整敘述，見Lynne McTaggart，《療癒場》（*The Field: The Quest for the Secret Force of the Universe*），(New York: HarperCollins, 2001), 6-7。

❻ 在《宗教經驗之種種》（The Varieties of Religious Experience）當中，威廉．詹姆斯描述了一位神職人員的經驗—— William James，*The Varieties of Religious Experience* (New York: New American Library, 1958): 67，原文被引述在Andrew M. Greeley的著作中，*Ecstasy: A Way of Knowing* (Englewood Cliffs, NJ: Prentice Hall, 1974): 8-9。

❼ 葛里利認為，凡是歷經這個狀態的人—— A. Greeley，*The Sociology of the Paranormal* (Beverly Hills, CA: Sage Publications, 1975)，原文被引述在J. Levin、L. Steele的作品中，〈The Transcendent Experience: Conceptual, Theoretical, and Epidemiologic Perspectives〉，*Explore*, 2005; 1 (2): 89-101。

第9章：神祕的腦

❶ 但開悟是另外一回事—— Newberg與Waldman，*Enlightenment*, 43。

❷ 紐伯格發現，平靜、合一、超越的感覺—— Andrew Newberg，*Why God Won't Go Away* (New York: Ballantine, 2001), 103。

❸ 「在那個片刻，他們經驗到一體或自我喪失感……」Newberg與Waldman，*Enlightenment*, 53。

❹ 「這個人」紐伯格後來寫道—— Newberg與Waldman，*Enlightenment*, 52。

❺ 最終，禪修者和禱告的修女們經驗到左右頂葉上神經的輸入「全面關閉」……Newberg，*Why God Won't Go Away*, 118-19。

❻「正常情況下，額葉與頂葉之間會有不斷的對話持續著……」Newberg與Waldman，*Enlightenment*, 94。

❼ 擴大它，「直到它被心靈感知到，成為現實的整體深度和廣度」……Newberg，*Why God Won't Go Away*, 121-22。

❽ 他讓自己遠離嚴格的唯物主義者—— Newberg，*Why God Won't Go Away*, 126-27。

❾ 這個變異狀態可能是由我曾在所有群組聚會和實驗期間播放的音樂所引動的嗎—— K. Livingston，〈Religious Practice, Brain, and Belief〉，*Journal of Cognition and Culture* 5 (2005): 1-2。

❿ 教會成員將這類經驗描述成，言辭「透過他們」產生，而且根本不是真正由他們自己所發出—— Andrew Newberg醫學博士與Mark Robert Waldman，*Why We Believe What We Believe: Uncovering Our Biological Need for Meaning, Spirituality, and Truth* (New York: Free Press, 2006): 195。

⓫ 與他早期的研究一樣，紐伯格發現額葉的活動陡降—— Newberg，*Why God Won't Go Away*, 200-205。

⓬ 伊芙琳・恩德希爾在她的經典著作《神祕主義》(Mysticism) 中寫道—— Evelyn Underhill，*Mysticism* (E. P. Dutton, 1912): 85。

⓭ 從神經學的觀點，誠如紐伯格描述的—— Newberg與Waldman，*Enlightenment*, 91。

第10章：擁抱陌生人

❶ 安德魯・紐伯格博士曾經調查過二千多名經歷過開悟經驗的人士—— Newberg與Waldman，*Enlightenment*, 91。

❷ 誠如亞伯拉罕・馬斯洛所寫的，這是「那個世界看起來的模樣，如果神祕體驗真正發生的話——原文被引述在J. Levin與L. Steele的作品中，〈The Transcendent Experience: Conceptual, Theoretical, and Epidemiologic Perspectives〉，*Explore* 1, no. 2 (2005): 89-101。

❸ 安德魯・葛里利發現，經歷過神祕體驗的人—— Greeley，*Ecstasy: A Way of Knowing*.。

❹ 紐伯格也發現到證據顯示，經驗過神祕狀態的人—— Newberg，*Why God Won't Go Away*, 108；Newberg and Waldman，*Enlightenment*, 64-65。

❺ 事實上，在一項研究中，因藥物誘發而歷經了神祕狀態的末期癌症病患—— E. C. Kast，'Attenuation of Anticipation: A Therapeutic Use of Lysergic Acid Diethylamide'，*Psychiatry Quarterly* 41 (1967): 646-657。

❻ 這份科學文獻包含許多病患的病例研究，這些人在某次神祕體驗之後，經驗到種種病況—— Levin and Steele，'The Transcendent Experience'。

第11章：群體修正

❶ 在印度教的傳統中，瑜伽（本意是「結合」union）的重點是「三摩地」（Samadhi），亦即，與一切萬有神祕結合—— Levin and Steele，'The Transcendent Experience'。

❷ 誠如知名的社會評論家芭芭拉·艾倫瑞克（Barbara Ehrenreich）在她的著作《嘉年華的誕生》（Dancing in the Streets）中所言……Barbara Ehrenreich，*Dancing in the Streets: A History of Collective Joy* (London: Granta Books, 2007)。

❸ 就連現代的非宗教團體儀式（例如，專為曾經遭遇性暴力的威卡巫術女同性戀或雙性戀者設置的營地所使用的那些儀式）……G. Harris，'Healing in Feminist Wicca'，收錄於L. L. Barnes與S. S. Sered合編的*Religion and Healing in America* (New York: Oxford University Press, 2005), 258-61。

❹ 南卡羅萊納大學的社區健康科學（Community Health Sciences）教授黛博拉·葛利克（Deborah Glik）……D. C. Glik，'Symbolic, Ritual and Social Dynamics of Spiritual Healing'，*Social Science & Medicine,* 27 no. 11 (1988): 1197-1206。

❺ 哈佛大學校內的「安慰劑研究與互助治療計畫」（Program in Placebo Studies and the Therapeutic Encounter）負責人泰德·卡普丘克（Ted Kaptchuk）主張，任何類型的儀式——兩段均節錄自T.J. Kaptchuk，'Placebo Studies and Ritual Theory: A Comparative Analysis of Navajo, Acupuncture and Biomedical Healing'，*Philosophical Transactions of the Royal Society of London B* 366 (2011): 1849-58。

❻ 這些類型的做法效力強大，他寫道，因為它們提供—— T.J. Kaptchuk，'Placebo Studies'。

❼ 就這樣，讓人們脫離日常環境，為他們注入不熟悉的聲音、節奏和儀典—— Robbie Davis-Floyd，〈Research Paper on Rituals〉，並未出版，引用：Eugene G. d'Aquili以及其他人，*The Spectrum of Ritual: A Biogenetic Structural Analysis* (New York: Columbia University Press, 1979)。

8 的確，卡普丘克宣稱，安慰劑效應——Kaptchuk，〈Placebo Studies〉。

9 「一旦個人被聚集起來，一種電力因親近而生成……」E. Durkheim，*Les Formes Elementaires de la Vie Religieuse* (Paris: F. F. Alcan, 1915)，原文被引述在R. Fischer以及其他人的作品中，〈The Fire-Walker's High: Affect and Physiological Responses in an Extreme Collective Ritual〉，*PLoS One* 9, no. 2 (2014): e88358。

10 涂爾幹還認為，一個人一旦經驗過這個狀態——如同J. Haidt以及其他人所指出，〈Hive Psychology, Happiness, and Public Policy〉，*Journal of Legal Studies* 37, no. S2 (June 2008): S133-S156。

11 這些科學家們總結說，在幸福與宗教信仰或習俗之間的聯結當中，有一個關鍵要素涉及「集體維度」(collective dimension)。 S. Tewari以及其他人，〈Participation in Mass Gatherings Can Benefit Well-Being: Longitudinal and Control Data from a North Indian Hindu Pilgrimage Event〉，*PLoS One* 7, no. 10 (2012), DOI: 10.1371/journal.pone.0047291。

12 紐西蘭原住民毛利人描述「走火」時會「情緒高亢」——Fischer以及其他人，〈The Fire-Walker's High〉。

13 就連利用例如鼓聲等重複性聲音的群體事件——B. Bittman以及其他人，〈Composite Effects of Group Drumming Music Therapy on Modulation of Neuroendocrine-Immune Parameters in Normal Subjects〉，*Alternative Therapies in Health and Medicine* 7, no. 1 (2001): 38-47。

14 加州塞布魯克大學（Saybrook University）心理學教授史坦利．克里普納（Stanley Krippner）博士曾對原住民儀式做過大量研究，根據他的說法——S. Krippner引用Stevens的說法，見Marilyn Schlitz以及其他人，*Consciousness & Healing: Integral Approaches to Mind-Body Medicine* (Atlanta, GA: Elsevier, 2005), 179.

15 「宇宙意識」漫溢到日常生活中——F. Travis，〈Transcendental Experiences during Meditation Practice〉，*Annals of New York Academy of Science: Advances in Meditation Research: Neuroscience and Clinical Applications,* 2014; 1307 (2014): 1-8；F. Travis與J. Shaw，〈Focused Attention, Open Monitoring and Automatic Self-Transcending: Categories to Organize Meditations from Vedic, Buddhist and Chinese Traditions〉，*Consciousness and Cognition* 19 (2010): 1110-19。

16 同步行動，帶著共享的意圖投入某個共同的意念陳述——P. Reddish以及其他人，〈Let's Dance Together: Synchrony, Shared Intentionality and Cooperation〉，*PLos One* 8, no. 8

(2013), DOI: 10.1371/journal.pone.0071182；S. S. Wiltermuth與C. Heath，〈Synchrony and Cooperation〉，*Psychological Science* 20, no. 1 (2009): 1-5, DOI: 10.1111/j.1467-9280.2008.02253.x。

⓱ 哈維．懷特豪斯（Harvey Whitehouse）是英國牛津大學社會人類學法定教職員，也是宗教科學方面的權威專家—— Q.D. Atkinson與H. Whitehouse，〈The Cultural Morphospace of Ritual Form〉，*Evolution and Human Behavior* 32, no. 1 (2011): 50-62。

⓲ 舉例來說，在研究中檢驗經歷財務困境人士的壓力水平時發現—— M.P. Aranda，〈Relationship Between Religious Involvement and Psychological Well-Being: A Social Justice Perspective〉，*Health and Social Work*, 33 no. 1 (2008): 9-21；M. P. Aranda以及其他人，〈The Protective Effect of Neighborhood Composition on Increasing Frailty Among Older Mexican Americans: A Barrio Advantage?〉，*Journal of Aging and Health*, 23 no. 7 (2011): 1189-1217。

⓳ 傑夫．雷文在針對許多宗教信仰所做的研究中發現，所有不同傳統的核心宗旨都是，宇宙並不是受制於隨機的過程—— J. Levin，〈How Faith Heals: A Theoretical Model〉，*Explore*, 2009; 5 no. 2 (2009): 77-96。

⓴ 許多研究神祕體驗的專家都贊同，超越經驗有力量促使個人在各方各面做出永久的改變—— J. Levin，接受作者訪談，2015年9月2日；Beauregard與O'Leary，*The Spiritual Brain*, 291。

㉑ 馬斯洛說，經歷過這類體驗的人總是感應到一股「兼容並蓄的愛，對每一個人和一切事物……」A. Maslow，*Religion, Values, and Peak-Experiences* (Stellar Classics, 1964)；E. Underhill，*Mysticism*。

㉒ 印度上師斯瑞．奧羅賓多（Sri Aurobindo）曾經主張，將「超心智」（supermind）和「上心智」（overmind）「帶到凡間」—— Kamaladevi R. Kunkolienker，〈From "Mind" to "Supermind": A Statement of Aurobindonian Approach〉，線上通學方案（The Paideia Project On-line），第二十屆世界哲學年會（Twentieth World Congress of Philosophy），美國麻薩諸塞州波士頓（Boston, MA），1998年8月10-15日；https://www.bu.edu/wcp/Papers/Mind/MindKunk.htm。

㉓ 那份完美整合的感覺，以一大群陌生人全數一起禱告作為象徵，呈現出一種目的感—— D. Meintel與G. Mossiere，〈Reflections on Healing Rituals, Practices and Discourse in Contemporary Religious Groups〉，*Ethnologies* 33, no. 1 (2011): 19-32。

㉔ 可以信任他人到足以表達脆弱面的人，不僅免疫功能、自主神經系統活動和心理幸福得到改善——J.W. Pennebaker，〈Writing about Emotional Experiences as a Therapeutic Process〉，*Psychological Science* 8 (1997): 162-6；J.W. Pennebaker與M.E. Francis，〈Cognitive, Emotional, and Language Processes in Disclosure〉，*Cognitive Emotion* 10 (6) (1996): 601-26，如J. Levin的文章所述，〈How Faith Heals: A Theoretical Model〉，*Explore* 5, no. 2 (2009): 77-96。

㉕ 佩內貝克爾還研究了敞開的社會動態——H. Dienstfrey，〈Disclosure and Health: An Interview with James W. Pennebaker〉，*Advances in Mind-Body Medicine* 15, no. 3 (1999): 161-3。

第12章：神聖的水

❶ 若干實驗室實驗曾經證明，正向意念可以鼓勵有害的大腸桿菌（Escherichia coli）產生突變——Carroll B. Nash，〈Test of Psychokinetic Control of Bacterial Mutation〉，*Journal of the American Society for Psychical Research* 78 (1984): 145-52。

❷ 水是化學上的無政府主義者，行為表現不同於自然界的其他液體——E. Stanley，〈Liquid Water: A Very Complex Substance〉，*Pramana Journal of Physics* 53, no. 1 (1999): 53-83。

❸ 水是人體大部分的組成（人體約有七〇%的水，植物則有九〇%）——倫敦南岸大學（London South Bank University）有一份很好的綱要，詳述水的無政府行為：www.lsbu.ac.uk/water。

❹ 洛斯蒂（Rusty，Rustum的暱稱）和他的共同執筆人綜合了當代所有的水結構研究——R. Roy以及其他人，〈The Structure of Liquid Water; Novel Insights from Materials Research; Potential Relevance to Homeopathy〉，*Materials Research Innovations* 9, no. 4 (2005): 1433-075X。

❺「正是這一系列非常微弱的鍵結……」2009年春與R. Roy往來的電子郵件。

❻ 加拿大的研究曾經顯示，當灌溉植物的用水得到治療師發送的意念時——B. Grad，〈Dimensions in "Some biological effects of the laying on of hands" and Their Implications〉，H. A. Otto與J. W. Knight（編輯），*Dimension in Wholistic Healing: New Frontiers in the Treatment of the Whole Person* (Chicago: Nelson-Hall, 1979): 199-212。

❼ 而俄羅斯的研究則證明，當療癒被發送到某個水樣本時——L.N. Pyatnitsky與V.A. Fonkin，〈Human Consciousness Influence on Water Structure〉，*Journal of Scientific Exploration* 9, no. 1 (1995): 89。

❽ 在決定使用拉曼光譜儀時，洛斯蒂曾受到北京清華大學測量「氣」或「生命能量」效應的成果所啟發——L. Zuyin (1997) *Scientific Qigong Exploration* (Malvern, PA: Amber Leaf Press, 1997)，如R. Roy及其他人所報導，〈The Structure of Liquid Water: Novel Insights〉。

第13章：漏水的水桶

❶ 長得最慢的植物則是由最抑鬱的病患握過的那瓶水所澆灌——B. Grad，〈The 'Laying on of Hands': Implications for Psychotherapy, Gentling and the Placebo Effect〉，*Journal of the Society for Psychical Research* 61, no. 4 (1967): 286-305。

❷ 針對這些數字所做的統計分析達到了邊際顯著性。針對我們的結果所做的統計分析得到$p < 0.07$，這個數字達到了邊際顯著性，因為$p < 0.05$是統計學上認定為顯著的最小值。

❸ 有一個利用心念影響pH值的先例：在美國，史丹佛大學的物理學家威廉·蒂勒（William Tiller）曾經進行過——W. Tiller以及其他人，*Conscious Acts of Creation: The Emergence of a New Physics* (Walnut Creek, California: Pavior Publishing, 2001): 175, 216。

第14章：和平的雙子星世貿大樓

❶ 十個月後，莉莎出版了她的著作——L. Wheeler，*Engaging Resilience* (Charleston, NC: CreateSpace Publishing, 2017)。

❷「大部分的偏差（deviation）都是負數，」他寫了這些話給我，那代表，平均值小於預期的一〇〇——尼爾森的「全球意識計畫」為我們的結果提供了一份完整的分析：http://teilhard.global-mind.org/intention.110911-18.html。

第15章：療癒創傷

❶ 聖雄甘地（Mohandas Gandhi）相信，所有宗教「都像自己的摯親一樣珍貴」——原文如http://www.mkgandhi.org/my_religion/01definition_of_religion.htm所引述。

❷「我們並不是在談論膚淺的團隊建設演練。」研究此一現象的康乃狄克大學社會學教授露絲．布朗恩斯坦（Ruth Braunstein）表示——Ruth Braunstein以及其他人，〈The Role of Bridging Cultural Practices in Racially and Socioeconomically Diverse Civic Organizations〉，*American Sociological Review* 79, no. 4 (August 2014): 705-25。

第17章：鍥而不捨

❶ 在我的著作《念力的祕密2》（*The Bond*）當中，我寫到義大利神經科學家里佐拉蒂（Giacomo Rizzolatti）的發現——V. Gallese以及其他人，〈Action Recognition in the Premotor Cortex〉，*Brain* 119, no. 2 (1996): 593-609。

❷ 操控小提琴家手指動作的腦部區域會由於對該項樂器的嫻熟精通而逐步變大—— M. Ricard以及其他人，〈Mind of the Meditator〉，*Scientific American* (November 2014): 39-45。

❸ 在《念力的祕密》中寫到這點時，我發現，當宗旨是慈悲靜心以及渴望將愛傳送給萬事萬物的時候，這些類型的心念可以將腦子推升至一個動力倍增的高度感知狀態—— Lynne McTaggart，*The Intention Experiment*, 70。

❹ 以此速度，腦波也開始同步整個腦子—— McTaggart，*Intention*, 71。

❺ 如同戴維森對僧侶的研究所示，達到高度的伽馬狀態活化了腦的左前區—— A. Lutz以及其他人，〈Long-Term Meditators Self-Induce High-Amplitude Gamma Synchrony during Mental Practice〉，*Proceedings of the National Academy of Science* 101, no. 46 (2004): 16369-73。

❻ 在練習慈悲靜心之後僅一個星期，辛格的參與者變得比較合作—— S. Leiberg以及其他人，〈Short-Term Compassion Training Increases Prosocial Behavior in a Newly Developed Prosocial Game〉，*PLoS One* 6, no. 3 (2011), DOI:10.1371/journal.pone.0017798。

❼ 一次又一次，他的聽眾的腦子開始證明一種「共振回應」（resonance response）——訪談M. Beauregard，2015年10月14日。

❽ 前亞利桑納大學心理學家兼《影響力：讓人乖乖聽話的說服術》（*Influence: The Psychology of Persuasion*）作者羅伯特．齊歐迪尼（Robert Cialdini）—— R.B. Cialdini以及其他人，〈Reinterpreting the Empathy-Altruism Relationship: When One into One Equals Oneness〉，*Journal of Personality and Social Psychology* 73, no. 93 (1997): 481-94。

第18章：付出回彈

❶ 後續八年間，喬治同樣無症狀——喬治是個假名，但他的故事被印第安納大學宗教研究副教授Candy Gunther Brown記錄並發表在她的著作《*Testing Prayer: Science and Healing*》（Cambridge, MA: Harvard University Press, 2012）之中。

❷ 儘管喬治的療癒並不像他聲稱見證到的許多人那樣立即或戲劇性—— R. Clark，*Changed in a Moment* (Mechanicsburg, PA: Apostolic Network of Global Awakening, 2010)。

❸「看來，禱告似乎比被禱告更有效，」他如此斷定。 S. O'Laoire，〈An Experimental Study of the Effects of Distant, Intercessory Prayer on Self-Esteem, Anxiety and Depression〉，*Alternative Therapies on Health and Medicine* 3, no. 6 (1997): 19-53。

❹ 在這項研究最後，他發現，自願成為志工的研究對象健康許多，身體活躍有勁—— K. Pellimer，〈Environmental Volunteering and Health Outcomes over a 20-Year Period〉，*Gerontologist* 50 (2010): 594-602。

❺ 每當面對每一個新的壓力事件時，曾經決定不伸出援手的人—— M.J. Poulin與E.A. Holman，〈Helping Hands, Healthy Body? Oxytocin Receptor Gene and Prosocial Behavior Interact to Buffer the Association between Stress and Physical Health〉，*Hormones and Behavior* 63, no. 3 (2013): 510-17；M.J. Poulin，〈Volunteering Predicts Health among Those Who Value Others: Two National Studies〉，*Health Psychology* 33, no. 2 (2014): 120-29；M. Poulin以及其他人，〈Giving to Others and the Association between Stress and Mortality〉，*American Journal of Public Health* 103, no. 9 (2013): 1649-55。

❻ 正如奧萊爾神父發現的，將你的注意力導向別人，對你的心智健康特別有好處—— N. Mor與J. Winquist，〈Self-Focused Attention and Negative Affect: A Meta-Analysis〉，*Psychological Bulletin* 128, no. 4 (2002): 638-62。

❼ 一項針對美國老年人所做的研究顯示，付出的人比在另一端接受善意的人更少生病—— W. M. Brown以及其他人，〈Altruism Relates to Health in an Ethnically Diverse Sample of Older Adults〉，*Journal of Gerontology Series B: Psychological Sciences and Social Sciences* 60, no. 3 (May 2005): P143-52。

❽ 而在所有與較佳心理健康相關連的宗教應對行為當中—— H.G. Koenig，〈Religious Coping and Health Status in Medically Ill Hospitalized Older Adults〉，*Journal of Nervous and Mental Disease* 186 (1998): 513-21。

❾ 加州史丹佛大學針對老年居民所做的研究顯示，參與志工活動的人—— D. Oman以及其他人，〈Volunteerism and Mortality among the Community-Dwelling Elderly〉，*Journal of Health Psychology* 4, no. 3 (1999): 301-316。

❿ 事實上，願意付出時間或金錢的人，其快樂幸福的可能性，比不願意付出的人高出四二%……薩加洛論壇：美國的公民參與（The Saguaro Seminar: Civic Engagement In America），〈Social Capital Community Benchmark Survey〉，Kennedy School of Government, Harvard University，2000年8月；https://www.hks.harvard.edu/saguaro/communitysurvey/docs/survey_instrument.pdf。

⓫ 當志工們接受調查時，他們描述的生理感覺經常等同於從事劇烈的體能鍛鍊—— A. Luks，〈Helper's High: Volunteering Makes People Feel Good, Physically and Emotionally〉，*Psychology Today*（1988年10月）。

第19章：為他人發想

❶ 加州大學柏克萊分校心理學家達契爾．凱爾特納（Dacher Keltner）將反駁「人類生性自私」這個主流觀點奉為終生職志—— Dacher Keltner，*Born to Be Good: The Science of a Meaningful Life* (New York: W.W. Norton, 2009)。

❷ 進一步細看這些結果，透露出某樣更加迷人的東西—— Keltner，*Born to Be Good*, 232-5。

❸ 經過那樣簡單的練習後，一系列的測驗揭示，相較於一群被授予類似演練但不包括慈心禪訓練的人，這些慈心禪受訓者經驗到更有意願與陌生人連結—— C. Hutcherson以及其他人，〈Loving-Kindness Meditation Increases Social Connectedness〉，*Emotions* (2008年10月): 720-28。

❹ 前醫學研究員兼《為什麼仁慈對你有好處》（*Why Kindness Is Good for You*）的作者大衛．漢彌爾頓（David Hamilton），針對提升催產素水平帶來的療癒效應做過研究——見David Hamilton，*Why Kindness Is Good for You* (London: Hay House, 2010)。

❺ 然而，當同時注射催產素時，這些細胞因子顯著減少了 —— M. Clodi以及其他人，'Oxytocin Alleviates the Neuroendocrine and Cytokine Response to Bacterial Endotoxin in Healthy Men'，*American Journal of Physiology, Endocrinology and Metabolism* 295, no. 3 (2008): E686-91；同時參見Hamilton，*Why Kindness is Good for You*, 90。

❻ 在未分化的幹細胞轉變為成熟細胞的過程中，催產素甚至扮演某個關鍵角色——Hamilton，*Why Kindness is Good for You*, 108。

❼「當燃燒者（Burner）給出自己，致力於他人的療癒和幸福時……」F. Gauthier，〈Les HeeBeeGeeBee Healers au Festival Burning Man. Trois Recits de Guerison〉，*Ethnologies* 33, no. 1 (2011): 191-217。

❽ 研究人員總結說，假使必須在兩條途徑中擇一——B.L. Fredrickson以及其他人，〈A Functional Genomic Perspective on Human Well-Being〉，*PNAS* 110, no. 33 (2013): 13684-89。

❾ 美國波士頓學院的科學家們發現了這點，當時他們正試圖釐清：為什麼患有慢性疼痛和長期抑鬱的病患——P. Arnstein以及其他人，〈From Chronic Pain Patient to Peer: Benefits and Risks of Volunteering〉，*Pain Management in Nursing* 3, no. 3 (2002): 94-103。

❿ 定期聚在教會共禱的那些人，已被證實血壓較低——H.G. Koenig以及其他人，〈The Relationship between Religious Activities and Blood Pressure in Older Adults〉，*International Journal of Psychiatry in Medicine* 28 (1998): 189-213。

⓫ 享有強健許多的免疫系統——H.G. Koenig以及其他人，〈Attendance at Religious Services, Interleukin-6, and Other Biological Parameters of Immune Function in Older Adults〉，*International Journal of Psychiatry in Medicine* 27 (1997): 233-50。

⓬ 花較少天數住院——H.G. Koenig與D.B. Larson，〈Use of Hospital Services, Religious Attendance, and Religious Affiliation〉，*Southern Medical Journal* 91 (1998): 925-32。

⓭ 死亡的可能性減少三分之一，即使所有其他因素一併列入考量。 D. Oman與D. Reed，〈Religion and Mortality among the Community-Dwelling Elderly〉，*American Journal of Public Health* 88 (1998): 1469-75。

⓮ 科學家們相信，現年二十歲、從不上教堂的人——R. Hummer以及其他人，〈Religious Involvement and U.S. Adult Mortality〉，*Demography* 36 (1999): 273-85。

⓯ 一項研究發現，生活在有宗教信仰的「基布茲」(kibbutz，以色列集體農場）且一起禱告的人們——J. D. Kark以及其他人，〈Does Religious Observance Promote Health? Mortality in Secular vs Religious Kibbutzim in Israel〉，*American Journal of Public Health,* 86 (1996): 341-46。

⓰ 介白素水平升高是退化性疾病的標記之一，例如，阿茲海默症——H.G. Koenig以及其他人，〈Attendance at Religious Services, Interleukin-6, and Other Biological Parameter of Immune Function in Older Adults〉，*International Journal of Psychiatry in Medicine* 27 (1997): 233-50。

⓱ 雖然那些研究達成了統計顯著性，但與集體禱告達致的結果相較，卻黯然失色——C. G. Brown以及其他人，〈Study of the Therapeutical Effects of Proximal Intercessory Prayer (STEPP) on Auditory and Visual Impairments in Rural Mozambique〉，*Southern Medical Journal* 103 (2010): 864-69。

⓲ 地獄不是他人。地獄是想著還有其他人。Bryan Hubbard，*The Untrue Story of You* (London: Hay House, 2014)。

第21章：八的力量研究

❶ 「當一個人選擇透過某種具體的修行……」Newberg與Waldman，*Enlightenment*, 91。

❷ 針對紐伯格的實驗對象，其實也是多數默觀禱告實例出現的情況，紐伯格說：「通常他們需要大約五十到六十分鐘……」Newberg與Waldman，*Enlightenment*, 120。

❸ 兩個腦子的整個區域創造出同步的模式，尤其是額葉區和中心區——U. Lindenberger以及其他人，〈Brains Swinging in Concert: Cortical Phase Synchronization While Playing Guitar〉，*BMC Neuroscience* 10, no. 22 (2009): doi: 10.1186/1471-2202-10-22。

❹ 同一個團隊繼續研究臨時興起、一同演奏的吉他手，然後發現了所謂的「超腦模式」（hyperbrain pattern）——V. Muller以及其他人，〈Intra- and Inter-Brain Synchronization during Musical Improvisation on the Guitar〉，*PLoS One* 8, no. 9 (2013): e73852。

❺ 英國蘭開斯特大學（University of Lancaster）的其他科學家，以及位於義大利基耶蒂（Chieti）的基耶蒂佩斯卡拉「鄧南遮」大學（University 'G. d'Annunzio' of Chieti-Pescara），在研究雜耍團體之間的共享思考——也發現了同樣的結果。E. Filho，〈The Juggling Paradigm: A Novel Social Neuroscience Approach to Identify Neuropsychophysiological Markers of Team Mental Models〉，*Frontiers in Psychology* 8 (2015): 799。

❻ 人體功能狀態的變化導致改變出現在——K. Korotkov，〈Electrophotonic Analysis of Complex Parameters of the Environment and Psycho-Emotional State of a Person〉，*WISE Journal* 4, no. 3 (2015): 49-56。

❼ 法國人類學家羅倫·德尼佐（Laurent Denizeau）是里昂天主教大學（Catholic University of Lyon）的教師，他研究過⋯⋯曾將典禮中的療癒小組譽為「晚間的奇蹟」（soiree miracles）——L. Denizeau，〈Soirees miracles et guerisons〉，*Ethnologies* 33, no. 1 (2011): 75-93。

❽ 從那個角度看，疾病不只是個人的考驗，更是測試周旁支援團本身的關係——感謝與我的法文出版社Ariane合作的尚·雨東（Jean Hudon）先生，感謝他協助翻譯這一段。

BX0015

八的力量（念力的祕密3）
地表最強小型念力療癒場

The Power of Eight: Harnessing the Miraculous Energies of a Small Group to Heal Others, Your Life, and the World

作　　者　琳恩・麥塔格特（Lynne McTaggart）
譯　　者　非語
責任編輯　田哲榮
協力編輯　朗慧
封面設計　黃聖文
內頁排版　李秀菊
校　　對　吳小微

發 行 人　蘇拾平
總 編 輯　于芝峰
副總編輯　田哲榮
業務發行　郭其彬、王綬晨、邱紹溢
行銷企劃　陳詩婷
出　　版　橡實文化 ACORN Publishing
地址：10544臺北市松山區復興北路333號11樓之4
電話：02-2718-2001 傳真：02-2719-1308
網址：www.acornbooks.com.tw
E-mail：acorn@andbooks.com.tw
發　　行　大雁出版基地
地址：10544臺北市松山區復興北路333號11樓之4
電話：02-2718-2001 傳真：02-2718-1258
讀者傳真服務：02-2718-1258
讀者服務信箱：andbooks@andbooks.com.tw
劃撥帳號：19983379 戶名：大雁文化事業股份有限公司

印　　刷　中原造像股份有限公司
初版一刷　2018年3月
初版二刷　2020年7月
定　　價　380元
ISBN 978-957-9001-39-7

國家圖書館出版品預行編目資料

八的力量（念力的祕密3）：地表最強小型念力療癒場／琳恩・麥塔格特（Lynne McTaggart）著；非語譯. -- 初版. -- 臺北市：橡實文化出版：大雁文化發行, 2018.03
面；　公分
譯自：The power of eight : harnessing the miraculous energies of a small group to heal others, your life, and the world
ISBN 978-957-9001-39-7（平裝）
1. 心靈感應　2. 心靈療法
175.9　　107001054